本书由复旦大学哲学学院资助

皮尔士思想的
当代回响

实用主义研究

PRAGMATISM STUDIES

第三辑

刘放桐　陈亚军◎主编

孙　宁　周　靖◎副主编

华东师范大学出版社

·上海·

图书在版编目（C I P）数据

实用主义研究. 第三辑，皮尔士思想的当代回响 / 刘放桐，陈亚军主编. —上海：华东师范大学出版社，2021
ISBN 978-7-5760-2173-8

Ⅰ.①实… Ⅱ.①刘… ②陈… Ⅲ.①实用主义-研究②皮尔士-哲学思想-研究 Ⅳ.①B087

中国版本图书馆 CIP 数据核字(2021)第 209945 号

皮尔士思想的当代回响
——实用主义研究(第三辑)

主　　编　刘放桐　陈亚军
副 主 编　孙　宁　周　靖
责任编辑　朱华华　王海玲
审读编辑　王海玲
责任校对　时东明
装帧设计　卢晓红

出版发行　华东师范大学出版社
社　　址　上海市中山北路 3663 号　邮　编 200062
网　　址　www. ecnupress. com. cn
电　　话　021-60821666　行政传真　021-62572105
客服电话　021-62865537　门市(邮购)电话　021-62869887
地　　址　上海市中山北路 3663 号华东师范大学校内先锋路口
网　　店　http://hdsdcbs. tmall. com/

印 刷 者　上海昌鑫龙印务有限公司
开　　本　787×1092　16 开
印　　张　16
插　　页　2
字　　数　250 千字
版　　次　2021 年 7 月第 1 版
印　　次　2021 年 7 月第 1 次
书　　号　ISBN 978-7-5760-2173-8
定　　价　52.00 元

出 版 人　王　焰

目　录

contents

访　谈

编者引言

孙　宁

　　可以毫不夸张地说,皮尔士是美国历史上最有深度和最具原创力的哲学家之一。尽管他在事实上和学理上开创了实用主义这种极具特色的哲学思潮,但他的思想效应远远超出了狭义的实用主义论域。自 1919 年胡适发表《实验主义》一文以来,中国学人对皮尔士的研究在百年之间获得了长足进展。本辑《实用主义研究》系统呈现了当下国内学界中优秀的皮尔士研究专家的最新成果。除此之外,《皮尔士著作:编年版》的负责人德·瓦尔(Cornelis de Waal)教授和剑桥实用主义的主要代表人物米萨克(Cheryl Misak)教授也为本辑提供了颇有分量的研究论文和学术访谈。

　　鉴于皮尔士思想本身的复杂性,也鉴于皮尔士表达和阐述思想的特殊方式,每一位皮尔士研究者都会遭遇解读上的巨大困难,同时也在与这些困难的角力过程中获得了很多智性上的乐趣和享受。首先,皮尔士通过一种复杂的建筑术来构造自己的理论体系,这种建筑术的构想可以追溯至康德和亚里士多德。一方面,皮尔士认为,理论的建筑术要像康德那样确定各个理论部件之间的相应关系。但不同于康德,皮尔士的体系中并不存在真正意义上的"拱顶石",他的建筑术由相互之间极其依赖的诸要素构成,其中任何一个要素在原则上都不具有较之于其他要素的优先性,这给我们分析皮尔士的思想体系带来了极大的困难。另一方面,皮尔士认为,真正的建筑术还应该像亚里士多德那样在最大程度上整合人类精神的各个面向。他在《猜谜》中指出:"本书要推介的是一种亚里士多德式的哲学,即大致地给出一个包罗性极广的理论,在接下来的很长一段时间内,人类理性的所有工作——每一个哲学流派和哲学种类、数学、心理学、物理科学、历史、社会学以及其他任何学科——就在于补全这一理论的细节。"①这个诉求决定了皮尔士的体系并不是一次成型的，他需要在建构体系的同时整合不断出现的新材料，处理不断出现的新问题，由此来修正和补全已经成型的体系。这种建构体系的方式造成了解读皮尔士的主要困难：我们必须始终着眼于理论的整体，但整体又随着新材料和新问题的出现而不断发生变化。

其次，皮尔士表达和阐述思想的特殊方式也给我们带来了很大的困难。他的通常做法是，多次写下关于某个问题的思考，通过反复地雕琢和澄清来获得一个最终令自己满意的结论。并且，表面的重复中往往隐含着立场上的关键改变。皮尔士将这种渐进的方法称为"徒步主义"（pedestrianism）。这一方法的最终成果是皮尔士身后留下的一万两千多页已出版的文字和八万多页未出版的手稿。

---

① CP 1.1. 本文集采用国际皮尔士研究标准引用方式，CP 指 Charles S. Peirce, *The Collected Papers of Charles Sanders Peirce*, vols. 1 - 6. eds. Charles Hartshorne and Paul Weiss, with vol. 7, 8. ed. Arthur Burks. Cambridge：Harvard University Press, 1931 - 1935, 1958；引用时采用卷数加段落编码格式，例如 4. 50 指第四卷第 50 段。EP 指 Charles S. Peirce, *The Essential Peirce: Selected Philosophical Writings*. vol. 1（1867 - 1893），eds. Nathan Houser and Christian Kloesel，Vol. 2（1867 - 1913），ed. The Peirce Edition Project. Bloomington：Indiana University Press，1992，1998；引用时采用 EP 加卷数再加页数格式。W 指 Charles Sanders Peirce, Writings of Charles S. Peirce：A Chronological Edition，Volume I 1857 - 1866，Volume II 1867 - 1871，Volume III 1872 - 1878，Volume IV 1879 - 1884，Volume V 1884 - 1886，Volume VI 1886 - 1890，Volume VIII 1890 - 1892. ed. The Peirce Edition Project. Bloomington：Indiana University Press，1982，1984，1986，1989，1993，2000，2010；引用时采用 W 加卷数再加页数格式。MS 指未发表的手稿：Charles S. Peirce, *The Charles S. Perice Papers*, mircrofilm edition. Cambridge：Harvard University Photographic Service. With the reference numbers by Richard Robin，Annotated Vatalogue of the papers of Charles S. Peirce. Amherst，MA：University of Massachusetts Press，1967；以罗宾所做的编号进行引用。NEM 指 *The New Elements of Mathematics*，vol. 1 - 4，ed. Carolyn Eisele. The Hague：Mouton & Co. B. V. / Atlantic Highlands, N. J.：Humanities Press，1976；后跟卷数和页数。SS 代表 *Semiotic and Signifies: The Correspondence Between Charles S. Peirce and Lady Victoria Welby*，ed. Charles S. Hardwick. Bloomington：Indiana University Press，1977；后跟页数。NAT 代表 *Charles Sanders Peirce, Contributions to the Nation*（3 vols）. eds. Kenneth Laine Ketner & James Edward Cook，Graduate Studies. Lubbock：Texas Tech University，1975 - 1979；并以点号前面表卷数，点号后面表页数。

因此,解读皮尔士的问题不在于材料的匮乏,而在于材料的过于丰富。从 1982 年起,印第安纳大学开始以编年的形式出版《皮尔士著作:编年版》,至今已出版了 7 卷(第 1～6 卷、第 8 卷),距离全部完成依然相当遥远。要在这些可以追溯至每一日的材料中遴选和编排一个"决定版"的皮尔士显然是不可能的。一个最典型的尝试是哈桑与韦斯所编的哈佛版《皮尔士文集》(他们原计划出版 10 卷左右,实际上只出版了 6 卷,伯克斯在 20 多年后又补出了 2 卷),相信每个皮尔士研究者对这一尝试的成功与否都有自己的判断。除此之外,皮尔士在很多时候并不能以清晰简洁的方式来展示自己的思考过程和最终结论,正如《皮尔士文集》的编者在第一卷前言中所指出的,"大致而言,当皮尔士的思想处于最好状态的时候,他的写作是最不好的"①。虽然这背后的主要原因在于问题本身的复杂性和思想本身的界限,但我们也不能排除皮尔士的个人因素。皮尔士生前并不缺少景仰者和祝福者,但没有人能真正地理解他。由于没有人能系统地考察他的理论并给出批评意见,皮尔士只能痛苦而缓慢地修正自己的立场,在这个过程中,由于没有获得来自外界的必要摩擦和冲击,维持自身理论的平衡变得越来越困难。晚年的皮尔士甚至有意识地以朦胧风格(obscurantism)写作,这让解读他的文本变得更加困难重重。

在充分认识到这些困难的前提下,本辑中的各位作者都令人信服地给出了关于皮尔士的独特解读,并在此基础上探讨了皮尔士在各个思想层面上的卓越贡献。其中,江怡在《论皮尔士与分析哲学之关系》中探讨了皮尔士对早期分析哲学的形成和发展产生的重要影响,着重阐述了皮尔士在指号学和逻辑学领域的开创性意义。江怡指出,皮尔士的实用主义原则体现了实证主义的哲学精神,与分析哲学传统有着密切的思想关联,但同时也在思想风格和原创性上与早期分析哲学家存在关键区分。

朱志方在《皮尔士的语言哲学》中探讨了皮尔士语言哲学的核心论题,即他的行动条令,并试图在符号学体系的框架内清晰地阐明这一条令。概而言之,每

---

① Charles Hartshorne and Paul Weiss, *The Collected Papers of Charles Sanders Peirce*, vols. 1. eds. Charles Hartshorne and Paul Weiss. Cambridge:Harvard University Press,1931,p.v.

个符号都有对象和解释,而对象分为直接对象和动力对象,解释则有直接解释、动力解释和逻辑解释三类。在皮尔士看来,符号过程中介入了人的行动,符号的解释不仅依赖于符号和对象,也依赖于人的行动和心灵的努力。在这个意义上,皮尔士的语言哲学是自然主义的。

德·瓦尔在《皮尔士对唯名论-实在论的区分:一种不稳定的二元论》中提出了解读皮尔士的第三个选项。通过对皮尔士的"实在"概念的分析以及对英国经验论的考察,德·瓦尔试图阐明皮尔士早期区分实在论和唯名论的二分法是不完全的。在此基础上,他根据"实在"在不同程度上"外在于思维",提出一种三分法,这种三分法将有助于考察实在论本身的合理性。

米萨克在《实用主义对维也纳学派的潜在影响:皮尔士、兰姆赛、维特根斯坦》中探讨了分析哲学史上一个未被重视的事实,即实用主义对早期维也纳学派的巨大影响。米萨克试图阐明,如果我们仔细考察这条从皮尔士到兰姆赛再到维特根斯坦的连贯线索,我们已有的一些标准理解,尤其是对兰姆赛和维特根斯坦的理解,将会发生根本性的改变。

张留华在《实在论、可错论和唯心论的融通——论皮尔士的连续主义哲学》中从连续主义的视角出发概览了皮尔士的整个哲学体系。张留华首先从皮尔士关于数学连续统的分析出发,探讨了皮尔士的连续统逻辑;然后分别从连续主义在共相问题、知觉论、身心问题等方面的推广应用,依次廓清了皮尔士的经院实在论、懊悔型可错论、客观唯心论等独特思想品格。他得出的最终结论是:连续主义是一张密织的概念之网,它所衍生出的看似独立、实则关联的各论题构成了皮尔士思想中不可或缺的组成部分,也揭示了其不同于旧式哲学的独特魅力。

孙宁在《从康德到皮尔士:继承与超越》中探讨了皮尔士和康德在理论上的深度关联,并从三个方面具体阐明了皮尔士在何种意义上做出了对康德的继承和超越。这三个方面分别是:从殊相的实在进展到共相的实在、从知性范畴进展到自然法则、从个体意识进展到普遍心灵。孙宁试图阐明,尽管皮尔士在极大程度上受惠于康德,但他最终呈现的思想形态并不是康德式的,因为他将主体和对象的二元世界观彻底更新为符号化的三元世界观。

潘磊在《认识论:作为探究理论》中利用皮尔士提出的探究理论,探索了传统认识论的可能发展方向。传统认识论的研究以信念为基础,对信念的评价占据基础地位。其核心议题之一是要解决"信念的合理性"问题:一个信念在什么情况下才能成为合理的信念?潘磊试图阐明,传统认识论的研究不仅显得概念贫瘠,而且基础薄弱。自然化的认识论尽管指出了传统认识论在这方面的困难,并进行了根本的改造,但它无法从根本上回答认知规范性的来源以及知识的价值问题。如果我们像皮尔士说的那样,将认识论视为更为宽泛的探究理论的一部分,这些问题也许能够得到合理的解决。

程都在《直接知觉与溯因推理——皮尔士知觉理论初探》中探讨了皮尔士的知觉理论。皮尔士认为对外部世界的知觉既是直接的又是推论性的,而知觉包含觉知和知觉判断两个可区别却不可分离的过程。直接性意味着从外部对象到觉知再到知觉判断之间并不存在表征性中介,世界直接作用于觉知,觉知又直接呈现给知觉判断;推论性意味着从知觉判断对觉知的直接解释表现为溯因推理的形式,为此,知觉判断成为推论领域中的第一个前提。

周红宇在《规范科学,还是思想的自然史?——试析皮尔士对杜威逻辑观的批评》中考察了皮尔士和杜威在逻辑观上的互动和异同。他首先详细考察了皮尔士如何批评杜威的逻辑理论,然后分析了皮尔士为什么要反对杜威的逻辑观,最后区分了两种不同的逻辑规范,进而阐明皮尔士与杜威之间的基本共识和真正分歧。

卢德平在《思想与符号:皮尔士的悖论》中探讨了皮尔士思想中一个特殊悖论:符号始终处于形态外化和思想的非外化二者相互交织的状态。他试图阐明,这一表层的悖论实质上揭示了符号的本质:符号既是思想本身的运行,又是新思想不断产生的基础,但是为了克服思想内在的不可交流性,又必须以外化的形态加以显露。思想的不间断运行必然指向旧思想作为新思想的基础和条件,而思想以符号为运行方式,又必然构成符号的不间断延伸。

刘新文在《再论逻辑常项的归约》中重点研究了皮尔士1880年的一篇手稿,指出其中建立的推理系统存在的问题,并发现了2010年提出的"肖菲克尔(型)算子"的最早表述。在此基础上,刘新文结合维特根斯坦在《逻辑哲学论》中提出的思想,对逻辑常项的镜像性问题给出了部分回答,进而就逻辑常项问题提出了

第三条进路。

　　除了这些研究论文,尤其值得一提的是,朱进东、蒲力戈为本辑特别撰写了《皮尔士研究在中国(1919—2019 年)》,系统地梳理了皮尔士在中国的百年研究史,为学术史的整理和保存做出了极有价值的贡献。最后,本辑中还特别收录了对德·瓦尔和米萨克的两篇学术访谈:《皮尔士眼中的实在与规范》(采访者:程都)和《皮尔士和剑桥实用主义及其他问题》(采访者:周靖)。这两篇访谈不仅深入探讨了一系列关键的学理问题,还生动呈现了受访者本人的研究历程,对皮尔士研究的进一步展开极具启发价值。

　　最后要特别感谢各位作者对本集刊的信任和支持,让这个皮尔士研究专题能顺利结集出版。

论皮尔士与分析哲学之关系

江　怡　山西大学哲学社会学学院

在美国实用主义的历史进程中,皮尔士(Charles Sanders Peirce)是一个非常特殊的人物。这种特殊性表现在,一方面,他被公认为实用主义的创始人之一,但他却反对把自己的哲学称作"实用主义"(pragmatism),另外生造了一个"丑陋的"词"pragmaticism"以表示与詹姆士等人的实用主义的区别,这个词通常译为"实效主义"。另一方面,他的哲学被公认为博大精深,开创了现代自然科学、社会科学和人文科学内的许多研究领域,但由于他表达思想的语言晦涩,他使用的逻辑和数学符号复杂多变,这使得他的思想至今未能得到完整和充分的理解。与詹姆士和杜威思想研究相比,哲学家们对皮尔士思想的研究目前基本上还停留在半个世纪之前。例如,8卷本的《皮尔士文集》自20世纪30年代开始问世,因为版本问题而备受争议;为了补救该文集的错误而编辑出版的《皮尔士著作:编年版》自20世纪80年代开始出版,计划为104卷,30年过去了,至今仅推出了7卷。当然,这位哲学家的名字Peirce也很奇特,很长时间以来欧洲人都把这个名字拼错;而中国大陆不知何故把这个名字译成"皮尔士",台湾译为"裴尔士",完全不符合英文原词的发音,在国际交流中产生了许多障碍。所有这些都向我们表明,对皮尔士及其思想的研究还有许多工作要做。[①]

当然,在对皮尔士思想的研究中,我更重视的是皮尔士思想与分析哲学的关

[①]　需要说明的是,我曾在本文最初发表的版本(《学术月刊》2015年第7期)中把Peirce翻译为"珀斯"(拼音"po si"),认为这符合原词的发音,便于国际交流。但现在我愿意继续使用通行的译名,以免带来阅读上的困难。

系。我们知道,早在维也纳学派时期,石里克就明确表示,维也纳学派的思想与实用主义之间没有本质区别。从他回应实用主义者刘易斯对意义证实原则的质疑中,我们可以看出,这个证实原则如何与实用主义思想携手。但其中似乎并没有直接涉及皮尔士的思想。我试图通过以下的分析说明,皮尔士的思想与分析哲学传统也有着密不可分的联系,同时也试图说明皮尔士思想的独特性质。

一、皮尔士对分析哲学的贡献

2014年7月,国际皮尔士学会和皮尔士基金会在美国举行了纪念皮尔士去世百年的国际大会,主题为"探索21世纪的哲学"。来自世界各地的二百多名学者全方位、多角度地讨论了皮尔士对当代科学、语言学、符号学、逻辑学、哲学、宗教以及社会学的重要贡献,充分肯定了皮尔士哲学作为当代哲学的先驱地位。我作为皮尔士学会国际顾问委员会成员参加了大会,并在会议上介绍了中国皮尔士哲学研究现状。[1]

大会召开前夕,位于丹麦哥本哈根的自动出版社(Automatic Press)出版了《皮尔士:五个问题》,该书汇集了世界范围内35位皮尔士研究专家对皮尔士思想的基本评价。我特别关注的是这些学者从当代哲学的视角重新评价了皮尔士思想对分析哲学的重要贡献。苏珊·哈克(Susan Haack)明确指出:"我们应当把皮尔士的工作看作宝贵的思想资源,是先于我们这个时代以及他自己时代的思想宝库。""关于皮尔士的哲学遗产,我只想说,他在许多领域的贡献多不胜数,任何一个哲学领域,如逻辑和语言哲学、形而上学和探究理论、科学哲学、宗教哲学、宇宙论、心灵哲学,甚至伦理学和美学,无一不从他那里得到思想资源。"辛迪卡(Jaak Hintikka)则明确地把皮尔士看作现代逻辑的真正创始人。他认为,皮尔士在当时真正掌握了数学家们的工作逻辑,他没有像弗雷格那样对数学进行形式化,而是用图式方法轻松地扩展为填补空缺的工作。雷谢尔(Nicholas

---

[1] Yi Jiang and Binmin Zhong, "Peirce Study in China in the 21th Century," *European Journal of Pragmatism and American Philosophy*, 2014 (2): 252-63.

Rescher)把皮尔士的哲学描绘为处于除旧开新的交叉路口：皮尔士与怀特海共同告别了在多方面受到科学影响的思想体系，这些在康德和黑格尔时代是典型的体系哲学；而在新的方面，皮尔士的工作则代表了一种转向，即寻求重塑莱布尼茨的策略，用实践去证明理论，追问探究和思辨中的成功实践，不仅把这些看作理论的指导，更是看作对其恰当性的仲裁，也就是我们常说的"实践是检验真理的标准"。这里的主导观念是，把实验室的实践、可行的途径以及公共论坛看作思辨性研究的必要指南。其实，这里体现的正是西方近代科学形成以后出现的实证主义精神，也就是皮尔士提倡的"实用主义准则"。①

在我看来，皮尔士对当代哲学的最大贡献还是他的指号学（semiotic）和逻辑学。皮尔士的指号学被公认为他思想中的最大成就，他因此被看作指号学的创始人，而他的指号学也被解释为他的广义逻辑学。但遗憾的是，在皮尔士的思想被真正认识之前，人们对指号学的更多了解来自索绪尔和莫里斯，前者在语言学上的突出贡献使得他的符号学（semiology）思想也变成一种原创，而后者对皮尔士三元符号理论的继承反倒使其成为指号学的领军人物。直到 20 世纪 50 年代，人们才发现皮尔士早在 19 世纪末期就已经提出并论证了指号学的科学地位。关于这个方面的论述，林斯卡（James Jakob Liszka）在他的《皮尔士指号学通论》（1996 年）中已经给出了详尽的说明。② 但更为重要的是，皮尔士的指号学与索绪尔和莫里斯的思想有着重要区别。索绪尔符号学强调符号在社会中的作用，从而把符号学理解为一种社会心理学，而语言学在他那里则变成普通符号学的一个部分，其任务是使得语言成为具有大量符号数据的专门系统。对皮尔士来说，符号学与心理学无关，而与人类使用符号的能力有关，他由此把人等同于思想，又把思想等同于一系列符号。他明确地说："人所使用的语词或符号就是人本身。……我的语言就是我的全部，因为人就是思想。"③以往把皮尔士的指号学理解为科学主义，而索绪尔的思想则被看作属于人本主义。事实上，皮尔士

---

① Francesco Bellucci, Ahti-Veikko Pietarinen, Frederik Stjernfelt, eds., *Peirce: 5 Questions*. Copenhagen: Automatic Press, 2014.
② James J. Liszka, *A General Introduction to the Semeiotic of Charles Sanders Peirce*. Bloomington and Indianapolis: Indiana University Press, 1996.
③ EP1: 54.

的指号学完全从新的角度理解符号,把人看作符号本身,这才是真正的人本主义。英国哲学家霍克威(Christopher Hookway)指出:"在皮尔士的著作中,我们发现了在弗雷格、罗素或维特根斯坦著作中的那些主题的并行发展。"①由此,我们读到了皮尔士思想与早期分析哲学之间的思想联系。

不仅如此,皮尔士与分析哲学的这种渊源关系更主要地体现在他的逻辑学中。皮尔士被公认为现代逻辑学的创立者之一,但他的逻辑学思想的提出几乎完全独立于欧洲大陆逻辑学家和数学家们的工作。早在 1870 年,他就从布尔的逻辑演算中得到了关系逻辑的概念,比弗雷格的概念文字思想早了近十年的时间。他在 19 世纪 80 年代对逻辑代数的大量讨论奠定了现代数理逻辑的重要基础。皮亚诺在《算术原则》(1889 年)中明确地把自己的工作看作基于皮尔士、布尔等人的成就;罗素的逻辑记法也受到皮尔士、皮亚诺和施罗德等人的很大影响;施罗德则对皮尔士的关系逻辑做出了很大的推进;斯克伦(Thoralf Skolem)在 1928 年的《论数理逻辑》一书中把这门学科的历史描绘为从莱布尼茨到弗雷格的过程,其中皮尔士紧随布尔之后。这些都清楚地表明,皮尔士在现代逻辑的形成过程中的确发挥了奠基人的作用,而现代逻辑正是现代分析哲学得以产生的主要根据。此外,皮尔士的逻辑学思想还表现出与弗雷格、罗素以及维特根斯坦等人不同的路向。英国逻辑学家约旦(Phillips Jourdain)早在 1914 年为法国逻辑学家库图拉(Louis Couturat)的《逻辑代数》一书英文版所写的前言中就明确指出了这种不同:"我们可以简短但相当精确地把过去 60 年中符号逻辑理论的双线发展概括如下:符号逻辑的理性演算方面由布尔、德摩根、耶芳斯、文恩、皮尔士、施罗德、莱德-富兰克林夫人以及其他人所共同发展,而普遍语言系统方面则由弗雷格、皮亚诺和罗素等人所共同发展。"②这不仅概括了现代逻辑诞生之时的两条路线,而且指出了现代逻辑的未来发展方向。尽管弗雷格的工作被看作包含了现代逻辑的一切要点,但后来的发展表明,现代逻辑在符号演算方面取得了更为突出的成就,而自然语言的形式化工作也是建立在这些成就的基础

---

① Christopher Hookway, *Truth*, *Rationality and Pragmatism: Themes from Perice*. Oxford and New York: Oxford University Press, 2000, p. 18.

② Louis Couturat, *The Algebra of Logic*. New York: Open Court, 1914, p. iv.

之上的。因此,皮尔士的逻辑学工作对分析哲学的产生和发展有了根本性的作用。

二、皮尔士的实用主义与分析哲学

我们上面主要讨论了皮尔士的逻辑学和符号学对分析哲学的贡献,下面要着重谈谈他的实用主义与分析哲学的关系问题。以往认为,实用主义与分析哲学分属于不同的但有所交叉的思想流派,典型的代表是石里克对实用主义者刘易斯的批评。刘易斯认为维也纳学派的证实原则与实用主义思想别无二致,石里克则明确指出了两者之间的主要区别就在于对逻辑地位的不同认识。但他同时指出:"刘易斯教授心目中的实用主义观点与维也纳学派的经验主义观点之间并没有什么严重的分歧。如果在某些专门问题上他们得出了不同的结论,我们可以期望通过细致的考察来消除这种差异。"①这表明,从经验主义的立场出发,实用主义与分析哲学之间并不存在根本的区别,这在皮尔士的思想中表现得更为明显。这也是穆尼茨把皮尔士放到他的《当代分析哲学》一书首篇的重要原因。

1868 年皮尔士发表论文《四种无能的某些后果》,对近代哲学中的认识论给予了最为严厉的批评,提出以探究取代认识、以生存取代对应、以触觉隐喻取代视觉隐喻、以探索取代反映的思想方向,由此开始了蒯因所说的经验主义的第五个阶段,即自然主义阶段。这是以科学方法为主导的经验主义思维方式,强调以客观实在为前提,以客观效果为标准的确立信念的方法。这种方法的主要特征在于怀疑和纠错,最终以科学信念的确立为目的。虽然皮尔士提倡的科学方法被后人批评为不甚清楚,但他由此提出的以信念取代知识的做法正是分析哲学家们努力奋斗的目标。

皮尔士的实用主义与分析哲学之间最具有思想联系的是意义理论。维也

---

①   Moritz Schlick,"Meaning and Verification," *Philosophical Review*,1936,45(4):344.

纳学派哲学革命的目的就是要确立意义问题。石里克说:"哲学就是那种确定或发现命题意义的活动。哲学使命题得到澄清,科学使命题得到证实。科学研究的是命题的真理性,哲学研究的是命题的真正意义。"①这在皮尔士那里也完全适用,他明确地把运用科学方法的目的确定为对观念或语词意义的澄清。他在《如何使我们的观念清楚明白》(1878 年)一文提出的"实用主义准则"就是对意义的说明:"设想一下,我们概念的对象会有什么样的效果,这些效果可以想象具有实际的意义。那么,我们关于这些效果的概念也就是我们关于那个对象的概念的全部。"②用概念的效果作为概念的意义,这正是维也纳学派用证实作为意义原则的初衷,虽然他们更强调这种证实的最后根据在于逻辑上的可证实性。由此我们可以清楚地看出,皮尔士的实用主义准则就是一种意义理论。

当然,如果要深究皮尔士的实用主义与分析哲学的关系,我们就必须从实证主义的传统中寻找根据。怀特曾在《分析的时代》中把皮尔士的实用主义准则归结为三要素:假设主义、动作主义、实验主义。这三要素的核心就是一种科学实证主义的方式,皮尔士自称为"恰当的实证主义"。③ 这种实证主义的特点在于强调方法,即把实用主义的一切观点都理解为根据逻辑要求而形成的对实验对象的验证方法。他说:"实用主义并不试图说出所有指号的意义在于什么,而只是规定一种决定知性概念即推理所赖以运用之概念的意义的方法。"因为"一种重大的方法将会修正自身,同时也修正各种学说。学说是结晶体,而方法则是酵母"。④ 国内学者张留华指出,正是这种对方法的强调,使得皮尔士的思想与詹姆士、杜威等人的实用主义区别开来,而与维也纳学派以及主流的分析哲学家的思想形成了呼应。⑤ 应当说,这完全符合实证主义的思想传统,由此可以看出皮尔士的实用主义与实证主义哲学之间的思想脉络。

其实,皮尔士与分析哲学之间的这种思想联系,西方哲学家们已经给出了很

---

①   Moritz Schlick, The Turn Point in Philosophy, *Erkenntnis*, 1930 - 31(1): 56.

②   EP1: 132.

③   EP1: xxxiv.

④   EP2: 142.

⑤   张留华. 皮尔士哲学的逻辑面向[M]. 上海:上海人民出版社,2012: 42.

多论述。罗蒂早在 1961 年就指出:"皮尔士预见并提前批判了逻辑实证主义所代表的那些经验主义发展阶段,他取而代之的一组远见卓识和哲学气质更像是我们在《哲学研究》及受后期维特根斯坦影响的哲学著作中所见到的。"①德国哲学家阿佩尔则在《皮尔士:从实用主义到实效主义》(1967 年)一书中指出:"如果我们从今天的观点回看皮尔士的实用主义,我们在其中主要看到的是面向未来的一种'科学逻辑'纲要。毋庸置疑,在分析哲学期间借助于数理逻辑所发展的科学逻辑,在技术细节上比皮尔士走得更远。但是,在我看来可以肯定的是,现代科学逻辑工作由逻辑实证主义的反形而上学计划所继承的基本二维(语法-语义)方法,从根本上要逊色于皮尔士的三维指号学方法。"②乔姆斯基则更为直接地说:"就我们正在讨论的[语言哲学]问题来讲,我感到自己与之最靠近、几乎是在解释他的一位哲学家是皮尔士。"③

不过,对皮尔士的思想与分析哲学之间的区别,当代哲学家还是有清楚的认识,但他们看到的更多是皮尔士不同于分析哲学家的独特性和超越性。例如,美国学者摩尔(Matthew E. Moore)就指出:"皮尔士的哲学教育和气质在许多方面都不同于分析哲学的那些奠基者。像弗雷格一样,他既尊敬康德,又对其有所抱怨;但是皮尔士对于康德的认识以及有关哲学史的知识更为全面,对于康德的斗争以一种比在弗雷格那里更为根本的方式塑造了皮尔士哲学。像罗素等早期实证主义者一样,皮尔士自觉接受英国经验论的影响,但他同时比实证主义者们更为敏锐地意识到经验主义传统哲学的僵局所在。或许皮尔士与主流分析哲学之间最显著的差别,是他对经院哲学实在论的创造性利用以及对黑格尔的那种非常有限和慎重但却很真实的尊敬。"④不仅如此,皮尔士思想的原创性如今得

---

① Richard Rorty, "Pragmatism, Categories, and Language," *Philosophical Review*, 1961, 70 (2): 197-8. 转引自张留华. 皮尔士哲学的逻辑面向[M]. 上海:上海人民出版社,2012:38。

② Karl-Otto Apel, *Charles S. Peirce: From Pragmatism to Pragmaticism*. Amherst: The University of Massachusetts Press, 1981, pp. 192-3. 转引自张留华. 皮尔士哲学的逻辑面向[M]. 上海:上海人民出版社,2012:38。

③ 转引自张留华. 皮尔士哲学的逻辑面向[M]. 上海:上海人民出版社,2012:38。

④ Matthew E. Moore ed., *New Essays on Peirce's Mathematical Philosophy*. New York: Open Court, 2010, p. v.

到越来越多哲学家的重视。例如,费奇(M. H. Fisch)就明确表示:"美国迄今所产生的最具原创性、最多才多艺的思想家是谁?答案'皮尔士'是不容争议的,因为任何第二个人都会远远逊色于他而不足以提名。"诺贝尔化学奖获得者普利高津说:"皮尔士的工作似乎是朝着理解物理法则中所包含的多元性所迈出的领先一步。"著名皮尔士专家豪塞尔(Nathan Houser)甚至说:"皮尔士是他所在时代最博闻强记的一位逻辑学家,不仅在理论和技术方面,而且包括在历史方面;有史以来几乎没有逻辑学家能超越他。"霍克威则说:"皮尔士看起来是最具有现代性或当代性的哲学家之一。虽然他的许多观点存有争议或难以置信,不过,只要一读他的作品,我们就可能觉得他的许多问题与今天哲学所关切的议题紧密相关。"①这些评价充分说明皮尔士在当代哲学发展中的独特地位,也彰显了他与分析哲学之间不可分离的密切关系。

三、皮尔士哲学的独特性

著名的皮尔士传记专家约瑟夫·布伦特(Joseph Brent)在他那本广有影响的《皮尔士传》中指出:"皮尔士在科学史、哲学和数学方面完全是行家里手。他以个人作为科学和宗教的实践者身份以及他以往的知识,熟知近代科学发明所需要的在基本信念方面的一切摧枯拉朽式的革命。这种威胁和混乱依然在纠缠我们。像达尔文一样,皮尔士并不愿意接受任何形而上学的和宗教的主张,这些主张并不会正视科学知识的严肃含义,这是对千年以来人类文化的每个方面体现出的关于实在性质的传统观点来说的严肃含义。而与达尔文不同的是,他相信亚里士多德和中世纪的实在论提供了重建知识性质的基础,这不仅与科学实践达成一致,而且体现在科学实践之中。皮尔士坚信,他已经发现可以印证这种信念的思维模式,这种思维模式同时也是理解宇宙构成方式的关键所在。根据这种方式,可以通过对仅仅包含了三个范畴的结构要素的逻辑阐明而实现对宇

---

① 转引自张留华. 皮尔士哲学的逻辑面向[M]. 上海:上海人民出版社,2012:40 - 41。

宙的了解。1887—1888 年,他讨论了宇宙论沉思问题。15 年之后,他把自己成熟的逻辑理论完全称作指号学(semeiotic),即科学的形式逻辑的一种运用,其自身就包含被称作实用主义的用于阐明意义的主张。正是这种信念使得皮尔士提出了自己的独特思想。"①布伦特的这番评价基本上阐明了皮尔士哲学的独特性。这种独特性包括以下三个方面:

第一,皮尔士始终是以科学家的身份在从事哲学研究,他的所有哲学思想都来自他在科学领域中的工作。皮尔士最有代表性的哲学观点应当是他的"实用主义准则",而这一准则正是根据他的科学实验提出的。"正是由于他的科学背景,皮尔士的哲学研究方法,特别是在实用主义上的方法,完全是来自一个科学家的工作。所以,并非偶然的是,他在一系列文章中对实用主义的最初表述就被称作'对科学逻辑的证明'。"②虽然早期分析哲学家们大多具有自然科学研究背景,但他们似乎更倾向于把自己的自然科学研究方法引入哲学研究,以自然科学改造哲学。然而,皮尔士的方式则是直接用科学研究的方式说明哲学研究中的主要问题和存在的困难,并试图用科学的方法确定我们使用的概念意义和信念。他所谓的"科学的方法"就是承认事物的存在不依赖于我们对事物的认识的实在论方法,也是他用于确定信念的四种方法之一。在他看来,人类思想的变化都是由超出人类控制的事件带来的,因此,人们的观念必须符合自然的立场。这样,自然并不是要符合我们的信念,而是需要我们的信念去符合自然。我们用于确定信念的方式就是要让外部实在指引我们的思想。这些都明显地表现出皮尔士哲学思想中的科学实在论或形而上学实在论倾向。

第二,皮尔士始终是以特立独行者的立场参与当时的哲学变革,他的哲学创见基本上是独立完成的,虽然其中有许多与当时哲学家们的观点不谋而合,并且对后来的哲学发展产生了广泛和深远的影响。前文已见,皮尔士是现代数理逻辑的创立者之一,但他在逻辑上的所有创新都是独立完成的,与当时欧洲大陆的

---

① Joseph Brent, *Charles Sanders Peirce*, *A Life*, revised and enlarged edition. Bloomington and Indianapolis: Indiana University Press, 1998, p. 4.

② Cornelis De Waal, *On Pragmatism*. Belmont, CA: Thomson Wadsworth, 2005, p. 7.

逻辑学家和哲学家们的工作没有直接交集。皮尔士早在《1873 年的逻辑》一文中就开始解释科学是如何按照精确逻辑的方式工作的。他在系列文章《科学逻辑的证明》(1877—1878 年)中首次用形式语言表达了作为科学逻辑的科学方法,这被看作笛卡尔提出怀疑方法以来对演绎基础主义的完全挑战,也是对传统形而上学的完全挑战。同时,皮尔士提出了把世界看作我们通过逐步验证所体验和进行的另一种可以自我纠错的起点。对此,布伦特写道:"这并不是说其他哲学家和科学家没有想到和写过科学的方法,因为他们从古希腊时代开始就是一直如此。但皮尔士赋予这种方法以现代的形式,这种形式非常精巧,以至于尽管这些证明是具有革命性的,但它们在我们看来却如同常识一般。在阅读了这些证明之后再去阅读波普尔或亨普尔对科学逻辑的论述,就会发现它们对一个世纪前由皮尔士首次提出的模型没有什么新的增加,这也表明了某些成分(特别是假说推理的实质)已经伴随有害的效果而进入我们对科学的理解之中。"①《科学逻辑的证明》系列文章中的第二篇《如何使我们的观念清楚明白》发表于 1878 年 1 月,《信念的确定》发表于 1877 年 11 月。发表这些文章的《通俗科学月刊》主编尤曼斯(Edward Livingstone Youmans)在给自己妹妹的信中写道:"皮尔士在这方面并没有阅读太多的东西。然而,克利福德却说他是最伟大的在世逻辑学家,是继亚里士多德之后第二个在这个主题上增加实质内容的人,另一个人则是《思想律》的作者布尔。"②虽然"实用主义"一词是由詹姆士在 1898 年发表的《哲学的概念与实践的实在》一文中首次公开使用的,但他把这个词的发明权归属于皮尔士。这些都清楚地表明皮尔士思想的独创性特征。

第三,虽然皮尔士在科学和哲学的许多领域独辟蹊径,提出了许多为后代不断继承和发展的重要思想,但他在有生之年却始终默默无闻,鲜为人知,即使是在现代逻辑和实用主义哲学领域中,他的创新观点似乎也没有得到及时的承认和理解。更有甚者,皮尔士生前就需要与那些借助自己的思想观点而形成的某

---

① Joseph Brent, *Charles Sanders Peirce*, *A Life*, revised and enlarged edition. Bloomington and Indianapolis: Indiana University Press, 1998, p. 117.

② Joseph Brent, *Charles Sanders Peirce*, *A Life*, revised and enlarged edition. Bloomington and Indianapolis: Indiana University Press, 1998, p. 119.

些哲学理论进行抗争,通过澄清自己观点与其他人观点的不同而强调自己观点的原创性。这特别明显地表现在他对 pragmaticism(实效主义)一词的使用上。众所周知,"实效主义"是皮尔士在不满詹姆士的实用主义解释的情况下发明的一个新词,目的就是要把自己的思想与詹姆士等人的解释区别开来。实用主义作为确定概念意义的方法最初是由皮尔士在 1878 年发表的《如何使我们的观念清楚明白》中提出来的,虽然他在文中并没有使用"实用主义"一词。1900年,皮尔士应邀担任《哲学与心理学辞典》主编,他发现詹姆士对这个词的解释与他当初提出的实用主义思想有所不同。很快,他就发明了一个新词"实效主义",用于代替"实用主义"。1905 年,他发表了《实效主义问题》一文,认为这个词在哲学上非常重要,它所传达的思想是一种新的常识主义,即批判的常识主义。①

　　从以上的分析中可以看出,皮尔士思想的独特性在于,实用主义在他那里并非一种哲学理论或行动指南,而是一种类似科学实验的验证模式,即为了检验概念的意义而设定的一套实验方法,因而一切准则和原理都是为了验证概念的意义。同时,只有把这些方法运用于具体的科学实验之中,我们才能说确定了概念的意义和信念。所以,他把实用主义准则解释为能够给出概念的"实际的效果"。他说:"我用'实际的'是指适合于影响行为,而行为则是指得到自我控制的自愿行动;也就是可以由恰当的审慎加以控制的自愿行动。"②后来,他承认这个名称来自希腊文 πρâγμα(行为),这是指:"普遍词项的唯一真实意义在于它所蕴含的普遍行为之中。"③在这种意义上,皮尔士是从实践的角度提出他的实用主义,同时又是他的实用主义的直接实践者。从这个角度看,皮尔士的哲学与分析哲学家们的思想的确有着惊人相似:分析哲学正是一种以分析的方法验证思想的实践哲学。但不同的是,皮尔士并没有把自己的思想限定为一种哲学,而更多地是把实用主义解读为一种逻辑的准则,是一种研究我们如何行动的逻辑准则。他

---

① Joseph Brent, *Charles Sanders Peirce*, *A Life*, revised and enlarged edition. Bloomington and Indianapolis: Indiana University Press, 1998, p. 300.

② CP8: 322.

③ Cornelis De Waal, *On Pragmatism*. Belmont, CA: Thomson Wadsworth, 2005, p. 106.

在《实效主义问题》一文开篇写道:"一切符号的全部思想内容都在于理性行为的所有普遍模式,这种行为有条件地依赖于一切可能的、不同的环境和愿望,但却确保了对符号的接受。"①这恰好表明了皮尔士哲学与分析哲学相区别的独特性质。

---

① EP2:346.

皮尔士的语言哲学

朱志方　武汉大学哲学学院

　　皮尔士的行动条令（pragmatic maxim）是皮尔士的语言哲学的核心论题。在许多学者看来，这个条令本身是晦涩的，并不符合他的第三级清晰性标准。在以下论述中，我力图阐明皮尔士的行动条令。皮尔士的行动条令要在他更为博大的符号学体系的框架内得到清晰的阐明。符号学的宏伟目标是使一切符号的意义清晰，而作为其中一个关键部分，行动主义是澄清语言符号意义的方法。概括地说，每个符号都有对象和解释，而对象分为直接对象和动力对象，解释则有直接解释、动力解释和逻辑解释三类。在皮尔士看来，符号过程是一个介入了人的行动的过程。通过对象对说话者和受话者心灵的作用以及人对于对象的反应，人的心灵能够获得对于对象的清晰认识和对于符号意义的清晰理解。符号的解释不仅依赖于符号和对象，而且依赖于人的行动和心灵的努力。弗雷格错误地将意义置于第三领域，而普特南则错误地断言意义不在头脑中。符号、对象、行动、观念都是自然中的事物或者事物的属性，因此，皮尔士的语言哲学是自然主义的。

一、行动条令

　　皮尔士始终致力于"达到完美的思想清晰性的方法"①，这种清晰性比笛卡

---

① 　CP5. 390.

尔追求的清楚明白更加完美,皮尔士称之为第三级清晰性。

皮尔士的意义理论终聚为一条规则,后来他称之为行动条令。① 这既不是一个实用原则,也不是一个语用原则。行动条令说:"达到第三等级的理解清晰性的规则如下:考虑我们设想我们的观念(conception)的对象具有哪些可设想的、有着实践承担的后果。然后,我们关于这些后果的观念,就是我们关于对象观念的全部。"②孤立地看这一条令,它似乎并不符合皮尔士本人的清晰性标准,许多读者也因此感到困惑。这一条令断言:

(1)我们关于对象的观念的全部,就是我们关于对象的后果的观念。

(2)我们设想该对象具有哪些后果。

(3)我们可以设想哪些后果与实践相联系。

行动条令的最初表达形式留下许多待解的疑惑。初看起来,皮尔士所要澄清的,是我们关于对象的观念,如果是这样,它是否能够成为一个关于语言符号的语义学理论呢? 如果能够,它是关于所有符号的语义学理论,还是其中一个部分?"对象"一词又是什么意思,它是指物理对象,还是所有能够设想的东西? 如果后果是所设想的后果或可设想的后果,那么,这是否包括错误设想的后果? 过去我们误以为,现在还有许多人误以为燕窝营养丰富,有利于健康,这些错误设想的后果是不是"燕窝"的意义的一部分呢? 还有,为什么遵守行动条令就能达到完美的意义清晰性的方法呢?

二、行动主义与符号学

皮尔士有时候并没有清晰地指明他要澄清的到底是什么。在 1878 年的论

---

① 有关文献一般译作实用准则或行动主义准则,对于皮尔士后期的用语 pragmaticism,汉语译名常常是"实效主义"。但"实效"只表达了它的部分意义,而且与其英文词源不符。其重心在于行动,我想"格物"一词可以考虑。所谓的"行动主义"其实是一种格物论。不过"格物"在中国传统哲学中有固定的含义,用来翻译 pragmatism,也容易引起误解。为避免"实用"一词引起的误解,本文将 pragmatism 译作"行动主义"。

② CP5. 402.

文中,他谈的是我们观念的清晰性,但即使在这里他也没有只谈观念,还考虑到语言。他写道,有一种误会,"那就是错把两个词的语法结构上的区别当作它们所表达的观念之间的区别"①。在皮尔士看来,词语表达思想,因此,使观念清晰也就是使词语的意义清晰。在皮尔士所阐述的行动条令的应用实例中,有"硬的""重的""力""实在"等概念或用语。这表明,使我们关于实在的观念清晰就是使"实在"一词的意义清晰。

后来,皮尔士把他对意义的研究扩展到所有的领域,试图建立一个包括万象的理论,这就是他的符号学。他断言逻辑"只是符号学的另一个名称"②。与多数 20 世纪分析哲学家不同的是,皮尔士并不认为逻辑一个必然真理的体系,或者说,并不认为逻辑陈述是先天真理。相反,他把逻辑或符号学看作"半必然的、形式的符号学说",这一说法是指"我们观察我们所知道的这些符号的特性,我们从这些观察入手,通过一个我觉得可以叫做抽象的过程,对于'科学的'智能使用的所有符号必须具有什么特性,我们得到一些陈述,它们显然是可错的,因此在某种意义上绝不是必然的。这里所说的'科学的'智能,是指一些能够由经验学习的智能"。③

符号学时期的皮尔士对行动主义,即由行动条令所定义的学说,做了稍有差异的表述。他仍然把行动主义看作澄清意义的方法,差异在于他的重心从观念的清晰性转向了所有符号的解释。在 1902 年的《哲学与心理学辞典》词条"实用的和行动主义"中,他主张行动主义是"确定一切概念、学说、命题、词语或其他符号的真实意义的方法"④。他仍然主张行动主义是澄清概念意义的方法:"行动主义并不自命不凡地宣讲所有符号的意义在于什么,而只是建立一种方法,确定理智概念的意义,即那些推理有所依凭的概念。"⑤行动主义和符号学,都是皮尔士的意义和解释学说。

然而,我们在他的行动主义的表述中,还是看到些许差异。这里似乎有两种

① CP5. 399.
② CP2. 227.
③ CP2. 227.
④ CP5. 6.
⑤ CP5. 8.

行动主义,一种是使理智概念清晰的方法,一种是清晰地解释一切符号的方法,也包括观念,因为皮尔认为思想也是符号。这两种表述从表面上看是不一致的,但也只是表面上不一致。我的理解是,符号学是关于一切符号的理论,而行动主义是关于符号的一个重要子类即语言符号的理论。虽然他断定行动主义是确定一切概念、学说、命题、词语或其他符号的的真实意义理论,但这里"其他符号"并不指其他一切符号,而是指其他语言符号,如手势语、信号语、密码、数学物理学符号等。理智概念与"其他符号"之间只是表达上的差异,因为其他符号是指其他语言符号,而语言符号都是理智概念的对应者。语言符号本质是理智的:它们是"约定的",并且属于符号分类中的法则符(legisign)。这样,符号学与行动主义之间的关系就清楚了:符号学是关于一切符号的理论,包括自然符号和人工符号;而行动主义是关于语言符号及相应概念的理论。用福多(J. Fodor)的话说,思想和观念也是语言,即心语(mentalese)。这样我们就有理由说,皮尔士的行动主义就是他的语言哲学。

皮尔士把行动主义看作他的符号学的一个组成部分。按照皮尔士的定义,符号学是研究所有符号的学问,因此它比语言哲学涵盖更多的内容。一切事物包括自然现象、事件和过程,都可以当作符号。他的符号分类充分表明了这一点。最初,皮尔士是按三种三分法来给符号分类的。"首先,按照符号本身,它是一个单纯的性质,一个存在物,还是一个法则;其次,按照符号与它的对象的关系,这个关系是在于符号本身具有某种特性,或在于符号与它的对象具有某种现实的关系,还是在于它与其解释有某种关系;第三,按照它的解释对它的表示,把它表示为一个可能性的符号,一个事实的符号,或一个理性的符号。"①按第一种(第一种)三分法得出的分类有性质符(qualisign,例如一个性质)、单例符(sinsign,例如一个单一的东西)种法则符〔legisign,如一个约定的符号(a conventional sign)〕。在第二种分类中,符号分为象似符(icon,如一幅图画)、索引符(index,如一根指针)和抽象符(symbol,如一个概念)三类。而按第三种三分法,符号的类别有句式(rheme,如一个有空位的语句)、语句符(decisign,如一

---

① CP2. 243.

个语句)和联句符(dicent sign,如一个推论)。

这些分类并不是相互排斥的。这三种三分法联合起来考虑就得出十个符号类别。这些类别是：性质符号(qualisign,如一种对红色的感觉)、图像单例符(Iconic Sinsign,如一个图表的单次出现)、句式标示单例符(Rhematic Indexical Sinsign,如一次自发的哭泣)、联句单例符(Dicent Sinsign,如一个风向标)、图像法则符[Iconic Legisign,如一个图表(作为一个类型)]、句式标示法则符(Rhematic Indexical Legisign,如一个指示代词)、联句标示法则符(Dicent Indexical Legisign,如一声街头喊叫)、句式记号或记号句式(Rhematic Symbol or Symbolic Rheme,如一个普通名词)、语句记号(Dicent Symbol,如一个普通命题)、推论(argument)。显然,并非所有的符号都是语言符号。这里的符号分类中所提到的语言符号有概念(谓词)、指示代词、命题(陈述句)、推论(一组语句)。专名是20世纪语言哲学的关注焦点,皮尔士如何看待专名呢？显然,在皮尔士看来,专名首先是一个法则符,因为它的所有的单例都标示同一个对象。在给韦尔比女士(Lady Welby)的信中,皮尔士说,专名是句式标示法则符[1],即与指示代词属于同一类,它标示一个对象,并且与别的符号结合形成语句。

在1908年12月致韦尔比女士的信中,皮尔士提出一种不同的符号分类,即按照对象被呈现的方式来分类。在这种分类中,符号有描述符(Descriptives,如名词和谓词)、指示符(Designatives, denotatives, indicatives, demonstratives)和联结符(Copulants)。("联结符既不描述也不指称对象,而仅仅表达后者与另外指称到的某个东西之间的逻辑有关系。"在语言符号中,这样的联结符有"如果……那么……""……是……""……导致……""……就会是……""……相对于……""对于……""任何"(whatever)。[2]这三类符号覆盖了一种语言的基本部分。

在皮尔士看来,一个符号就是一个表示者(representamen),它以某种方式表示另一个东西。"一个符号或表示者是以下某个东西:它向某个人表示某个

---

① CP8. 341.
② CP8. 350.

东西的某个方面或能力。"①如果把"符号"当做语言表达式来说,那么这个关于符号的定义就是一种语言理论。因此,一个表达式的意义有三个因素。首先是它所表达或表示的对象。这里的"对象"是广义的,不仅有物理对象、事件、过程和关系,还有抽象对象和想象的对象。其次是解释(interpretant),它是表达式在受话者个人心灵中创生的东西。解释也许是一个展开的表达式或符号。第三是根据。表达式要基于某种根据来表示某个东西。所有的语言符号都是抽象的,它并不全面地表示对象,而只是在某些方面表示那个对象。例如,"水"并不代表水,它并不把水的一切方面都表示出来,只是参照关于水的"一种观念"②。哪种观念呢? 不是纯私人的观念,而是所有的说话者共有的或能够共有的观念。"这里'观念'要从一种柏拉图主义的意义上来理解,就是我们在日常话语中非常熟悉的那种意义;我是指,在那样一种意义上,我们说一个人把握了另一个人的观念,在那样一种意义上,我们说当某个人回想起他在前面某个时间的观念时,他回想到同样的观念;在那样一种意义上,当某个人连续考虑什么事情时,比如十分之一秒,只要在那个时间内那个思想继续与它自己相一致,即有相同的内容,那就是同一个观念,而不是在每一瞬间都是一个新观念。"③

皮尔士显然是诉诸说话者和受话者心中的东西来谈论表达式的意义。即使表达式所表示的对象是外部世界中的物理对象,表达式的解释和根据也不是独立于心理的东西。解释是表达式在受话者心灵中所创生的东西,而根据则是人们共有的关于对象的观念。虽然皮尔士说观念是一种柏拉图式的东西,但只是在"一种"柏拉图主义的意义上,即许多心灵所共有的心理内容。观念并不是某种具有本体论上的优先地位的东西,不是独立于一切心灵的东西。

一个表达式代表、表示或指称其对象,它具有与其对象相联系的解释或根据。由于解释和根据都是观念,这两个因素可以合并为一个因素,即解释。

---

① CP2. 228.
② CP2. 228.
③ CP2. 228.

三、对象与解释

在皮尔士的符号学框架中,澄清意义的实用方法以符号过程(semiosis)的方式进行。所谓符号过程,皮尔士指"一种作用或影响,它内含三个名目之间的联动,即一个符号,它的对象和解释,这个三元关系的影响不能以任何方式消解为二元对子之间的作用"①。要澄清一个语言符号的意义,我们必须考察符号、对象与解释之间的三元关系。我们首先要把符号的对象和解释弄清楚。

皮尔士区分了两类对象和三种解释。"有必要把直接对象(immediate object)或符号表示为如此的对象与动力对象(dynamic object)或真正生效而又不直接呈现的对象区分开来。同样还有必要区分直接解释(即符号表示或指示的解释)与动力解释(即符号对心灵实际产生的后果),并把这二者与规范解释(normal interpretant)区分开来,规范解释是在思想充分发展之后符号对心灵将会产生的后果。"②

皮尔士在不同的著述中使用了不同的用语。在有的著述中,三种解释是直接解释、动力解释和规范解释;在另一些著述中,直接解释又叫做情感解释(emotional interpretant),动力解释又叫做动能解释(energetic interpretant),规范解释的说法更多,如最后解释、逻辑解释、终极解释等。考虑到行文的一致性,关于两类对象,我采用直接对象和动力对象的说法;而关于三种解释,我采用直接解释、动力解释和逻辑解释的说法。

在皮尔士的符号学中,对象和解释都不是单一的、静态的、无实时的东西,而是复合的、动态,总是处在一定的过程之中。皮尔士的符号包括自然符号和约定符号。语言是约定的。自然符号与它的对象的联系是自然的因果联系,例如,一个风向标就是风向的自然标示。但语言与此不同,语言符号与其对象的联系是约定的,"不是由于符号自己的任何特性,也不是由于符号与其对象的任何实

① CP5. 484.
② CP8. 343.

际的联系,而仅仅由于被表示成符号。例如'布谷'一词并不显示与那种鸟的相似性,其拟声特点纯属起源上的巧合。它后来多用于布谷或布谷的某些后果真实出现的时候,它与那些鸟的微弱联系并不重要"①。本文聚焦于语言符号,旨在弄清语言符号的对象和解释是什么。只要充分理解了对象和解释,皮尔士的行动条令和语言哲学就清楚了。这就需要对以上两类对象和三种解释做逐一考察。

一个符号的直接对象是"符号表示为如此的对象,因此其存在依赖于它由符号所表示"②。这是一个非常含糊的说法。我的理解是,直接对象就是表达式用于表示对象时对象在心灵中的呈现,因此不同于对象本身。

皮尔士早年关注认识论研究时,就已经考虑到符号的本质问题。这些考虑对我们理解直接对象是很有帮助的。关于认识的对象,他说:"每个认识都含有某种被表示的东西,或我们意识到的东西,通过自我的某种行动或激情,它成为被表示的。……这个认识本身是它的对象因素的一个直观,因此也可以叫做直接对象。"③他还说:"一个思想符号在被思想到的方面代表它的对象;这就是说,这个方面是那个思想中意识的直接对象,换句话说,它就是那个思想本身,那个思想是后来思想中思想为如此的东西,它是后来思想的符号。"④

可以这样理解:直接对象是对象的一个样本(如一块黄金、一滴水)、一个子集(如几只狗和猫)、一个片断(如一面山、一段河流)的呈现,对象没有完全地、整体地呈现出来,只是呈现了一个部分或一个方面。相比之下,动力对象就是对象全体本身,过去、现在和未来,已观察到或未观察到。在谈到一个标示的直接对象时,例如一只普通温度计的水银柱上升,皮尔士说:"那个标示的一个心理表象(表示)产生了,这个心理表象就叫做那个符号的直接对象。"⑤在这个事例中,水银柱上升是温度上升的标示。水银柱上升本身是一个物理对象(事件),因此我们关于它的心理表象是那个标示的直接对象。然而,我们对一个语言符号的心

① CP8. 119.
② CP4. 536.
③ CP5. 238.
④ CP5. 286.
⑤ CP5. 473.

理表象不能说是那个符号的直接对象,如果这样说,它的直接对象就是我们对一个或一些词语的单例的感觉了,对符号形状的感觉显然不能说是符号的对象。在皮尔士依符号与其直接对象的关系所做的分类中,符号有性质的符号、存在物的符号和法则的符号①,它们并不是性质、存在物和法则本身,而是这些东西的心理呈现。

一个符号的动力对象是"那个对象本身"②。之所以说它是动力的,是因为它是使用符号的原因,或者说,对象给心灵施加一定的影响力,于是心灵使用了那个符号。动力对象是"实在,它通过某种手段力求决定该符号成为它的表示"③。它是"真实生效但又不直接呈现的"④。动力对象使我们想到康德的物自身,物自身是我们的感觉的原因,但又不同于我们的感觉表象。皮尔士并不赞成康德的不可知论,他坚称我们能够获得关于实在真理,真理所描述和逻辑解释所把握的对象就是物自身。

要注意的是,当皮尔士说动力对象是事物自身时,它不仅仅包含实在的物理对象,也包含抽象的和虚构的对象。"我们必须区分直接对象——如同符号所表示的对象——与实在的(不,也许那个对象完全是虚构的,因此我应该选用一个不同的用语),应该说是动力的对象,出于事物的本性,动力对象是符号所不能表达的,它只能由符号来指示,而留待解释者通过附加经验来揭示它。"⑤符号指称呈现给心灵的直接对象,也指称对象本身。对象本身是动力的,这就是说,对象自身是符号过程的根源,符号只是指称对象而不描述它。实在的对象到底是什么,并不包含在符号的意旨中,而要由附加经验去认识。因此,实在对象的本性要留给"动力的"科学或"客观的"科学去研究。以"太阳是蓝色的"这个语句为例。它的对象是"太阳"和"蓝色"。"'太阳'可能意指形形色色的感觉情况,因此意指它的直接对象;它也可以意指我们依据地点、质量等对这些感觉做出的通常

① CP8. 336.
② CP8. 333.
③ CP4. 536.
④ CP8. 343.
⑤ CP8. 314.

的解释,这时它指动力对象。"①

根据符号与其动力对象的关系,皮尔士将符号分为图像、标示和记号三种。记号是语言符号,皮尔士对记号的定义是:"它是由它的动力对象决定的,这仅仅是在以下的意义上:它将被如此解释。因此它依赖于一个约定、一个习惯,或者它的解释或解释域(由解释决定)的一个自然趋向。每个记号都必然是一个法则符;因为把法则符的单例叫做记号,这是不确切的。"②依据符号的动力对象的本性,皮尔士得出的另一种分类是抽象符(abstractives)、具体符(concretives)和集合符(collectives)。抽象符是可能性的符号,如颜色(白色)、质量;具体符如人(单数)、查理曼(大帝);集合符是集合的符号,如人类。③

直接对象与动力对象并不对立,它们处于解释过程的两端。在起点,一个符号指一个作为感觉集合的对象;而在终点,它指称对象本身,这表明我们最后获得了关于对象的完全的认识,于是直接对象与动力对象合并为一个对象。因此,对于符号过程来说,解释是必不可少的。一个理智概念的"意义"问题"只能通过研究符号的解释或恰当的意旨后果来解决"④。

一个符号的直接解释是"由符号表示或意指的解释"⑤,或者说"情感解释"是"它所产生的感觉"。⑥ 如果一个符号是一个概念或词语,它的直接解释包括对那个概念或词语的"认识"。如果符号是一个自然符号,如临床症状,它的直接解释就是我们对那个自然现象的感性认识。关于概念或词语,我的理解是,它的直接解释就是我们基于我们对它的对象的普通认识而对符号做出的普通的和初步的解释。在多数情况下,直接解释是感觉的或情感的,因此是"直接的"。但事情并不总是如此。虚构对象的名字,如"独角兽",并不指称实际的事物,对此我们无法获得感性认识。也许我们可以通过"马""角"等词语对它做出语词定义,这些词语的对象是我们可以获得感性认识的。我们对一个词语的日常理解也许

---

① CP8. 183.
② CP8. 335.
③ CP8. 366.
④ CP5. 475.
⑤ CP8. 343.
⑥ CP5. 475.

是错的或纯属臆想，这些错觉或臆想是我们可以随着"思想的展开"得到纠正的。因此直接解释并不是所有的日常解释，而是正确的和共有的日常理解。"直接解释作为对符号本身的正确理解所揭示的东西，通常叫做符号的意义。"①

对于皮尔士，有些符号只有直接解释而没有其他解释。"例如，一曲交响乐的演奏是一个符号。它传达并有意传达作曲家的音乐观念，但这些观念仅仅在于一系列感受。"②皮尔士用以下假想的例子来讲解他的直接解释：一天早晨，皮尔士先睡醒，他的妻子随后醒来并问："今天是什么天气?"这是一个问句，是关于那天早晨的天气的问题，因此其对象就是那个时候的天气。它的直接解释是："那个问句所表达的，是它直接表达的一切。"③皮尔士回答："在下暴雨。"这是另一个符号，其直接解释是"她和我的心灵所共有的关于当下天气的概念……动力解释是对当时的实际的或真实的气象条件的识别。直接解释是她的想象的样态，即各种暴雨天心象所共有的模糊心象"④。

直接解释是初步的解释，也是进一步解释的基础。"水"的直接解释就是我们对这个词的日常理解，我们通过这种理解来识别它的对象，只有通过与该对象更多的实践互动，对水本身的认识和对这个词语的逻辑解释才有可能。"如果一个符号产生更多的恰当的意旨后果，那也是通过情感解释的中介进行的，更多的后果总是涉及一种作为。我称之为动能解释。"⑤

依照符号与它的直接解释的关系，皮尔士把符号分为三种类型。"第一，那些可以由思想或其他无限多的同类符号系列来解释的符号；第二，那些可以由实际经验解释的符号；第三，那些可以由感觉或现象的性质来解释的符号。"⑥

一个符号的动力解释是"该符号在心灵上实际产生的后果"⑦或"该符号作为符号真实地决定的实际后果"⑧，其中也包括受话者的反应。一个符号总是对

① CP4. 536.
② CP5. 475.
③ CP8. 314.
④ CP8. 314.
⑤ CP5. 475.
⑥ CP8. 339.
⑦ CP8. 343.
⑧ CP4. 536.

应于某个代表或表示某个对象。这里我们谈的是语言符号,一个听到或读到的符号总是会对受话者的心灵产生某种影响,受话者进而以某种行动或心理活动做出反应。因此我把动力解释理解为解释者一方面的应对反应。"动力解释……的特性产生于二元范畴,即行动范畴。这有两个方面,即主动与被动方面……当一个想象或白日梦激发一位年轻人的雄心或另一种激情时,这是他的那个梦想的动力解释的比较主动的形态。当一个新东西引起他的惊讶——以及与惊讶相伴随的怀疑——时,这是动力解释的比较被动的形态。……激情和惊讶的激发就是实际的动力解释。"①

皮尔士举了一些例子来讲解他的动力解释。一个步兵班长发出命令:"枪放下!"动力解释就是将枪托放到地上,也可以是士兵心中的某种活动。问句"今天是什么天气?"的动力解释是皮尔士对他的妻子的询问的回答,他的回答是那个问句对他产生的实际效果,这里皮尔士是那个问句的解释者。皮尔士的回答是"在下暴雨"。这是一个陈述句,其动力解释是他妻子的失望感(如果她原打算出门)或者这一回答对她产生的任何实际后果。

动力解释是皮尔士的行动主义的一部分,不过他的行动主义不完全是关于动力解释的学说。"对于任何人任一符号的意义就在于他对符号做出反应的方式。"②应该注意,动力解释并不是解释的终点,对于概念或词语的意义或理性意旨的最后澄清或逻辑解释的获得,动力解释还处在半途中。

最后是逻辑解释,皮尔士也称之为规范解释、最后解释、终极解释。我之所以采用"逻辑解释"一说,是因为它与直接解释和动力解释的说法更加协调。

逻辑解释是逻辑学家和语言哲学家在讨论意义与解释时试图把握的东西。皮尔士在大致与"意义"(significance)和"解释"(interpretation)相同的意义上使用"逻辑解释"一词。英国语义学家韦尔比(Victoria Welby)女士把她的研究领域叫做符号意义论(significs),即研究词语的解释的学问。照皮尔士所说,她的结论是词语在三种意义上被解释:含义(sense)、意念(meaning)和意义(significance)。含义是定义或逻辑分析,相当于逻辑家们通常所说的内涵;意念

---

① CP8. 315.
② CP8. 315.

是说话者的意图；意义与皮尔士的逻辑解释相仿，是其中最深刻、最高贵的存在。①

一个符号的逻辑解释是"符号趋于将自己表示为与对象相联系的方式"②，"如果对事情的考虑进行得足够深远，从而达成最后的意见，它将最终被判定为真实的解释"③。逻辑解释等同于"行动主义的分析"④，并具有普遍性，"在我看来，一个符号的本质功能就是使不生效的关系生效——不是使它们动起来，而是那上一种习惯或一个一般规则，他们将据此适时行动"⑤。逻辑解释是通过直接解释和动力解释的中间状态而达到的。它是一个一般的习惯或规则，与符号有着稳定的联系。行动规则对应着我们关于充分实行的行动的结果的观念，或者"在充分的思想展开之后符号定会对心灵产生的后果"⑥。

由于理智观念具有一般性，因此它的解释也必须是一般的，这就是逻辑解释。"可以证明，能够如此产生并且本身不是符号而又一般适用的唯一内心后果就是习惯变化；习惯变化意指个人的行动趋向的变形，产生于以前的经验或以前的意志作用或行动，或者产生于这两种原因的复合。当'习惯'一词得到精确使用时，它排除自然倾向；但除了联结，它还包括可以叫做'变联'（transsociations）的东西，即联结的改变，甚至包括联结断开（dissociations）。"⑦

作为逻辑解释，习惯变化或习惯形成是由肌肉活动和凭空想象联合作用产生的后果。准备"在一定的条件下并受到某种动机的驱使以一定的方式行动，这就是习惯；而审慎的、自控的习惯确切地说就是信念"⑧。

逻辑解释不仅是过去的行为和想象的结果，而且指向未来。它会经历一个展开的过程。最先出现的逻辑解释"激发我们在内心世界采取各自自愿的动

---

① CP8. 184.
② CP4. 536.
③ CP8. 184.
④ CP8. 185.
⑤ CP8. 332.
⑥ CP8. 343.
⑦ CP5. 476.
⑧ CP5. 480.

作"①。这种内心动作,如想象各种情境和动机,然后追踪最初的逻辑解释向我们展现的"各种可靠行动路线",考虑那些最初的解释可以被修改的方式。不只是想象,在有些情况下,那些行动是可以实际进行的。因此,"逻辑解释必定采取了相对的未来时态"②。"逻辑解释的未来时态类别是条件语气,是'将会'(如此)。"③

例如,对于"今天是什么天气?"这个问句,其意义或逻辑解释是皮尔士夫人"提问的目的,对问题的回答对于她接下来的一天的计划将会有什么后果"④。而对于皮尔士的回答,其逻辑解释是他的回答所包含的行动指向(lessons)的总和,其中有人文方面的,也有科学方面的。例如,不想得病就不要淋雨。在讨论"枪放下!"的解释时,皮尔士主张:"最后解释并不在于某个心灵行动的方式,而在于每个心灵将会行动的方式。这就是说,它在于可由以下条件命题所表达的内容的真理性:'如果对于任何心灵如此这样的情况发生了,那么这个符号将决定那个心灵做如此这样的事情。'"⑤

皮尔士得出结论说,逻辑解释采取以下形式:"按照一个如此这般的规则进行(解释)。如果一个如此这般的概念适用于一个如此这般的对象,操作活动将会有如此这般的一般结果。"⑥

以上两类对象和三种解释是紧密地联系在一起的。一个符号是一个第三相,符号、对象和解释具有三元关系。一个符号"介于一个对象和一个解释之间;因为它既是由对象相对于其解释决定的,又参照它的对象来决定它的解释。如此一来就导致这样的情况:解释通过'符号'的中介被对象所决定"⑦。对象和解释是两种与符号相对应的东西,并且是符号的定义因素。而且,对象与解释也是对应的。具体地说,"直接对象与情感(直接)解释相对应,它们或者是体会,或

---

① CP5. 481.
② CP5. 481.
③ CP5. 482.
④ CP8. 314.
⑤ CP8. 315.
⑥ CP5. 483.
⑦ EP2：410.

者说是'主观的';它们也都毫无例外地适合于所有的符号。真实对象与能动对象也是相对应的,它们都是真实的事实或事物"①。但皮尔士认为,逻辑不与任何对象相对应,这是因为逻辑解释总是"处于将来时态"。

四、行动主义的语义学

现在我们来看皮尔士对行动条令的第二种表述:"为了确定一个理智观念的意义,我们必须考虑,由那个观念的真理性必然产生哪些可设想的实践后果;这些实践后果的总和就构成那个观念的全部意义。"②

皮尔士的行动条令阐明了澄清理性概念或语言符号的意义的方法,这就是行动主义的分析的方法,它通过直接解释和动力解释的中间状态,最后达到逻辑解释。他对实用原则的看法是:"每一个可用直陈语气的语句表达的理论判断都是一个混合的思想形式,其唯一的意义(如果有)就在于它倾向于施加一个相应的行动条令,这个条令可以表达为一个条件语句,其结论分句具有祈使语气。"③到此,我们对行动条令的内容可以做出一个综合的论述。

(1)行动主义是澄清理智概念或观念的意义的方法。有时候,皮尔士说行动主义"是确定艰涩词或抽象概念的意义的方法"④,我认为这只是一种表示强调的写作风格。从皮尔士的符号学体系来看,实用主义是确定一切语言符号和相应概念的意义的方法,而不只是艰涩词和抽象概念,因为每个词及其相应的概念在有的情况下可以是艰涩的和抽象的。

(2)每个词语要么是一个指示符,或者描述符,要么是一个联结符。一个指示符直接指称一个个体,一个联结符表示一种逻辑有关系,其他词语是描述符。于是,每个词语都是一个语句句式。皮尔士对例句"挨过火烧的小孩会躲避火

---

① EP2:410.
② CP5.9.
③ CP5.18.
④ CP5.464.

焰"的讨论表明,普通主语经符号学分析其实是谓语。于是,对一个词语(一个单词或词组)的分析就转换成语句分析。对"硬的"分析就转换成对语句"这是硬的"或"××是硬的"的分析。

如何看待专名呢？在皮尔士看来,专名是标示符,它们所起的作用类似于人称代词、指示代词、关系代词、附属于几何图形的字母和普通的字母表中的字母。标示符是指示符,它们"单纯地代表解释的心灵早已熟悉的事物或单个的准事物"①。描述符表达或意指属性,与此不同,专名的唯一作用是指称熟悉的事物。于是皮尔士不得不承认:"行动主义未能提供专名或其他个体对象指示符的任何翻译或意义。"②我们能够获得的信息是专名所指对象的信息,而不是关于专名本身的信息。"当某人第一次听到一个专名时,那只不过是一个专名,用于指称某个存在的,至少历史上存在的个体对象,他要搜集关于他或它的新增信息。下一次他听到那个名字时,就明确得多了;以后几乎每一次听到那个名字,他都对那个对象多一点熟悉。"③在这个意义上,一个专名并不完全与别的名字或符号同一。因此,"亚里士多德是亚历山大大帝的老师和柏拉图的学生"这个语句无论怎样解释都不是分析的。

(3) 每个表达命题的语句都是隐藏的条件命令句,它相当于说,假设该命题为真,人们将在某种条件下做某种事情。例如,每个说话者都熟悉"水"这个词,它指称人们所熟悉的水。水牵涉到多种人类实践行为,我们喝水,我们用水煮食物,用水洗衣洗澡,我们建设供水系统,我们通过观察发现雨是水的一个来源,我们得知洪水危害人类并力图控制它,等等。某人说"这是水"意味着他将会在一定的条件下做上述的事情,他过去这样做,并且将来在相似的条件下也会做同样的事情。

(4) 一个词语的意义是由确定含有它的所有的语句的意义来确定的。由于每个陈述语句都是一个行动指令,导致哪些实践行为,从而产生各种后果,这些后果的总和就是那个词的意义。这里似乎有一点歧义。在行动条令的一些表述

---

① CP8. 368n.
② CP5. 429.
③ CP4. 568.

中,皮尔士说的是我们观念对象的后果,从观念的真理性必然产生的可设想的实践后果。在另一些表述中,他说的陈述是一个隐含的行动条令。意义到底是语句所引起的行动,还是这些行动或人与对象相互作用的后果呢? 一方面,行动与行动的后果是联系在一起的。另一方面,正如皮尔士在第一次表述中所强调的,更重要的是行动的后果。"包含了一个概念意蕴或恰当的最后解释的,不是任何一个动作或一些将会做出的动作,而是一个行动习惯,一个一般的、对将要采取的做法的行为规定。"①因此,与一个表达式相联系的行动是确定意义的方法的一部分,而它本身并不是我们所寻找的意义。对表达式的对象进行操作,将会产生各种后果,这些后果的总和就构成表达式的意义。但是,脱离法则的后果应该排除。表达式的意义是它的理性的意旨,具有一般性,而不是一切后果,比如那些纯私人的东西。

再以"水"为例。它的意义就是"这是水"的意义,这个语句的意义就是设它为真时相关的实践行动所产生的后果的总和。但它不是一个个单一的后果相加,而是由一个规则组织起来的总体。那些后果产生于饮用、洗涮、灌溉等,也包括化学实验室里的操作。在大量的实践操作之后,"水"的理性的意旨可以总结为:它指称常识和科学所定义的那种物质。

因此,在多数情况下,行动主义所提供的确定词语意义的方法并没有超越常识和科学的奇特之处。它是对常识和科学确定意义的直觉所做的批判性的重构。在皮尔士看来,行动主义只不过是将科学方法应用到意义的澄清上。皮尔士说,行动主义"确定词语和概念的意义的方法与实验方法没有什么不同,正是通过实验方法,成功的科学今天达到了适合各自领域的确实性程度:这种实验方法本身只不过是一条古老的逻辑规则的特殊应用:欲知其然,先知其果"②。而且皮尔士认为常识与科学是相辅相成的,他把自己的行动主义又叫做批判的常识主义。③

对于常识和科学的用语,一般并无疑义。成问题的主要是形而上学的用语

---

① CP5. 504.

② CP5. 465.

③ CP5. 494.

和概念。行动主义是"这样的观点：形而上学的澄清主要在于应用"行动条令。① 皮尔士并不反感形而上学,反倒是特别钟爱它。由于他感到许多形而上学的用语不清晰,因此他提出行动条令来使形而上学的观念清晰。例如,"实在"的意义是什么? 说某个东西是实在的,就是说它独立于任何意见而存在。但如果把这看作一个定义,它并没有达到第三级清晰性。皮尔士把它的行动主义方法应用到这个词语上,得出结论说："实在,同其他一切性质一样,就在于拥有这个性质的事物的特有的可感觉后果。实在的事物拥有的唯一后果就是引起信念,因为它们所激发的所有的感觉都以信念的形式出现在意识中。"②于是,"××是实在的"意义就转换成人们关于××的信念是否为真的问题。对于光速问题,皮尔士列举了确定光速的五种实验方法,并设想还有第六、第七、第八、第九种实验方法来回答这个问题。如果科学家们对此做了足够长久的研究,他们对于光速的值将会形成一致的意见,不论刚开始时他们有多大分歧。

行动条令在形而上学词语上的应用还有另一个含义：如果一个词语的意义是无法这样弄清楚的,即没有任何实践后果或可感觉后果,那么它就是无意义的,应该被清除。"奥卡姆剃刀无疑在逻辑上是严谨的。一个假说的每一个成分,如果根本无法用于说明观察事实,那就必须清除掉。"③

(5) 皮尔士的语言哲学是一种实用语义学。说它是实用的,是指它是行动语义的或格物论的语义学。皮尔士可以称之为"实践主义",如果"实践"是指我们在现实生活中的生活、生产和科学研究的实践。但"实践"一词在历史上被亚里士多德、康德等哲学家归属于政治和伦理领域,为了避免误会,皮尔士选用了一个具有希腊语起源的词语来命名他的学说(pragma 在希腊语中的意义是行动)。皮尔士对行动主义的另一表述也表明,我们所说的"pragmatism",其实是行动主义。他说："任一记号的全部理智的意旨在于所有一般的合理行动方式的总和,在所有可能的各种不同情境和愿望的条件下,那些行动将跟随着那个记号

---

① CP5.2.
② CP5.406.
③ CP5.26.

被接受。"①皮尔士的行动主义的分析并不是语用学,虽然意义的澄清需要说话者、解释者、话语后果等。像话语的意义取决于说话情境并随情境变化,皮尔士对这样的想法是很不屑的。在皮尔士看来,一个概念、语言符号或记号的意义具有一般性,适用于所有的情境。因此,皮尔士的解释理论是一种语义学,是一种以行动条令为核心的语义学。

对于主流逻辑学和语义学理论,一个词语是由它的内涵和外延(卡尔纳普、普特南)或含义和指称(弗雷格)来定义的。含义和指称穷尽了或几乎穷尽了一个词语的意义。皮尔士说,中世纪的逻辑学家也有类似的看法。这种主张可以叫做词典语义学。正如蒯因指出的,词典的意义是已经存在的词语用法的记录,而不是它的根据或源头。因此,词典语义学是非常不完整的。

皮尔士本人强调他的行动条令并不是新东西,但相比之下,他的行动主义的语义学确实是一种语义学新理论。

首先,行动主义的语义学是一个有组织的整体,而不是多个散点相加。初看起来,皮尔士似乎只是在意义解释中引入一些新成分:动力对象与指称差不多,逻辑解释与含义(比如由科学发现提供的正确定义)差不多,对此皮尔士增加一点新东西,即直接对象和动力解释。如果这样,皮尔士也只是给旧理论新增了几个用语而已。但这样的说法是过于简单了。从直接对象到动力对象的过渡是一个连续的过程,从直接解释经动力解释到逻辑解释的过渡也是如此。作为一个连续的过程,每一区段都是不可缺少的。直接对象与动力对象和相应的直接解释和动力解释再加上逻辑解释,形成一个有组织的系统,从根本上不同于静态的、离散的主流意义理论。

其次,行动主义的语义学的解释过程是一个动态的过程,而不是语义学家所记录的静止的结果。这个动态过程就在于从直接对象到动力对象、从直接解释和动力解释到逻辑解释的过渡。直接对象相当于常识所理解的对象,最初,直接对象与直接解释的对应是由常识建立的。可以说,直接对象和直接解释是我们对语言符号意义的初步确定。在这个阶段,意义还不是充分清晰,还没有达到第

---

① EP2:346.

三级的清晰性。通过动力解释的过程,我们最后向动力对象和逻辑解释进发。这个过程可能很长,但结果将是具有第三级清晰性的意义理解。

再次,皮尔士的语义学是行动主义的。这只不过是说,语义学研究所采用的方法与科学方法是相同的。作为一位实践科学家,皮尔士毕生致力于阐明科学方法的细节并将这种方法推广到哲学研究的领域。"现代科学的学者之所以成功,是因为他们把时间不是花费在图书馆和博物馆,而是花费在实验室的实地考察上;当他们在实验室或做实地考察时,他们不是用空洞的眼睛看自然,即不是没有思想的帮助而被动地感知,而是一直在观察——借助分析来感知——并检验理论的建议。"①现代科学是实验,相比从前实验室具有比图书馆更重要的地位。科学家构建假说性的理论,并通过实验和观察来检验理论的逻辑推断。

语义学家也应该采取同样的做法。这是因为语言与我们的自然知识是交织在一起的。我们通过观察和思考获得关于自然和人类社会的知识,我们在实践活动中运用这些知识。我们的知识必须由语言来表达。没有语言的协助,我们无法具有清晰的思想和精确的推理,我们的语言不仅有自然语言,也有人工约定的专门记号。因此,语言符号的意义与我们的世界知识是紧密地联系在一起的。我们使用语言来谈论自然和我们自己,词语或词语的一个重要子集,通过约定来指称事物或对象,它们的意义依赖于我们对世界的认识。这表明,词语的意义或它们的理性意旨,要由我们关于世界的知识来决定。

科学中含有大量的专业术语,它们由操作实验设备并观察实验和测量结果来定义。我们的日常词语其实是以大致相同的方式来解释和理解的。在皮尔士看来,科学是常识的继续。我们的日常世界是一个信念、愿望和行动的世界。我们使用词语和做事情是融合在一起的。不仅我们相信什么和说什么意味着我们在一定的条件下将会做什么,而且我们行动的后果也决定着我们对我们的话语的理解。

皮尔士的语义学理论可以重述如下。以名词为例。名词依照约定用于指称一个对象,这个对象是我们的知觉和操作的对象。在这个知觉和操作的过程中,

---

① CP1. 34.

对象的属性和它与别的对象的关系得到把握。该名词的意义就在于我们对这些属性和关系的观念。但是,我们的观念不能是私人的和主观的,而必须是正常的说话者所共有的。从知觉观念到理性意旨的过渡,其中的思想方法与科学家探索自然所使用的方法并无不同,在推理的方面有概括、抽象、回溯(abduction)、演绎、归纳等。皮尔士不仅对演绎和归纳推理的研究有重要贡献,还发现了一种科学方法,即回溯推理。

可以下结论说,皮尔士的语言哲学与他的形而上学、认识论和心灵哲学是适配的。

五、意义也在头脑中

在皮尔士看来,意义也在我们的心灵或头脑中。他抛弃了心物二元论,把心灵和世界看作一个融合在一起的整体,因而也就不会有意义在心中还是在心外的问题。弗雷格以来的反心理语义是语义学的主流,也许其根源就在于担忧意义的主观随意性,因为他们认为心理的东西是私人的、主观的、随意的。这种担忧是基于一种错误的心灵概念,即把心灵看作一个孤立的、自我封闭的实体,也许它有窗子,透过窗子可以看到世界,但我们没有办法确定透过窗子看到的图景是正确的。这种心灵概念是语义学和认识论怀疑论的深层根源。

弗雷格和普特南是语言哲学中反心理语义的代表人物,区别在于前者设定了一个第三领域作为意义的处所,而后者没有第三领域的想法。但是我们认为,由于将心灵、心理或内心的东西排除在考虑的范围之外,他们的意义解释是失败的。

弗雷格把意义分成含义和指称,其贡献在于将这种区分拓展到一切语言表达式上,包括专名、语句和从句。一个陈述句含义是命题或思想,而其指称是真假。① 思想不是个人心灵中的某种东西,而是第三领域的品类,第三领域则是物

① Gottlob Frege, Thought: A Logical Study (1918 – 1919), *Mind*, 1956, 65 (259): 289 – 311.

理和心理之外无时间的、永恒的、不变的领域。① 根据弗雷格的组合原则,即复合表达式的意义是成分表达式的意义的函项,可以推得,名字的意义是第三领域的一个概念。

在我看来,弗雷格的意义图画充满了神秘和不协调。

第一,它的本体论是可疑的,第三领域只不过是弗雷格本人的心灵的一个想当然的设定。弗雷格没有对这个领域做细致的刻画,对于一个不存在的领域,他也无法进行刻画。

第二,第三领域的设定导致一系列的不协调性。弗雷格说,语句的指称是真假,真假处于哪个领域呢? 第三领域是思想的领域,但真假并不是思想。那么弗雷格是不是要设定第四领域来安放真值呢? 弗雷格还设定了一个处于所有个人心灵之外的大写的心灵,是不是有第五领域让这个大写的心灵得以安身呢? 按照弗雷格的说法,语句的意义和指称都属于第三领域或第三$^+$领域,名字的指称是一个物理对象,语句的指称是其成分指称(包括名字)的函项,物理世界的东西组合起来如何跳跃到另外一个领域去了呢? 含义决定指称,拿名字来说,第三世界的东西如何决定物理世界有东西呢? 而且,一个陈述句的内容在语法上可以转换为一个名词词组。作为一个名词,它指称物理世界中的事件,但作为一个语句,它指第三$^+$世界中的实体,这种转换是如何发生的呢? 还有,弗雷格基于第三领域的意义理论有着严重的缺陷。他断言陈述句和疑问句表达思想,因此有含义。但祈使句并不表达思想,也没有真假,即没有含义也没有指称,那么祈使句是不是就没有意义呢? 如果有,就是含义-指称说所不能描述的了。含义-指称说不能描述的,也包括奥斯汀所说的行事话语(performative utterances),它们具有第一人称现在时陈述句形式,但并不表达一个命题,也没有真假。

第三,它在认识论上是可疑的。第三领域的东西没有时空属性,不与人发生任何因果关系,我们如何得知它们的存在呢? 我们依据什么证据来断定它们的

---

①   Gottlob Frege,Thought:A Logical Study (1918 - 1919),*Mind*,1956,65 (259): 289 - 311.

存在呢？我们如何阐明它们的属性和相互关系的细节呢？弗雷格断言我们人类有一种特殊的内心能力，即思想力，借此我们可以领会第三领域的思想。① 不仅这种思想力是神秘的，而且这里出现一个不协调：这种思想力恰恰是一种心理的东西，不谈心理我们就没法谈论意义。

第四，弗雷格的反心理主义论证是基于一个错误的预设，即预设所有的心理内容都是转瞬即逝的、私人的、任意的和主观的。的确，个人心灵中有许多东西可以做这样的描述，但并不是所有的东西。有许多心理的东西是持续的、稳定的、可由许多个人共享的。我们的记忆在有些方面有些时候不可靠，但在有些方面有些时候非常可靠。我们记忆大量的词汇、诗句、经历和事件，只要回忆，我们就能想起来。这是一个可靠的心理学事实，也是语言交流得以可能的基础。如果所有的词语都与今天是"兔子"明天是"豆子"一样，我们不可能有语言交流。将逻辑和数学置于心理学的支配之下确实是一个错误。但是，把心理学看作研究人类心理现象、状态、过程和属性的唯一学科也是一个错误。我们要讨论逻辑和数学概念与定律起源、知识、变化和其他方面，就必定要诉诸心理的东西。

弗雷格的反心理语义的意义理论是失败的。普特南的反心理语义同样行不通。普特南着力论证"意义不在头脑中"②，但他同样没有避免不协调和混乱。普特南说，传统的意义理论是"建立在一个错误的理论之上"的，这个理论有两个不受挑战的假定：（1）知道一个词语的意义就是处于一种心理状态的事情。（2）一个词语的意义（即内涵）决定它的外延。在普特南看来，弗雷格也是这种传统的意义理论的支持者。我们看到，弗雷格坚决否认意义或含义是内心的观念的。如果普特南把批判的矛头指向他想说的传统意义理论的第一个基本假定，那么他显然瞄错了靶子。他想要批判的应当是"意义是一种心理状态"，但他这里说的是"知道一个词语的意义就是处于某种心理状态"，这几乎是一个分析的真理，如果心理状态包含着知道，那么说知道什么是处于一种心理状态就必然

① Gottlob Frege，Thought：A Logical Study（1918‐1919），*Mind*，1956，65（259）：289‐311.

② Hilary Putnam，"The Meaning of 'Meaning'," in *Mind*，*Language and Reality*，Cambridge：Cambridge University Press，1975，p. 227.

是真的。如果传统意义理论的假定是这样,那么这个假定是完全正确的。如果说传统的意义理论都主张意义就是一种心理状态,那么这个主张是可以争议的,但很少有人真正持这种主张。卡尔纳普受到普特南的指名批判,但卡尔纳普认为外延是对对象的指称,而内涵是对对象属性的描述,这显然不是一种心理状态。

即使有些语义学家认为意义是一种心理状态,普特南的反驳论证也是大有问题的。他的论证是基于虚构的论证,基于他所喜爱的科学幻想故事:孪生地球(Twin Earth)的虚构。这就是普特南与弗雷格的共同之处:弗雷格虚构了一个不存在的第三领域,普特南虚构了一个不存在的地球。孪生地球是经验上不可能的,或者说,那些孪生地球的语句是假的,而从假前提出发,人们可以论证任何论题。科学方法使我们能够考察现实世界的细节及细节之间的具体联系,但我们没有任何办法去考察一个虚构世界的细节。基于虚构的论证的主要虚妄之处在于,作者可以将结论的论证所需要的东西事先安置在前提中。

在虚构论证中,普特南草率地宣称,孪生地球与地球完全相似,每一个分子都相似。只有一点不同,地球上的水是 H_2O,而同形地球上的水有着不同的分子式,简写为 XYZ。这样,地球人奥斯卡和同形地球人在任何时候都处于同样的心理状态,当他们各自说"水"时,他们的心理状态是一样的。但地球人奥斯卡说的"水"指称 H_2O,而同形地球人奥斯卡说的"水"指称 XYZ,这两个人所说的"水"也就具有不同的意义。因此,意义不在心里,不在头脑中。虚构的论证表面看来很有吸引力,其实很难具有逻辑上的协调性。既然地球与同形地球除水的分子结构不同外其他一切相同,那么化学定律在同形地球上照样成立。如果同形地球上的水具有不同的分子结构,那么它与其他物质的化学反应就会与地球上的水有很大的区别,因此造成同形地球上的物质与地球物质有很大的区别,因此,同形地球与地球并不相同。如果同形地球人奥斯卡身体里所含的水不同,那么他体内的化学过程也不会相同;如果心理过程必定有生理过程做基础,那么我们没有任何理由说地球人奥斯卡和同形地球人奥斯卡处于同样的心理状态。

早在普特南之前,差不多与弗雷格同时,皮尔士建立了他的行动主义的语义学。我们看到,这种语义学将各种心理因素考虑在内,但又不至于使意义成为随意多变的。在行动主义的语义学中,理解的清晰性和公共性是由行动来保证的,由我们与外部世界相互作用的实践活动来保证。个人可以清晰地理解指称他所熟悉的对象的词语,而熟悉产生于他在行动中操作那个对象。如果个人对词语的对象不熟悉,那么他对词语的理解就不清晰。也许那个词语可由另一些他能够理解的词语来解释,从而得到一定程度的理解,但他的理解绝不会达到第三级清晰性。

皮尔士对唯名论-实在论的区分：
一种不稳定的二元论①

科内利斯·德·瓦尔　撰

张育瑜　译　复旦大学哲学学院

对于皮尔士来说似乎只有两种选择。唯名论和实在论代表了对实在这一假设的两种可能的替代解释②；在这里，实在被理解为某种独立于你、我或其他人思维的一种事物，或正如皮尔士同时提到的，独立于人们将其思考为什么。③ 我将在这里论证这种唯名论和实在论的二分是错误的。通过将皮尔士的实在概念和外在概念相结合，我将在这里展示出三种选项，而不是皮尔士的二重区分。

需要承认的是，除了唯名论和实在论之外的其他选项都暗示了皮尔士的基本观点来自于排除法，以往认为实在论必然是正确的，因为唯名论被证明是错误的，而这种观点现在不再有效。但这种对实在论的消极辩护依然具有特殊意义，因为这将揭示出有关实在论所表征事物的宝贵信息。这非常重要，不仅是因为皮尔士对什么是实在的问题仍然相当模糊，④而且还因为替代方案触及了一个

---

① 十分感谢哈克(Susan Haack)和希尔皮宁(Risto Hilpinen)对早期版本的评论，并感谢沃斯(Anton Vos)协助翻译司各脱对实在的定义。然而，任何错误或不足之处的责任完全由我自己承担。

② 参见 CP6. 107；CP8. 251；CP4. 1；CP1. 27。

③ 参见 W2：439；CP8. 12；W3：45f. ，49，58；CP5. 405；CP5. 430；CP6. 328。

④ 尽管皮尔士对实在论进行了有力而持续的辩护，但他对实在论本身所确立的教条的看法仍然相当模糊。弗里德曼(Lesley Friedman)在研究皮尔士晚期关于实在论的著作时指出，皮尔士在任何时候都没有为他的实在论提供明确而一贯的解释。参见 Lesley Friedman, *Peirce's Final Realism: an Analysis of the Post - 1895 Writings on Universals*. Dissertation, New York：University of New York at Buffalo, 1993, p. 2。

所谓不可调和的事实，他们必须去描述这个事实，因为这将会告诉我们哪种类型的实在论是可以实现的。① 我将在这里用略微复杂的方式，来证明这种实在论的消极定义不但能够被维持，而且比起皮尔士最初的二分法，在这种三元论的设定中，我们可以更好地理解实在论的含义。

从唯名论和实在论的长期争辩中可以发现，这种争辩本质上是与皮尔士关于实在的概念相联系的。1871 年，皮尔士在对贝克莱的著作进行研究时对这种本质进行了阐述。② 唯名论和实在论之争围绕的问题在于普遍性是否实在的，皮尔士提出的解释是，唯名论和实在论的对立并不在于对普遍性的不同观点，而是在于以下的事实：

> 每一部分都有其自身对应的观念，即关于什么是它们实在的观念。实在论者假定，在任何序列的真理知识中向我们显现的就是实在；唯名论者则假定，知觉的绝对外在原因是唯一的实在。③

在这段话中，皮尔士通过区分什么是实在的以及什么是外在的，讲述了实在论和唯名论关于实在概念的分歧。皮尔士论证道，唯名论和实在论分道而行，更确切地说，唯名论假设只有外在的是实在的，而实在论者拒绝了这样的设定。因此皮尔士在实在和外在之间的区分直接承载了他对唯名论和实在论之争的解释。如果关注术语"实在"，就会提出这样的问题，即"普遍性是实在的吗？"唯名论和实在论的问题被推进到不同的场面，而不是以往它们之间的一种通常的关系。

皮尔士依然忠实于邓·司各脱给出的"实在"定义：当某一事物独立于你、我或其他任何人对它的思考或将它思考为什么时，它就是实在的。由于皮尔士

---

① cf. CP4. 35；CP4. 1.
② 对于唯名论和实在论之争的解释以及皮尔士对唯名论的驳斥，有更详细的讨论。参见"The Real Issue Between Nominalism and Realism，Peirce and Berkeley Reconsidered，"*Transaction of Charles S. Peirce Society*，1996，32(2)：425 - 42.
③ W2：489.

是从司各脱那里得出了实在的概念,我将此称为司各脱定义。① 另一方面,某物是外在的,它不只是独立于个体对它的思考,而且当它独立于个体思考时,与每个个体的思考都是无关的。② 因此,珠穆朗玛峰上的一块石头是外在于我们思维的,因为它是独立于"任何主体会如何去思考它",这意味着,它是独立于我们所思考的所有事物的③。这块石头是实在的,它无关于任何个体如何思考这块石头是什么样的。

由于外在事物是独立于任何人所思考的任何事物的,因此外在的所有事物都是实在的,是在事实上(ipso facto)独立于任何人的思考的;反之,则不是。某些事物可能是实在的,就是说,独立于我们如何思考它的;如果没有外在的存在,

---

① 参见 MS 641. 12。在随后的同一文本手稿中,皮尔士引用了他所谓的司各脱对实在的准定义:Ens reale quod distinguitur contra ens rationis, est illud quod ex se habet esse circumscripto omni operae intellectus, ut intellectus est。参见 MS 642. 11。此段拉丁文略有删减,参见 Duns Scotus, *Operi Omnia*. Vol. IV, line 9 - 11, Rome:Typis Polyglottis Vaticanis, 1956, p. 246。遗憾的是,皮尔士并没有为我们翻译这个所谓的准定义,因为这段话可以有不同的阅读方式。句子中可以将 circumscripto omni 作为离格,operae 作为属格,也可以将 circumscripto 作为离格,omn operae 作为与格,intellectus 作为属格。最佳的翻译似乎是这样的:A real being a contrasted with a rational being is that which has its being of itself, assuming that we set apart every activity of the understanding insofar as it belongs to the understanding。对于"activity of the understanding insofar as it belongs to the understanding",可以解释为理解的产物就只有理解的产物,而别无他物。然而,皮尔士继续说实在并非独立于所有思维,只是独立于 intellectus、ut intellectum est,理由是,如果不这样做,司各脱"就会否认心灵状态之类的事物是实在的"。也就是说,如果一个人幻想着一条美人鱼,那条美人鱼可能不是真的,但幻想着美人鱼的事实却是真的。这种纠正在语法上是没有依据的。

② 关于外在性,我们可以做出类似于司各脱定义中所隐含的区分。正如我们可以区分独立于某一个人或某一群人对它的思维,和独立于任何人对它的思维一样,我们也可以区分外在于某一个人或某一群人的思维,以及外在于所有思维。皮尔士感兴趣的是后者。根据未出版的第二份手稿的的记述,皮尔士给出了对于外在存在的外延定义:"构成一个事实的外在性的是,无论某个具有心灵的特定个体或群体实际上可能的感觉、思考、想象,或在其内部可能的行动和痛苦如何,该事实仍然会保持为同一个事实;甚至也无关于他们在感觉、思考、行为和痛苦时所获得或失去的能力和倾向。(MS 642. 16 - 7)在同一页,皮尔士再次强调了他所谓的外在性:"对每一个心灵来说,不论是现在或在任何其他时间,外在的都是实际的。"(MS 642. 16 - 7)

③ W3:29.

则意味着它不是独立于我们所思考的事物的。我们可以考虑另一种情况，在这种情况下，我们思维的产物被描述为实在的；也就是说，它不是独立于普遍的思维，因为我们思维的任何产物都不可能是这样的，而是独立于所有个体对它的思考，在这种情况下，实在和外在的这种差异就显现出来了。在司各脱的定义中，我们思维的产物会被看作实的，因为我们在说我们思维的产物，它显然不是独立于我们所思维的事物的，因为我们绝对无法思考那些不曾出现在我们思维中的产物。因此，某些事物是实在的，并且这些事物不是外在的，这至少在原理上是可能的。

因此，让我们将实在的概念和外在的概念结合起来，看看会有哪些选择。正如皮尔士做的那样，我将假定某些事物是实在的①，此外，如果所有事物都被描述为外在的，则这些事物必然也会被描述为是实在的，那么我们就有以下三个选项：

（1）所有的实在都是外在于思维的；这意味着只有独立于所有人对它们的特定思考，才是真正独立于所有人的思维的。

（2）没有实在是外在于思维的；这意味着即使有事物是独立于所有人对它们的特定思考，这些事物也不是独立于所有人所思考的事物的。

（3）部分但并非所有的实在是外在于思维的；这意味着只有部分是独立于个体对它们的特定思考的，这类事物同时也独立于所有个体所思考的所有事物。

我将拥有第一个选项的理论称为类型一理论，将拥有第二个选项的理论称为类型二理论，将拥有第三个选项的理论称为类型三理论。这三种选项中的每一种理论都可作为相对于其他任一理论的对立理论，这意味着三个理论的真值可以同时出现两个为假，但不可能同时出现两个为真。另外，若证明其中一个理论为真，则会证明其他理论为假。这意味着通过排除法可以保证一个论证的有效性。

第一个选项，对于所有的思维来说，所有的实在都是外在的，这构成皮尔士唯名论的主要观点。这是对贝克莱观点进行研究后的定义，然而，唯名论只是覆

---

① W3：27；CP5. 384.

盖了第一选项的部分理论。这是因为唯名论对皮尔士来说,不只包含对于思维来说外在的事物都是实在的这样一种观点,还包括另一种观点,即某些事物是实在的是因为它们外在于所有的思维。至少可以想到某些人可能持有一种观点,他们可能会认为,外在是实在的原因,而不是因为实在所以是外在的。因此,类型一理论的范围似乎要比唯名论更大。

皮尔士从对贝克莱的研究中得出结论,他将洛克看作一个典型的唯名论者(paradigmatic nominalist):

> 唯名论源于对实在的看法,这种看法认为思维中的一切都是由某种感觉事物引起的,而感觉事物是由某种非心灵的事物引起的。每个人都知道这就是洛克哲学的特征。①

然而,后来我们可以看到,虽然这符合洛克早期的论断,但是并不适用于晚期的洛克。②

第二个选项,即没有实在是外在于思维的,这可以在贝克莱的观点中被找到,他认为存在即是被感知(esse is percipi)。基于这一原则,没有事物可以独立于我们的思维,事物外在的原因在于事物独立于被感知。

第三个选项,即部分而非全部的实在是外在于思维的,这是皮尔士自己所持的观点,并且构成皮尔士实在论的核心。然而,皮尔士的实在论并非这种选项下唯一的观点。虽然皮尔士把洛克视为典型的唯名论者,但洛克的后期观点应当

---

① CP8.25.

② 皮尔士很晚才意识到洛克的思想是有所发展的。大约在1884年,皮尔士仍然认为洛克"绝对没有改变自己的观点,除非在非常早期的时候"(W 5.69,1884),并且皮尔士找到了洛克的第一本原稿,他最初的佳作,还有他最好的著作,所有这些文稿都在同一日期,即《人类理解论》出版的日子。然而在1909年,在讨论了洛克对先天观念的批判之后,皮尔士指出:"然而,令人惊讶的是,洛克在哲学上的力量在《人类理解论》的创作过程中增长了。"(CP5.504n)尽管皮尔士后来承认洛克的思想有所发展,但他仍然认为洛克是一个唯名论者。(SS 114)

被归为类型三理论。① 这是由于洛克坚称，除我们知觉的外在原因外，所有简单观念连贯的结合都是通过理解（understanding）来自由组合的，这就是洛克所说的复杂观念的模型，并且这些模型是实在的；如此也使得我们思维的产物变成实在的（Ⅱ. xxx. 4；Ⅳ. iv. 5）。② 因此，像唯名论一样，实在论也被视为是第三选项的一个亚类，它在结合了皮尔士的实在和外在的概念之后，仍然保持开放的状态。因为这种实在论包含对这些非外部实在事物的描述；这样一来，它们就会形成关于对象的最终意见（final opinion），如果继续进行足够长时间的探究，意见终将会实现。③ 其他可以想到的，甚至是可以坚持的观点，例如洛克对于复杂观念模型实在性的一贯标准。

如果我们这样看问题，就会发现唯名论和实在论关于实在的概念只是覆盖了部分选项，在结合了皮尔士关于实在和外在的定义后关于实在的概念仍然保持开放的状态，唯名论的观点只是第一选项的一个亚类，实在论的观点只是第三选项的亚类。这意味着其他的调整也是可能的，并且皮尔士的论证来自于排除法，即实在论必然是真的，而唯名论是假的，但这是行不通的，至少是不稳定的。这更加突显出只有展示出所有不同于唯名论和实在论的观点后，再退到不属于这些观点的任意一方时，皮尔士的实在和唯名二分才可以被定义。对于这一点，

---

① 在对《人类理解论》的研究手稿中得以确认。洛克讨论关于实在观点的章节位于 II. xxx、II. xxxi、IV. Iv。前两项涉及第二卷的后期补充，这可以从《人类理解论》的早期草稿中看出来。它们没有出现在所谓的手稿 B 中，该手稿写于 1671 年，只涵盖《人类理解论》前两册的内容。《人类理解论》遗留的第三份主要手稿是手稿 C，成稿于《人类理解论》出版的前 4 年。在这份手稿中，洛克把他的签名直接写在 Il. xxviii 上，建议第二本书应该在那里结束。后来洛克增加了两个章节，其中第二个章节被称为《真实和虚幻，充分和不充分的理念》，并对应现在的 II. xxx 和 II. xxxi。由此可见，洛克对观念的实在性的讨论是《人类理解论》的后期补充。参见 Peter H. Nidditch and G. A. J. Rogers（eds.），*Drafts for the Essay Concerning Human Understanding，and Other Philosophical Writing*（2 vols.）. Oxford：Clarendon Press，1990。

② 所有对洛克的参考均来自 Peter H. Nidditch（ed.），*An Essay Concerning Human Understanding*. Oxford：Oxford University Press，1975。下文对该文献的引用以卷、章、节号标注。"观念"一词代表"当一个人思考时，什么东西是理解的对象"（I. i. 8）。重要的是，要把这个用法与表示心灵状态的用法区分开来。

③ 参见 CP8. 12；CP5. 408；CP5. 161。

至少按照皮尔士的说法,仅仅表明了这些二分之外的其他选项都是站不住脚的,唯名论也是站不住脚的。

根据皮尔士的二分法,他确实标明了我所区分的唯名论和实在论,贝克莱的观点是第二选项的例子,而洛克的观点是第三选项的另一种解释,他们都是唯名论,甚至是极端唯名论。① 然而,对我来说,似乎上述三种选项的区分是相互排他性的,不能够将这种视角完全归类于第二选项,就像贝克莱一样,事实上这种伪装的形式既不是唯名论,也不是实在论。② 这意味着在结合了实在和外在的概念后,我们保留了一种三元的视角,而不是二元的视角,我们可能很难反驳皮尔士所给出的三元论。

得出的三种选项,可以被命名为实在论、唯名论、中间论。根据这样的安排,我们必须去重新解释术语“实在论”和“唯名论”,因为到目前为止所建立的理论仍属于第三选项,它们都伪装在实在论的形式之下,而属于第一选项的理论都是伪装在唯名论的形式之下的。实在论,即对思维来说,并非所有事物都是实在的和外在的,这种观点应当与另一种实在论相区别,即所有的事物都是实在的,并且将会成为最终意见的对象。为了避免这种冲突,我更倾向于说类型一理论、类型二理论和类型三理论。

皮尔士在这种三元设定的排他性论证中需要表明:第一,只有外在于思维的事物是实在的,这样的观点是站不住脚的;第二,不外在于思维的事物是实在的,这样的观点也是站不住脚的;第三,外在于思维的某些事物是实在的,这是站不住脚的,除非仅当实在成为一种最终意见的对象。所有这三种理论都或多或少地能在皮尔士的著作中被找到,但是他的论证只是在一些重要的方面,还没有全部完成。然而,对这些实在论的消极论证给予全面的考察远远超出目前的工

---

① 皮尔士一直将洛克归为唯名论者(参见 CP8. 25;CP4. 50;CP1. 19;CP5. 499)。同样地,皮尔士也将贝克莱称为唯名论者(参见 CP8. 10;CP4. 33;CP4. 1;CP1. 19;CP5. 181;MS 641. 18),甚至称为极端唯名论者(CP8. 27,30;CP5. 470;SS 114)。

② 除非我们扩大“唯名论”这一术语的含义,使其适用每一种非实在的观点。我不否认,在皮尔士的使用中有这样一种扩大的倾向。但最好避免这样的情况,因为这可能会掩盖很重要的差异。

作范围。我将限制自己对此的一些评价，谨慎地展现皮尔士的论证的确是不完善的，对于将会出现的问题我会给予评价。对于实在论本身所要建立的更为详细的蓝图来说，这些将会出现的问题是至关重要的。

皮尔士对类型一理论的批判，似乎将所有方向都指向一个变体，即所谓的外在构成实在，这样的观点是不可认知的。① 例如，这样的观点可以归于早期洛克的观点，但是，洛克并不认为我们的观念是单独存在或者彼此依存的②，他认为这样的观点是不可想象的，我们需要去设定一个基础（substratum）：

> 除我们认为存在的那些性质的假设的、未知的支持外，别无他物，我们发现这些性质如果没有某些东西来支撑它们，就无法维持"真正的实体"（sine re substante）。③

我确信皮尔士忽略了一种视角，即如果基于"绝对的不可认知是绝对无法想象的"这一设定④，其结果是我们绝对无法构想出一种外在于我们认知的理论，正如洛克所做的那样，他通过持有这样的设定，来"支撑"我们的认知。唯名论者的致命错误在于，他们持有像"支撑"这样的术语，这样的术语使得他们从认知的关系之中得出全部的意义，并且通过事物的不可认知性，将其与我们的认知随意关联。

然而，皮尔士的反对似乎没有表明所有的视角或许都会落入第一选项。有人或许会举例说，知觉给予我们直接到达事物本身的途径，尽管是有限的，这或许避免了皮尔士的批判，并且仍然遵循这样的论点，即只有外在于我们思维的事物才是实在的。这同时否认了两种观点：其一是这类视角导致需要不可认知的原因去解释；其二是它们在其他理由上也是站不住脚的。

在实在的概念和外在的概念相互抵触之后，第二选项仍然处于开放状态，这

---

① CP8. 12；CP4. 68；CP1. 170.
② Ⅱ. xxiii. 4.
③ Ⅱ. xxiii. 2.
④ CP5. 310.

种观点包括观念论的诸多分支,例如非物质论(immaterialism)、唯我论(solipsism)等,它们持有这样的观点,即我们连接"外部世界"的实在对象仅存在于我们的思维中。有迹象表明,皮尔士自己也朝着这个方向发展。例如,在讨论宇宙学时,皮尔士认为,物质不过是"因习惯的发展而迟钝的心灵"①,或者更加的神秘,认为"物质是衰弱的心灵"②。同样,他认为"所有的物质都是实在的心灵"③,并且"一切事物都是心灵的本质"④。但是,这里不是实在与虚构的问题,而是实体与属性的关系问题;这里的实体(substance)被理解为独立于其他所有事物的事物,例如上文中提到的洛克的基础。因此,尽管所有实体都是外在的,但并非所有外在的都是实体的。实体-属性问题被实在-虚构问题所干扰,而同样的问题也困扰着洛克、贝克莱以及皮尔士,这仍然是需要解决的问题之一。

关于第二选项,皮尔士主要关注贝克莱对物质的拒斥问题,他认为这是贝克莱与自己的观点之间的主要区别。皮尔士的以下论述揭示了这一点:

> 顺便说一句,请允许我处理一下,虽然每个有能力的批评家都会认为我是贝克莱的门徒,但是我完全反对他的唯名论,他对物质的拒斥在他那个时代已经非常糟糕了,并且在我们看来也是十分荒谬的。⑤

---

① CP6. 318;CP6. 158.
② CP6. 25, 6. 605, cf. 6. 102.
③ CP6. 310.
④ MS 54. 12f. 关于后一份手稿的年份,参见 Carl R. Hausman, "Peirce's Evolutionary Realism," *Transactions of Charles S. Peirce Society*, 1991, 27(11): 4n.7.
⑤ MS 641. 18. 皮尔士关于贝克莱对物质拒斥观点的评价,参见 W1:54;W1:348;CP8. 33;NAT 3. 38;MS 328. 2 - 3;CP5. 470;MS 318. 23;CP6. 481;NEM3:192. 物质对年轻的皮尔士来说,已经是一个重要的概念。在他还是化学系学生时,他在《为青年女士们概述的化学观点》("Views of Chemistry Sketched for Young Ladies")中,把化学定义为"物质的科学"(参见 W1:50),后来他一直保留这样的观点(参见 CP1. 25ff)。尽管皮尔士继续批评贝克莱对物质的拒斥,但他的观点是摇摆不定的。在某些地方,皮尔士认可了否定绝对物质的观点。例如,在《一些关于为人所要求的能力的问题》("Some Questions Concerning Faculties Claimed for Man")的早期草稿中,有一个问题是"物质对实在是否必要",对此,皮尔士的回答是激烈的"不!"。(参见 W2:163;该问题并未出现在出版的版本中;参见 W1:16)

正如得出的结论，贝克莱对物质的拒斥可以归结为对外在性的直接否定。从《海拉斯与斐洛诺斯对话三篇》(*Three Dialogues between Hylas and Philonous*)中可以清楚地看出这一点，其中斐洛诺斯(Philonous)的部分贝克莱写道：

> 唯物论和我之间的问题不在于事物是否在这个人或那个人的心灵中真实存在，而是它们是否是绝对存在的，有别于上帝所见，并且外在于所有心灵。①

皮尔士也指出，贝克莱的的非物质论的确是对外部事物的拒斥。② 作为对此的部分回应，皮尔士将其归因于贝克莱：

> ……第三个新的实在概念，不同于我们所坚持的两个概念，即唯名论者和实在论者各自描述的概念，或者如果要用这两个概念中的任何一个去定义这个新的实在概念，那就是用实在论的观点。③

然而，似乎皮尔士之所以在排除了唯名论和实在论之后，再去对贝克莱的第三种实在概念进行归因，其更多原因在于贝克莱认为，是我们观念的生动性和关联性将实在与虚构区分开来，而不是他自己对外在性的拒斥。④

---

① 参见 George Berkeley，*Three Dialogues between Hylas and Philonous*，in *The Works of George Berkeley*，*Bishop of Cloyne*，vol II，eds. A. A. Luce & T. E. Jessop. London：Nelson，1948，p. 235。同时参见 George Berkeley，*Three Dialogues between Hylas and Philonous*，in *The Works of George Berkeley*，*Bishop of Cloyne*，vol II，eds. A. A. Luce & T. E. Jessop，London：Nelson，p. 230，以及 George Berkeley，*A Treatise Concerning the Principles of Human Knowledge*，vol II，eds. A. A. Luce & T. E. Jessop. London：Nelson，1948，Part I，§ 48.

② CP8. 30.

③ CP8. 30；cf. MS 641. 13f.

④ 这一点在 MS 641. 13f 中表述得尤为清楚，同样的问题可参见 W2：162；CP5. 23；CP7. 442。皮尔士对贝克莱关于实在定义的详细评价可参见 SS 104，n. p.，n. d.。他写道：贝克莱的定义是错误的。(1) 因为生动性有程度，实在性没有程度。(2) 因为生动性是可改变的，实在性不是。(3) 因为关联性有程度。(4) 因为关联性是可改变的。

当我们看贝克莱关于否定外在性的论证时,似乎与皮尔士反对唯名论的论证实质上是相同的,即认为绝对不可知性解是不可想象的,或者正如贝克莱在《人类知识原理》中说的那样,"一个观念只能同一个观念相似"①。假设我们在这一点上或许可以持有洛克对观念的描述,即当一个人思考时,任何事物都是理解的对象②,这可以用来表示,我们思想的所有对象都无法表征那些不可能成为我们思想对象的事物。接下来,贝克莱通过排除法的论证来捍卫自己的非物质论:既然没有物质,那么就只能是拥有观念的精神。③

然而,由于贝克莱和皮尔士两者的论证是相似的,因此皮尔士对类型一理论的批评所受到的限制同样适用于贝克莱的非物质论。尽管贝克莱成功地批评了唯名论,但这并未涵盖所有的类型一理论,这意味着贝克莱的排除法论证也有待完善,有可能会有不同的结果。尽管皮尔士认为自己是贝克莱的门徒,但他坚决反对贝克莱对物质的拒斥,或更确切地说,是贝克莱对外在性的拒斥。这使我们进入论证的第二步,即表明属于第二选项的所有观点都是站不住脚的。在这一点上,皮尔士的批评受到康德的启发,即康德认识到存在不是实在的谓词(predicate)。④ 当我们认为所有对象属于同一类时,贝克莱将所有在理解之前的对象都视为与之同一类的对象,而皮尔士则开始区分两种类型的非媒介思想或思想符号(sign):象似符(icons)和索引符(indices)。⑤ 对皮尔士而言,象似符是一种符号,符号纯粹是通过成为符号所指出的事物的图像(如图片或图表)从而获得其意义。因此,象似符所指的内容必须类似于或符合该图像。这恰恰与贝克莱主张背后的要求是一样的,即一个观念只能与另一个观念相似,正如他的

---

① 参见 George Berkeley, *A Treatise Concerning the Principles of Human Knowledge*, vol. II, eds. A. A. Luce & T. E. Jessop. London:Nelson, Part I, § 8。

② I. i. 8;II. viii. 8.

③ 参见 George Berkeley, *A Treatise Concerning the Principles of Human Knowledge*, eds. A. A. Luce & T. E. Jessop. London:Nelson, Part I, § 7, p. 26, p. 135。

④ 在 1901 年对贝克莱著作的研究中,皮尔士写道:"与康德相比,贝克莱更有资格被认为是所有现代哲学之父,但有两个值得注意的例外,其中之一是他的学说存在一种不可被设想的形式,是一种可被经验的吸引力(这一点在康德对贝克莱以及对上帝本体论证明的反驳中尤为突出,事实上也无处不在)。"(参见 NAT3. 37;cf. MS 143. 4;CP8. 103;CP6. 339)

⑤ CP6. 339.

辩护所揭示的那样：

> 再一次，我想问这些假想的起源或外在的事物，我们的观念是图片或象征，这些是否可感知的？如果是的话，那它们便是观念，我们已经阐明了这一观点；但是如果你说它们不是，我就会申辩，有谁可以去断言某种不可见的事物是哪种颜色的，去断言某种触摸不到的事物是硬的还是软的，以及诸如此类的情况？①

然而，对我们思想的反思表明，并非我们所有的观念都像这样运作。皮尔士指出，我们的某些观念之所以被称为索引符，并非因为它们通过相似来指称的，而是借助外部客体与主体的感官和记忆之间的动态关系②。例如，假设有人指向闪光灯。这个符号的真实性，即指向的动作，并不像象似符一样依赖于该行为与所指出的现象之间的相似性，而是取决于皮尔士提出的以下观点：

> 存在的某些要素，不仅通过其不同的显像幻影之间的相似性，还通过同一性的内在力量，在整个时间和空间中其显像幻影的连续性中表现出来，这与其他事物截然不同。③

换而言之，索引符指示了一个原始现实的存在（presence of a brute actuality），是那时那地的存在，它迫使自己陷入思维的心灵之中。

在区分了这两种类型的非媒介的思想符号之后，皮尔士认可了贝克莱著名格言，即观念永远不能类似于与观念完全不同的事物，或者按照皮尔士的说法，认为"我们思考的事物不可能具有与思想本身不同的性质"④。但是，皮尔士并没有完全认同贝克莱的观点，即贝克莱表明不可能存在任何非思考的物质，而皮

---

① 参见 George Berkeley, *A Treatise Concerning the Principles of Human Knowledge*, eds. A. A. Luce & T. E. Jessop. London：Nelson, Part I, § 8。
② CP2. 305.
③ CP3. 460；cf. CP8. 314.
④ CP6. 339，cf. W3：56.

尔士得出了完全相反的结论:"因此,我们必须得出结论,对不同事物进行不同思考的原因在于它们形而上的存在方式是不同的。"①换句话说,当我们思考时,在理解之前的对象之间存在索引,这揭示了非思想物质的原始现实。贝克莱看不到这一点,皮尔士继续说道,结果他的"观念论出现了重大错误"②。

事实证明,贝克莱的论证以一个错误的信念为基础,即我们所有的观念都是图标,它们只能通过类似于或遵循其所表征的事物来进行表征;对洛克的基础来说,这是不可能的。但是,鉴于上述对唯名论的驳斥,这种"非思想物质的原始现实"必须是可认知的。这意味着我们必须找到一种方法去避免唯名论者所遇到的问题。我们将看到,正是在这一点上,皮尔士的实在论出现了。

然而,对贝克莱观点的这种粗略分析向我们表明他并不是一个唯名论者,倘若皮尔士的批评是正确的,那么贝克莱的非物质论是站不住脚的。③ 此外,正是在仔细研究替代方案和错误原因的过程中,有价值的信息才浮出水面,说明实在论的观点是什么样的。但是,由于贝克莱的观点只是类型二理论的一个例子,因此皮尔士在对贝克莱的批评中得出的结论是不正确的,要成功证明所有类型二理论都是站不住脚的,无疑需要做大量的工作。

下面需要讨论的是第三个也是最后一个选项,即并非所有实在都是外在于思维的,只是部分是外在于思维的,这意味着我们思维的某些产物也是实在的。皮尔士的实在论显然属于第三个范畴。根据皮尔士的观点,如果研究持续了足够长的时间,那么在研究者的共同体中,研究者注定会对所有事物达成最终的意见,这个最终意见的对象是实在的。④ 最终意见的这些对象独立于所有个体的个别想法,因此它们满足司各脱定义中指定的条件:

---

① CP6. 339, cf. W3: 56.

② CP6. 339, cf. W3: 56.

③ 在这个特定的情况下,我认为贝克莱在试图拯救自己,他确实回到了某种形式的唯名论,即承认精神,这种精神与洛克的基础所起到的作用是相同的;这与贝克莱早期的立场相悖,即认为精神是"一种知觉的聚合"。(参见 George Berkeley, *Philosophical Commentaries*, vol . I, eds. A. A. Luce & T. E. Jessop. London: Nelson, entry 580; cf. entry 581 and 708)

④ CP8. 12.

　　出于成见,无数的人或无数代人的无能或无知都会推迟最终意见的达成,但不是最终意见之外的其他事物。因此,它完全独立于任何单个人的想法,从而将思想同外在的实在完全区分开来。①

　　用这些术语来表达问题具有明显的优势,它允许我们知觉有绝对的外在原因,同时避免了唯名论者在试图解释我们的认知与所谓的不可认知之间的关系时所遇到的问题,这是唯名论的关键要素。

　　皮尔士的实在论不仅认可外在性,而且认为实在论是外在的。在1871年对贝克莱的评论中,皮尔士对实在论评价道:"这种理论十分有助于人们相信外部实在。"②不到一年之后,他又写道:"实在论者不需要也不应否认实在存在于思想的外部;从历史上看,他们也从未这样做过。"③但是,这种对于外在性的信条并不是必需的。我们可以很好地构想一个与实在论相一致的观点,即实在是最终意见的对象,但同时又否认存在任何外在性。代替第二选项的这种可能性观点表明,为了建立这种外在性,有必要进行额外的辩护。

　　事实证明,实在论并非第三选项的唯一观点。如上所述,后面洛克的观点也是它的一个示例。根据洛克的观点,当事物是原始的或是原型时,它就是实在的。在这个原则中,不仅外在的事物是实在的,而且我们思维所产生的观念也没有试图去遵从任何的事物,因为它们也是原始的。这意味着洛克也坚持认为某些实在是外在的,而不是全部。

　　促使洛克将我们某些思想的产物变为实在的动机在于,他想要拯救数学和道德哲学,使其避免被认为是我们幻想中的虚构事物而被消除。洛克认为,我们的数学和道德哲学思想无关它们是否和知觉的外在原因相对应,或者如洛克所说,与"真实存在的事物"相对应。④"塔利的办公室"(Tully's offices)⑤确实是事

---

① W3:46f.
② CP8.13.
③ W3:29.
④ Ⅲ. xxx.1.
⑤ 指 *Tully's Offices: in Three Books* 一书。参见 Marcus Tullius Cicero, *Tully's three books of offices*, in English. Oxford: E. Weatherstone,1819。(译者注)

实,洛克认为只是"因为世界上没有人能完全遵守他的规则"。[①]

为了避免数学和道德哲学被视为虚构的事物,洛克提出第二个实在标准:由理解创造的所有思想,都是简单思想的一贯的组合,并不试图在事物的实在存在的层面上表征任何事物,它们也是实在的。

但是,人们可能会质疑,洛克所说的这些我们认为实在的产物是否真的符合司各脱的定义,或者在这里使用"实在"是否有不同的含义。在我看来,司各脱的定义确实适用于此,并且洛克后期的观点必须被视为第三类理论的真正的示例。原因在于,当多个简单的观念首先被结合(例如形成婚外情的观念)时,此后的结合便独立于任何个人,包括想出结合的第一个人的想法;在这种情况下,正如洛克所设想的那样,这个人就是亚当。[②] 唯一的要求是,这样形成的观念具有特征,这些特征能够使其成为精神事件,并且足以使其与其他事物区别开来,并且从某种意义上说,这些特征属于该观念,前提是它们可以基于该观念,一种真正的结果独立于任何特定的人(包括通过回忆来确定该观念自身的第一个人)。洛克的复杂观念的模型也遵循此原则。

换句话说,洛克的复杂观念的模型是内在的,因为它们取决于某些人的特定思维,而实在则是独立于任何人的思维的。这是因为它们是心理事件,这些心理事件在形成之后就与任何人(包括最初思考或解释它们的人)对它们的可能想法无关了。由此可见,不仅皮尔士所区分的实在概念和外在概念确实适用于后期的洛克,而且后期的洛克必然被描述为第三选项的倡导者,因此他不能被归类为唯名论者。此外,由于洛克没有将实在视为最终意见的对象,因此他也不能被描述为实在论者。

总而言之,关于类型三理论的研究过程再次表明它们都是隐含了实在论的形式,或者说它们都是站不住脚的。正是在这一点上,特别是鉴于实在论本身会遇到的某些问题,例如"埋藏的秘密问题"(problem of buried secrets)[③],实在论

---

① Ⅳ. iv. 8.
② Ⅲ. vi. 44.
③ 此处指那些由于证据链条的消失,某些曾经发生过,但却永远无法被揭晓或证实的问题。(编者注)

与它所属于的更广泛的类别之间的区别变得特别有用。① 认识到这种更广泛的理论类别，即使在所有类型一和类型二理论都被证明是错误的情况下，除了对已经成立的理论进行改进，我们也可以寻求实在论的替代方案。

在前面的内容中，我仅以最简短的方式讨论了皮尔士实在论的一些替代方案。这已经表明，将实在概念和外在概念的结合是有所裨益的，我们必须考虑比皮尔士所维护的唯名-实在二分所遗留的更广泛的选择。进一步看来，正如皮尔士所论证的那样，所有理论都表明唯名论或实在论的形式并没有得到充分考虑，这是很明显的。特别是似乎有一类理论不能被归结为唯名论或实在论，即那些被我标记为类型二的理论。这类理论唯一可以做的就是证明它们是站不住脚的，就像皮尔士指出唯名论是站不住脚的一样。检验这些不同类型的理论尤为重要，因为这揭示了它们所碰到的不可调和的事实，使我们能够更确切地检查从唯名论到实在论的发展，并为我们提供实在论自身更好的图景。反过来，这将使我们能够更好地了解实在论的含义，并有可能深入了解如何修改实在论或通过何种理论替换实在论。因此，有充分的理由放弃皮尔士的唯名论与实在论二分法，转而支持上述的三元划分。

---

① CP5. 409.

实用主义对维也纳学派的潜在影响：
皮尔士、兰姆赛、维特根斯坦

谢丽尔·米萨克　撰

陈水英　译　广东外语外贸大学外国语言学及应用语言学研究中心

美国实用主义对早期维也纳学派产生过强烈的影响，这是分析哲学史上一个未被重视的事实。这一影响的道路从皮尔士到兰姆赛，接着到维特根斯坦，再到石里克，贯穿如是。本文拟探查这一道路，在此过程中，我们已有的一些标准理解，尤其是对兰姆赛和维特根斯坦的理解，将会发生根本性的改变。

一、引言

托马斯·乌贝尔（Thomas Uebel）在其出色的《美国实用主义与维也纳学派：早期岁月》（"American Pragmatism and the Vienna Circle：The Early Years"）一文中表示懊悔，他的这篇文章未能谈及"兰姆赛对维也纳学派的潜在影响"。"潜在"（subterranean）这个词十分切意。我们必须深入研究才能发现何谓潜在之处，当我们真的这么做时，就会发现底下掩藏着一座复杂的、通道纵横交错的迷宫。但是，我们可以找到一条通往哲学金矿之路。我认为，乌贝尔在一个脚注中完全正确地指出："兰姆赛对皮尔士思想的欣赏，可能影响到了维特根斯坦回归哲学后快速发展出的思想，而这些思想反过来影响到了石里克。"在本文中，我将追溯从皮尔士到兰姆赛到维特根斯坦，再到 1929 年至 1930 年间的维也纳学派这条未被重视的路线。① 我非常期待乌贝尔将来关于此论题的进一步讨论。

兰姆赛何以成为实用主义的倡导者？对这一问题的回答将会呈现其知性生涯中有趣的一段。他同罗素、摩尔和维特根斯坦一样，不满于詹姆士在 1907 年出版的著作《实用主义》中提出的说法：

> 任何我们可以驾驭的概念，如果能顺利地从我们的一部分经验转移到另一部分经验，且同时完美地联结对象，有把握地发挥作用，简化和节省劳动……从工具的意义上讲，这个概念就是真的……满意的……只对我们自己更满意，个体会以不同的方式强调自己满意的重点。因此，在某种程度上，人世间的一切都是可塑的。②

对兰姆赛产生影响的是皮尔士更为精致的实用主义。奥格登（C. K. Ogden，《基础英语》的发行人，《逻辑哲学论》的出版商，以及《意义的意义》一书的作者之一）自兰姆赛学生时代开始就是他的导师。奥格登有着大量的皮尔士素材，这些素材来自韦尔比夫人，她是与皮尔士有通信往来的少数人之一。奥格登还在 1923 年出版了第一本皮尔士遗著文集，与哈科特出版公司的版本同时出版。该书被列入他编辑出版的"国际心理学、哲学和科学方法图书馆"丛书中。兰姆赛在 1924 年仔细阅读了这本书，我们可以在他去世后留下的材料中找到关于该书的笔记。

维特根斯坦在第一次世界大战爆发时就离开了剑桥，并在奥地利战线和一

---

① 这促使我进行了一项时间更长、更细致的研究，参见 *Cambrdige Pragmatism: From Peirce and James to Ramsey and Wittgenstein*. Oxford：Oxford Univeristy Press，2018。

② William James，*Pragmatism: A New Name for Some Old Ways of Thinking*. Volume 1 of The Works of William James，eds. Fredson Bowers and Ignas K. Skrupskelis. Cambridge，MA：Harvard University Press.（First published 1907），1975，pp. 34‐5.关于罗素和摩尔的反对意见的论述，以及詹姆士（其最佳思想）为什么会比罗素和摩尔所评价的要更好的讨论，请参考 Cheryl Misak，*The American Pragmatists*. Oxford：Princeton University Press，2013。

个意大利战俘营中写下《逻辑哲学论》一书的手稿。该书在 1922 年也作为奥格登编纂的系列丛书之一出版。奥格登曾问过当时还是二年级本科生的兰姆赛是否可以帮助翻译这份难懂的手稿。① 维特根斯坦于 1929 年年初重回剑桥,而那却是兰姆赛生命的最后一年。尽管他们的关系起伏不定(似乎维特根斯坦与许多人的关系均如此),他们在一些重要问题上会意见相左,但他们尊重彼此的能力,进行着深入交流,一同主导着剑桥的哲学体系。我们随后会明白兰姆赛是皮尔士的实用主义进入维特根斯坦的哲学体系的主要原因。我认为,维特根斯坦在这段时间里频繁地与石里克和魏斯曼交流,而他反过来,对实用主义进入维也纳学派发挥着作用。

二、逻辑分析的语境

罗素、维特根斯坦和兰姆赛被维也纳学派称为"科学世界观的主要代表",他们赞同科学世界观,这和他们的思想有着密切的关联。② 罗素始于 1911 年的一项研究计划把所有的这些哲学家思想聚在一起进行讨论。石里克经常发表演讲讨论罗素思想,他与罗素通信,并邀请罗素去维也纳。③ 石里克对罗素开创式地把经验主义和新的形式逻辑结合起来的做法很感兴趣。罗素把这种结合称为"逻辑原子论"或"分析实在论":

---

① 我认为,很清楚,兰姆赛做了大部分的翻译工作。因为《逻辑哲学论》很难,奥格登也不是一个足够好的哲学家和逻辑学家,而兰姆赛却是。他在温彻斯特得过德语奖,而且看的是德语书,所以,奥格登给了他一本马赫的书来帮助他学习德语这样的轶事并不可信。

② Hans Hahn, Otto Neurath & Rudolf Carnap, *Wissenschaftliche Weltauffassung. Der Wiener Kreis*. 1929. Vienna: Wolf. Translated as "The Scientific World-Conception. The Vienna Circle" in *Wissenschaftliche Weltauffassung. Der Wiener Kreis. eds*. F. Stadler, T. Uebel. Vienna and New York: Springer, 2012, pp. 75 - 116; O. Neurath, Historische Anmerkungen. *Erkenntnis* (Proceedings of the First Meeting on the Epistemology of the Exact Sciences in Prague), 1930 - 31 (1): 311 - 39.

③ 罗素似乎没有接受这个邀请。

在我看来，最接近真理的哲学可以被称为"分析实在论"。它是实在论，是因为它声称有非心灵实体，认知关系是主体和可能的非心灵实体之间建立的一种直接和外在的关系；它是分析的，因为它声称复合的事实依赖于简单事实，而不是反过来。作为一个成分，即复合事实的成分，当我们不考虑它们之间的关系时，它是完全与本身同一的。因此，这种哲学是一种原子论哲学。①

正如罗素在 1918 年伦敦的讲座，即后来的《逻辑原子论哲学》中所说的那样，"即使不是在实践中，你也可以在理论上处理最简单的事实，这个世界就是由这些最简单的事实建立起来的……这些最简单的事实已不能再分解"②。这个世界是由逻辑原子构成的，这个逻辑原子可以是颜色的斑点以及斑点的属性，这些逻辑原子结合起来构成更加复杂的对象。罗素认为，经验主义知识问题的解决不能通过推理而获得关于实体（如永恒的物理对象）的知识。这些实体是直接感知的逻辑结构，因此，在这种情况下，由亲知获得的数据只是"定义为构成"有关的复杂对象。③ 一种逻辑上理想的语言，通过逻辑连接词和逻辑语汇，将可以描述由原子事实构成的复杂对象。这种简单的语言可以反映世界真实的样子，一个原子命题的真假取决于它是否与原子事实相符。逻辑原子论以它最强有力的论述旨在证明，知识无所不在的确定性是："假定所有真的原子逻辑……其他所有真命题在理论上都可以通过逻辑方法

---

① Bertrand Russell，"Analytic Realism." Reprinted in *The Collected Papers of Bertrand Russell*，*vol. 6*，*Logical and Philo- sophical Papers 1909 - 1911*，ed. John G. Slater. London：Routledge. 1992，p. 133.
② Bertrand Russell，"The Philosophy of Logical Atomism." Reprinted in *The Collected Papers of Bertrand Russell*，*vol. 8*，*The Philosophy of Logical Atomism and Other Essays 1914 - 1919*，ed. John G. Slater. London：Routledge，1986，p. 234.
③ Bertrand Russell，"The Philosophy of Logical Atomism." Reprinted in *The Collected Papers of Bertrand Russell*，*vol. 8*，*The Philosophy of Logical Atomism and Other Essays 1914 - 1919*，ed. John G. Slater. London：Routledge，1986，p. 237；Bertrand Russell，*My Philosophical Development*. London：Allen & Unwin，1959，p. 23.

推导出来。"①

　　1911年，维特根斯坦抵达剑桥时，逻辑原子主义的思潮正蓬勃发展，他写于1914至1918年的早期作品并最终出版的巅峰之作《逻辑哲学论》，均与逻辑原子主义有所纠缠。正如伊恩·哈金②（Ian Hacking）所说，早期维特根斯坦的思想"完全是由罗素打造的"，他总是"与内心的罗素在做斗争"。维特根斯坦提出了意义"图像论"，语言就像一幅图像，以某种方式表征着对象。"世界可分解成事实"③，这些事实被他定义④为存在的事态。事态由绝对简单的对象组成，具有确定的的结构或处在彼此的关系中。每一个有意义的命题都可以分析，因此，它是具有真值函数的基本命题，一旦我们理解了这些基本命题，我们就理解了一些看起来完全不像我们日常语言中发现的东西。⑤ 如果一个命题断言一个事实，那么在命题结构和事实结构之间一定有某种共同点⑥，那种东西就是逻辑形式。"我们描绘了事实"⑦，而这些画面"在逻辑空间呈现了现状，即事态的存在和不存在"⑧。每一种事态都有一个逻辑空间，如果我们把所有这些事态放在一起，我们就会有一幅关于世界的图像。

　　维特根斯坦除了认为图像要素和物体之间的对应关系是表象关系，还做了许多比喻来说明这个概念："图像是依附于现实的""它直接触及世界""它像一把尺子，与现实对立""它用触角触碰对象"。⑨ 有一个比方让我们如此认识真理：

① Bertrand Russell, "Introduction to the Second Edition." In *Principia Mathematica*. *Whitehead and Russell*（1925–27）. Cambridge：Cambridge University Press, 1925, p. xv.

② Ian Hacking, *Why Is There Philosophy of Mathematics at All*? Cambridge：Cambridge University Press, 2014, p. 111.

③ Ludwig Wittgenstein, *Tractatus Logico-Philosophicus*, trans. D. F. Pears and Brian McGuinness. London：Routledge and Kegan Paul（First published 1922）, 2001, TLP 1. 2. 下文对该文献的引用皆以缩写和具体节号标注（编者注）。

④ TLP 2.

⑤ TLP 3. 25, 4. 211, 4. 51.

⑥ TLP 2. 161.

⑦ TLP 2. 1.

⑧ TLP 2.11.

⑨ TLP 2. 1511–5.

"图像要么与现实相符，要么与现实不相符；从而它是正确的或错误的，真的或者假的。"①他的《逻辑哲学论》这样结篇：

> 哲学的正当方法真正来说是这样的：除可以言说的东西，即自然科学命题——因而也就是与哲学没有任何关系的东西——外，什么也不说；然后，无论何时，如果另一个人想就形而上的事项说些什么，你就向他指出他没有给予他的命题中的某些符号以任何所指。另一个人也许不会满足于这样的方法——他不会有这样的感觉：我们在教他哲学——但是，它是唯一严格正当的方法。
>
> 我的命题以如下方式起着说明的作用：理解我的人，当他借助于这些命题——踩着它们——爬过它们之后，最终认识到它们是没有任何意义的。（可以说，在登上梯子之后，他必须将梯子弃置一边。）
>
> 他必须放弃这些命题，然后他便正确地看待世界了。
>
> 对于不可言说的东西，人们必须以沉默待之。②

但维特根斯坦认为，真正的命题必须在初始语言（primary language）中是可以表述的，他坚持认为，真正重要的东西是描述不了的。伦理陈述最为显要的特征是，它是无法表达的，但它比可以表达的更加重要。其他类型的陈述也不属于可说的范畴。"逻辑真理没有说出任何东西，它们是分析命题"③，但又承认一切情况都有可能。哲学什么都没有说，（在所有不可说的东西中，只有哲学）应该被抛弃。科学理论以不同的方式超越了初始语言，我们可以用另一个比喻来说明：科学理论是网，我们把现象放置其上，以便得到理解。④

我们现在可以理解为什么维也纳学派这么喜欢《逻辑哲学论》了，石里克写信给爱因斯坦说这是"最深奥"的新哲学作品。费格尔（Herburt Feigl）回忆道：

① TLP 2. 21.
② 译文转引自维特根斯坦. 逻辑哲学论[M]. 韩林合，编译. 北京：商务印书馆，2019：110—111。
③ TLP 6. 11.
④ TLP 6. 341.

我们维也纳学派开始着手了解维特根斯坦关于语言的本质及语言与世界的关系的观点,和他对形而上学的绝弃(尽管《逻辑哲学论》的结篇处有几句神秘色彩的警句)以及他关于逻辑和数学真理的概念。为了解维特根斯坦的哲学,我们早已做好充分的准务,特别是汉斯·哈恩(Hans Hahn),他在晚上的课外课程中向我们介绍了怀特海和罗素的伟大作品《数学原理》的基本思想。①

1924年,石里克写信给维特根斯坦,表达了他对《逻辑哲学论》的钦佩和想与作者见面的心愿。石里克曾试图访问还在小学教书的维特根斯坦,但未果。两人最终于1927在维也纳见面,并且彼此留下了深刻的印像。那年,维特根斯坦在维也纳为他的妹妹设计和建造一座房子,周一晚上,他通常与石里克、魏斯曼、费格尔、卡尔纳普和玛丽亚·卡斯帕召开"圆桌会议"。1929年到1931年,在他离开剑桥,访问维也纳期间,他只会见了石里克和魏斯曼。至少到1933年,维特根斯坦与石里克仍然碰面,那时,他们一起在意大利度过了一个富有哲学韵味的暑假。也就是说,从1929年起,此后大约五年的时间里,维特根斯坦一直密切接触维也纳学派的思想,虽然这种接触是单方面的,即维特根斯坦利用维也纳学派来帮助他澄清和宣传他的思想。1932年维特根斯坦写信给石里克说,卡尔纳普提出的"把物理语言作为科学的普遍语言"的观点使得他看上去像是在剽窃卡尔纳普的想法,而不是卡尔纳普在剽窃他的想法。

1921年,弗兰克·兰姆赛开始在剑桥大学攻读本科学位,从此走进了充满逻辑原子主义韵味的哲学殿堂。他翻译了《逻辑哲学论》,不久之后的1923年,还是本科生的兰姆赛去奥地利的普赫贝格旅行。维特根斯坦,一位性格孤僻的教师,当时也在这里。在两周的时间里,他们每天花5个小时,逐字逐句地,以

---

① Herburt Feigl, "The Wiener Kreis in America." in *Perspectives in American History*, *Volume 2*, eds. Donald Fleming and Bernard Bailyn. Cambridge, MA: Warren Center for Studies in American History, 1969, p. 634.

每小时一页的速度整理《逻辑哲学论》。① 没有人能像兰姆赛那样有机会了解维特根斯坦的早期作品，而 1924 年，这种了解更加深入，兰姆赛在维也纳待了 6 个月，接受了精神式的洗礼。他与维特根斯坦多次见面，这部"作品"就是他们谈话的"主要内容"②。

兰姆赛也卷入了逻辑原子主义的思潮中。艾尔（Ayer）说："剑桥大学最杰出的哲学家兰姆赛就是这样一位追随者，但是他于 1930 年逝世，年仅 26 岁。"③虽然兰姆赛与石里克有着非常正面和温暖的友谊，但是兰姆赛对逻辑原子主义或逻辑实证主义的怀疑要早于维特根斯坦，而且更加始终如一。他曾认为石里克的《知识的一般理论》写的都是"一些糟糕的垃圾"④。他对卡尔纳普试图用兰姆赛所说的初始语言来重建世界的做法也表示怀疑。兰姆赛曾写信给石里克说：

> 我感到内疚，我还没有为卡尔纳普的书写书评，这真是不可原谅。虽然我发现这本书很有趣，但是我认为有些观点肯定是错误的，还有一些观点我则深表疑虑。⑤

1921 年，还是本科生的兰姆赛读了道德科学俱乐部一篇名为《命题的本

---

① 请参考 Brian McGuinness（ed.），*Wittgenstein in Cambridge: Letters and Documents 1911 - 51*. Oxford：Blackwell，2012，p. 140 和 Georg Henrik von Wright（ed.），*Ludwig Wittgenstein: Letters to C. K. Ogden*，with Comments on the English Translation of the Tractatus Logico-Philosophicus and an Appendix of Letters by Frank Plumpton Ramsey. Oxford：Basil Blackwell，1973，77ff。

② Brian McGuinness（ed.），*Wittgenstein in Cambridge: Letters and Documents 1911 - 51*. Oxford：Blackwell，2012，p. 150。

③ Alfred Jules Ayer，"Editor's Introduction." in *Logical Positivism*，ed. A. J. Ayer. New York：The Free Press，1959，p. 6。

④ Brian McGuinness（ed.），*Wittgenstein in Cambridge: Letters and Documents 1911 - 51*. Oxford：Blackwell，2012，p. 160。

⑤ 请参考维也纳学派档案（Vienna Circle Archives，Noord-Hollands Archief，♯114 - Ram - 4）。这封信只标注了 12 月 10 日，并没有标注年份。但是，因为他说："由于患了严重的黄疸，此刻我正躺在床上。"那无疑就是 1929 年，一个月之后，兰姆赛因为黄疸去世。

质》的文章,该文自信满满地否定了罗素关于命题、事实和真理的观点。兰姆赛认为罗素关于信念是心灵与命题之间的一种双重关系的观点是错误的。①在罗素看来,没有像命题这样的"神秘的实体","它与世界上的任何东西都不像"②。罗素的分析即便是"最简单的情况都如此复杂",有些情况,例如关于一般命题,他的分析"无限复杂"。③ 同样,兰姆赛经常批判维特根斯坦逻辑哲学论式的研究有着经院哲学的风格,"该研究的本质是把模糊的东西当作精确的东西来对待,并试图把其归入一个精确的逻辑范畴"④。"维特根斯坦是经院哲学家。"⑤

兰姆赛去世之前,在写《论真理》的手稿。在这部手稿中,他一直在推敲图像符合理论。他认为我们不能"描述关于符合的本质"。例如,这个理论怎么处理"琼斯是一个骗子或一个笨蛋"的信念。他在文章中说道,他的观点"优于"符合论,因为它"能够避免提及符合或事实"这两个哲学上不确定的概念。⑥ 他质疑信念和世界的符合关系到底是什么。信念与这个世界相似吗? 真理的本体论描述,例如符合论,挑选出特定的实体作为任何信念或陈述真理的基础,这种描述并不能很好地实现其承诺,即以明确的方式阐明一个命题如何正确地理解世界。

他还驳斥了维特根斯坦《逻辑哲学论》中其他两个哲学观点。哲学和伦理学

---

① Frank P. Ramsey, "The Nature of Propositions." in *Notes on Philosophy, Probability and Mathematics*, ed. Maria Carla Galavotti. Naples: Bibliopolis, (1921) 1991, p. 109.

② Frank P. Ramsey, "The Nature of Propositions." in *Notes on Philosophy, Probability and Mathematics*, ed. Maria Carla Galavotti. Naples: Bibliopolis, (1921) 1991, pp. 111-2.

③ Frank P. Ramsey, "The Nature of Propositions." in *Notes on Philosophy, Probability and Mathematics*, ed. Maria Carla Galavotti. Naples: Bibliopolis, (1921) 1991, p. 109.

④ Frank P. Ramsey, "Philosophy." Reprinted in *F. P. Ramsey: Philosophical Papers*, ed. D. H. Mellor. Cambridge: Cambridge University Press, 1990, p. 7.

⑤ Frank P. Ramsey, *Notes on Philosophy, Probability and Mathematics*, ed. Maria Carla Galavotti. Naples: Bibliopolis, 1991, p. 64.

⑥ Frank P. Ramsey, *On Truth*, ed. Nicholas Rescher and Ulrich Majer. Dordrecht: Kluwer, 1991, p. 90.

不可能处于不可言说的领域，尽管维特根斯坦声称："对于不可说的事物，我们无法说出它们，即便以吹口哨的方式也不行。"①哲学也不能从日常的思想和语言的最初前提出发，从评估它们的意义或依据的责任中解脱出来，正如《逻辑哲学论》所支持的观点那般。哲学的任务不能仅仅是通过阐明我们语言的规则来澄清思想：啤酒颜色的标准的讨论并不是哲学讨论，哲学，在某种意义上，是对符号的改进，也是对思想的澄清。②

我认为，兰姆赛对维特根斯坦的批评，如同他自己的方案一样，有着很大的冲击。他的方案就是一种实用主义。到1926年，兰姆赛已经完完全全是一个皮尔士式的实用主义者了。在1929年至1930年最关键的时刻，也就是兰姆赛生命的最后一年，当他和维特根斯坦在剑桥相聚的时候，在维特根斯坦最终与维也纳学派完全背离之前，兰姆赛将实用主义思想带给了维特根斯坦。此外，我认为，维特根斯坦大约在1929年接受了兰姆赛关于归纳和假设的实用主义立场，然后将兰姆赛的实用主义应用到日常信念的分析上。兰姆赛也将实用主义推广到对所有信念的分析，如果他还活着，他会反对维特根斯坦所发展出的实用主义方向。

最后，我还认为维特根斯坦反过来也在维也纳学派内播下了实用主义的种子，至少使其中一些人准备明确地转向实用主义。③维也纳学派经常被认为是一场海啸，当它冲击美国海岸时，就把土生土长的实用主义冲垮了。在《美国实用主义者》一书中，我认为这种观点是对这场知识分子运动的一种拙劣解释，因为逻辑实证主义的优势与实用主义的优势有很多共同点。在本文中，我将进一步展示这种共同点是如何产生的。

---

① Frank P. Ramsey, "General Propositions and Causality." Reprinted in *F. P. Ramsey: Philosophical Papers*, ed. D. H. Mellor. Cambridge：Cambridge University Press,1990，p. 146.

② Frank P. Ramsey, *Notes on Philosophy*, *Probability and Mathematics*, ed. Maria Carla Galavotti. Naples：Bibliopolis，1991，p. 55.

③ 这是我从乌贝尔在注解2中引用我的《美国实用主义者》中的句子中得到的提示。如果抽离背景，它们只是一团乱麻。

三、兰姆赛的实用主义

1931 年,在兰姆赛的遗著《数学的基础》的书评中,凯恩斯如此说道,兰姆赛"背离了其前辈们形式化的客观处理方案"。他和维特根斯坦一直在协助罗素完善《数学原理》中的形式问题,但是凯恩斯指出,其结果却是:

> 不断地抽空其内容,精简到只剩下一副干枯的骨架,直到最后,不仅排除了所有的经验形式,而且排除了大多数合乎逻辑的原则和合理的思想。维特根斯坦的解决方案就是把其他的一切看作无意义的灵感,这对个人来说确实有很大的价值,但是不能被精确地讨论。兰姆赛的回应就是,他自己所描述的实用主义并不是不赞成罗素,而是与维特根斯坦格格不入……因此,他认为"人类逻辑"有别于"形式逻辑"。①

凯恩斯对兰姆赛和维特根斯坦都很了解,他上面的这段话说得很对。尽管维特根斯坦对实用主义提出了一些严厉的批评,但是我们也将看到,他并没有完全反感实用主义。

1929 年,兰姆赛在《一般命题和因果性》一文中提出一个关于开放性的普遍概括(open universal generalizations)、因果规律和条件句的实用主义解释。开放性的普遍概括(他有时也称其为可变假设),例如,"所有人皆有一死"和"砒霜有毒",这两个陈述涉及无数人。因为这样的陈述似乎只是简单地断言了一个又

---

① John Maynard Keynes, "Review of The Foundations of Mathematics by *F. P. Ramsey*," *The New Statesman and Nation*, 1931(2): 407. 关于实用主义并非不赞成罗素的评论,并不像最初听起来那么奇怪。因为到兰姆赛去世时,罗素早已经写了《心的分析》,兰姆赛提及罗素是他实用主义的灵感来源之一。参见 Frank P. Ramsey, "General Propositions and Causality." Reprinted in *F. P. Ramsey: Philosophical Papers*, ed. D. H. Mellor. Cambridge: Cambridge University Press, 1990, pp. 34 - 51.

一个的个体的相同属性，兰姆赛说，除了"我们"（布雷斯韦特也是"我们"当中的一员），所有其他人都认为它们是合取命题。兰姆赛认为，在一个有限的范围内，可以将概括视为合取，如陈述"剑桥的每个人已投票"一样，但是开放性的普遍概括"总是超出我们所知道和所希望的"①。在兰姆赛看来，开放性的普遍概括"表达了我们随时准备要做出改变的推论"②。它不是一种特定的判断，而是一种判断的规则。这是我们"应对未来"的习惯。③ 如果我相信所有人皆有一死，那么我就认同了某种形式的规则或习惯：如果我满足成为一个 ϕ 的条件，那么我就应该把 ϕ 当作一个 ψ。④

兰姆赛开始着手解决一个棘手的问题，即这些习惯如何成为"认知态度"。他曾经困惑："习惯会以什么样的方式体现出正确或错误之分呢?"⑤例如信念"所有人皆有一死"，习惯会以不同的方式表现出来：在适当的情况下，我倾向于断言和肯定，所有人皆有一死；我会小心地开车，我希望路人都好好地活着；我会认为我生命中遇到的每一个人都会在某一时刻死去；我不会把自己当成一个例外；我可能对人生感到绝望；等等。我的规则或习惯可以通过它是否以适当的方式表现出来进行评估（我是否采取了上面提到的倾向），也可以通过它是否继续与经验相符合来评估。

我们也可以评估这些态度，因为正如兰姆赛所言，它们构成我们应对未来的

---

① Frank P. Ramsey，"General Propositions and Causality." Reprinted in *F. P. Ramsey: Philosophical Papers*，ed. D. H. Mellor. Cambridge：Cambridge University Press，1990，p. 146.

② Frank P. Ramsey，"General Propositions and Causality." Reprinted in *F. P. Ramsey: Philosophical Papers*，ed. D. H. Mellor. Cambridge：Cambridge University Press，1990，p. 146.

③ Frank P. Ramsey，"General Propositions and Causality." Reprinted in *F. P. Ramsey: Philosophical Papers*，ed. D. H. Mellor. Cambridge：Cambridge University Press，1990，p. 149.

④ Frank P. Ramsey，"General Propositions and Causality." Reprinted in *F. P. Ramsey: Philosophical Papers*，ed. D. H. Mellor. Cambridge：Cambridge University Press，1990，p. 149.

⑤ Frank P. Ramsey，"General Propositions and Causality." Reprinted in *F. P. Ramsey: Philosophical Papers*，ed. D. H. Mellor. Cambridge：Cambridge University Press，1990，pp. 146 - 7.

体系。如果你和我用不同的体系应对未来,那么我们就会有分歧,而且未来也许与我们其中的一个体系兼容,与另一个体系不兼容。① 兰姆赛指出:"这是皮尔士的真理概念,即每个人最终都会相信的东西;它不适用于真实的事实陈述,而只适用于"真正的科学体系"②。

兰姆赛也反对逻辑学家用真值条件来分析条件句,事实上,他支持刘易斯的语用阐释:条件句也是判断的规则。③ 如果我接受一个条件句"如果 p,那么 q",我就承诺了每当我断定 p 的时候,就会习得性地倾向于断定 q。④ 这些条件式的断定也是认知的,兰姆赛举了下面的例子。如果一个人有一块蛋糕,由于他认为吃蛋糕会使他生病,因此他决定不吃,即使他没有吃蛋糕,我们也可以断定他错了。对于结果,我们有不同的"期望度",而且我们可以"引入我们知道的任何事实,无论他了解还是不了解这些事实"⑤。例如,他早就了解我很细心地烤了这个蛋糕,我是一个优秀的烘焙师,我知道他没有食物过敏或者讨厌该食物,我对他没有恶意。那么,我们可能断定他不理智。如果所有的这些事实都站得住脚,但是他并不了解,那么我们可能断定他是错的。

兰姆赛在《一般命题和因果性》一文中的观点只是他所有见解中的一部分,在他所有的思考中,他对所有信念都采用了实用主义的分析方式,这一点非常重要。事实上,在兰姆赛的原始手稿(这份手稿尚未完成,后由布雷斯韦特加注标题和编辑作为遗稿出版)中,第一句话即:"如果要解决哲学问题,就

---

① Frank P. Ramsey, "General Propositions and Causality." Reprinted in *F. P. Ramsey: Philosophical Papers*, ed. D. H. Mellor. Cambridge:Cambridge University Press,1990, p. 149.

② Frank P. Ramsey, "General Propositions and Causality." Reprinted in *F. P. Ramsey: Philosophical Papers*, ed. D. H. Mellor. Cambridge:Cambridge University Press,1990, p. 161.

③ Frank P. Ramsey, "General Propositions and Causality." Reprinted in *F. P. Ramsey: Philosophical Papers*, ed. D. H. Mellor. Cambridge:Cambridge University Press,1990, p. 154.

④ 我当然可以不履行我的承诺。事实上,我可能不会习得这种倾向,因为我可能会失去理智,注意力不集中,等等。

⑤ Frank P. Ramsey, "General Propositions and Causality." Reprinted in *F. P. Ramsey: Philosophical Papers*, edited ed. D. H. Mellor. Cambridge:Cambridge University Press ,1990, p. 155.

要将其分解，作为一个整体的哲学太宏大了。"这句话在发表的版本中已经被删掉了。在发表的版本中，文章以"让我们细想一下一般命题的意义"开篇，但兰姆赛最初是这样写的："命题的意义是我们首先要理解的东西。"①他的目的就是理解所有的命题，并且表明这些命题就是行动的习惯。在他的文章中，只涉及了几类命题。

　　兰姆赛在《一般命题和因果性》发表的前三年，就一直认为所有的信念都是我们应对未来的倾向、习惯或规则。② 正如皮尔士所说，信念是"一个人准备采取行动的基础"，或者是"思维习惯"，即"好或者不好"或是"安全或者不安全"。③这个观念，即信念是行动的蕴含，使他在 1926 年的《真理与或然性》中做出了最著名的论断，即我们可以通过观察人们的行为来衡量部分信念，尤其是在确信的背景下。

　　兰姆赛在《真理与或然性》中已经清楚地表明，信念的倾向性解释不仅告诉我们如何衡量信念，而且告诉我们如何评估它们。在此文中，他也肯定地说："这是一种实用主义：我们通过思维习惯是否有效来对其做出评价。"但是兰姆赛，像皮尔士一样，坚决认为一个信仰是否有效必须与事物的本质联系起来，这一点却与詹姆士不同。就像兰姆赛在 1927 年的《事实与命题》中所谈到的那样，一只鸡相信某种毛毛虫有毒，当且仅当毛毛虫确实有毒时，这种行为才会有作用。正如皮尔士所说，一个信念必须通过一种与事实相关的方法来确立。④ 对皮尔士和兰姆赛来说，实用主义是这样一种立场，即信念应该基于后见（信念形成的方式是否与事实相关联）和预见（信念是否继续有效，是否适合未来的经验，是否能够促成成功的行动）来进行评估。

---

① 兰姆赛剑桥档案，手稿编号 MS Add. 9781/2（Cambridge University Archive MS Add. 9781/2.）。Frank Plumpton Ramsey, *Articles and Notes*. GBR/0012/MS Add. 9781，Cambridge University Library，https：//archivesearch. lib. cam. ac. uk/repositories/2/resources/9038.

② 像皮尔士一样，他认为这一思想归功于亚历山大·贝恩（Alexander Bain）。

③ CP5. 12；W3：245.

④ W3：253.

四、兰姆赛对维特根斯坦的影响

在 1945 年出版的《哲学研究》的序言中,维特根斯坦提到他在《逻辑哲学论》中所犯的"严重错误":

> 我的想法从兰姆赛那里得到的批评帮助我认识到了这些错误,在其生命的最后两年,我与他在无数次的谈话中讨论过这些错误。①

我们已经看到兰姆赛反对《逻辑哲学论》中的很多观点。关于其中一点,他在经过深思之后进行了反驳:

> 我们不能把世界描绘成与自我脱离的世界,我们知道的自我就在这个世界中。我们不能做的就是不能做的,尝试也没有用。哲学源于我们不理解语言逻辑;但是,我们的语言逻辑并不是维特根斯坦所想的那样。我们自己描绘的图像并不是事实的图像。②

现实的人类试图通过信念和真理的概念进行思考,并试图评估信念,而逻辑哲学论的图像论完全没有价值,我们所有的信念、假设和理论都是我们应对未来的行动习惯或规则。

正如凯恩斯指出的那样,维特根斯坦那时对兰姆赛的实用主义不屑一顾。维特根斯坦没有写太多关于实用主义的文章,但是摩尔和西尼·沃特洛(Sydney Waterlow)之间的通信讲述了这段有趣的轶事。沃特洛在 1931 年 6 月致摩尔的

---

① Ludwig Wittgenstein, *Philosophical Investigations*, 4th ed. trans. G. E. M. Anscombe, P. M. S. Hacker and J. Schulte. Oxford: Blackwell (First published 1953), 2009, p. 4.

② Frank P. Ramsey, *Notes on Philosophy*, *Probability and Mathematics*, ed. Maria Carla Galavotti. Naples: Bibliopolis, 1991, p. 51.

信中写道：

> 要说第一次读兰姆赛的文章给了我深刻的印象，那么就是，一方面他有着非凡的能力和旺盛的生命力，另一方面就是他贫乏的世界观（Weltanschauung），对我来说，也没有什么要说的。因为有一个"世界观"又怎么样呢？然而，我确信这样的对比应该是错误的：一定有什么地方出了严重的问题。他倾向于用"实用的"（pragmatic）这个术语来表述一切，这种做法虽然有争议，却不可能纠正思想。对此，我感到同样肯定，因为我仍然像你一样顽固地坚信有一个客观的真理、客观的善等等。但是，对于我所坚信的"绝对"和"客观"这样的概念是什么意思，我完全不知道。①

摩尔回复道：

> 我完全同意你对兰姆赛的看法。我认为他的世界观没有客观的价值观，是非常让人沮丧的。维特根斯坦也发现了这一点：他称兰姆赛为"唯物主义者"，他这样说的意思就是对其十分反感。然而，他自己也不相信客观的价值观！他认为它们只是一些胡说八道，不过是一些重要的胡说八道。就我而言，我仍然相信我写《伦理学原理》时所相信的。据我所知，这根本不能让你满意，然而我再也不能有信仰了。②

沃特洛和摩尔（这也是维特根斯坦的观点）都认为，兰姆赛的世界观试图用行动的成功来解释价值，这缺乏真实或客观价值。维特根斯坦在称兰姆赛是一名唯物主义者时，就体现了这种批评。但即使从上面对兰姆赛的实用主义的简

---

① Margaret Paul，*Frank Ramsey: A Sister's Memoir*. Cambridge：Smith-Gordon，2012，p.117.
② Margaret Paul，*Frank Ramsey: A Sister's Memoir*. Cambridge：Smith-Gordon，2012，p.117.

要描述中,我们也可以看到,他试图通过将客观性和不可还原的规范性建构到成功的观念中,以避免把价值还原为行为或行动。关于兰姆赛认为我们不能忽视他所说的信念的承诺方面的观点,我可以补充更多。① 但是,知道他坚决反对他称之为疯狂的或极端的行为主义,也许就足够了。② 尽管如此,兰姆赛的世界观肯定没有维特根斯坦的世界观那样丰富,因为维特斯坦的世界观充满神秘、宗教和未知。兰姆赛也坚决反对迎合这些现象,他不想把关键的哲学概念,如善(摩尔)、命题(罗素)或概率关系(凯恩斯)看作不可分析的或神秘的,这是兰姆赛和维特根斯坦之间的主要争端。因此,兰姆赛反驳维特根斯坦的观点,即我们不能说的,我们必须保持沉默可能是一些重要的胡说。在他看来,我们只能忠于我们能说的,但没有理由认为这妨碍我们做出诚实的努力,阐明支配行动、断言和探究的规范。我们应该做出这种努力,不应该去信赖那些让我们无法理解的形而上学的解释。

然而,这种根本的哲学上的分歧被推翻了。事实上,维特根斯受到实用主义的影响。在兰姆赛去世后的第二天,维特根斯坦第一次在他的作品里提到实用主义。1929 年圣诞假期,维特根斯坦去了维也纳,与石里克和魏斯曼进行了交谈。他回到英国时,发现兰姆赛生病了。兰姆赛在 1 月 19 日去世。维特根斯坦返回伦敦,在三一学院做了他的第一次演讲,然后在他的哲学笔记本上写了非常重要的事项。这清楚地表明维特根斯坦与实用主义的关系。这些话语出现在 MS107 笔记中,这是无数个哲学笔记本之中的一本,其中一部分就是《哲学评论》以及后来的《哲学研究》。③ 105 号至 108 号笔记写于 1929 年至 1930 年间,就是这部漫长且不断成形的研究的初稿。这些笔记对理解逻辑哲学论式的维特根斯坦到后期维特根斯坦的转变至关重要,对理解兰姆赛对维特根斯坦的影响

---

① Cheryl Misak, *Cambridge Pragmatism: From Peirce and James to Ramsey and Wittgenstein*. Oxford: Oxford University Press, 2018.

② Frank P. Ramsey, *F. P. Ramsey: Philosophical Papers*, ed. D. H. Mellor. Cambridge: Cambridge University Press, 1990, p. 70.

③ 参考 Michael Nedo, "Introduction." in *Wiener Ausgabe*. ed. Michael Nedo. Vienna: Springer, 1998, pp. 1-5. 很多笔记本被复原,以备日后进一步研究。

也至关重要。① 维特根斯坦写道：

> 在我看来，句子（Sätze），也就是我们通常所说的日常使用的句子，与逻辑中命题的意义有所不同，如果命题真的存在的话。
>
> 这是由于它们假设的特性。事实似乎并没有证实过它们，在某种意义上，我原来认为是可以的。可以这么说，有一扇仍然敞开的门，证实及其对立面并不是最后的结论。
>
> 当我说"那边有一把椅子"时，这个句子指的是一系列的期望。我相信我可以去那里，看到椅子并坐在上面，我相信它是木头做的，我能料到它有一定的硬度，具有易燃性等。如果这些期望有一些落空了，我将有证据说那里没有椅子。
>
> 在这里，我们可以看到一个实用主义者是如何得出真与假的概念的：一个句子只要证明是有用的，它就是真的。
>
> 我们日常生活中所说的每一句话似乎都有假设的特性。
>
> 讨论感觉材料和直接经验的意义在于我们正在寻找一种非假设性的表象。
>
> 但现在看来，如果假设的要素被抛弃了，这种表象就失去了它的全部价值，因为这样一来，命题就不再指向未来，它仅仅似乎是自我满足的，因此就没有任何价值了。

---

① 邦孔帕尼（Anna Boncompagni）帮我翻译了未发表遗作的材料。请参考 Anna Boncompagni, "The 'Middle' Wittgenstein (and the 'Later' Ramsey) on the Pragmatist Conception of Truth," In *The Practical Turn: Pragmatism in the British Long 20th Century*. eds. C. Misak and H. Price. Oxford: Oxford University Press, 2018, pp. 29 - 44 和 Anna Boncompagni, "Wittgenstein and Pragmatism: A Neglected Remark in Manuscript 107 (1930)," in *Philosophical Revolutions: Pragmatism, Analytic Philosophy and Phenomenology*. ed. Maria Baghramian. Oxford: Oxford University Press, 2017, pp. 146 - 63。

　　如果句子没有工具性的价值,那么谈及句子就没有任何意义。①

　　对于理解维特根斯坦、兰姆赛和实用主义的关系,这些话语非常重要。冯·赖特记得维特根斯坦认为他《逻辑哲学论》中的"重大错误"就是把开放的普遍概括等同于无限合取。② 上面的章节表明,维特根斯坦不仅接受了兰姆赛对开放的普遍概括的解释,而且将实用主义扩展到涵盖所有的假设。如果你从逻辑和直接认识所获得的知识出发,你就会认为我们知道的并不多,或者说至少没有什么价值。我们最好考虑一下我们有用的信念,以及它们是如何有用的。

　　维特根斯坦在 1930 年至 1932 年的演讲中继续谈论这方面的内容,例如:

　　还有另一种适用假设的普遍性。命题可以被证实,假设却不能,但它是一种建构命题的法则或规则,而且指向未来,也就是说,它可以使我们建构命题,即这种命题能说出什么事情会发生,以及哪一个命题能被证实或证伪。③

　　假设是建构命题的法则,命题就是这个法则的实例。如果命题是真命题(被证实的),假设就成立;如果命题是假命题,假设就不成立。或者我们可以说,假设建构了期望,这些期望通过命题表达出来,从而可以被证实或证伪。同样的话语对我来说可能是一个命题,对你来说可能是一个假设。④

　　在二阶的语言(secondary language)中,"假设"是应对未来的规则,"命题"

---

① 我非常感谢邦孔帕尼和舒尔特(Joachim Schulte)翻译了这段文章。Ludwig Wittgenstein, *Nachlass: The Bergen Electronic Edition*. Oxford: Oxford University Press,2003,MS 107: 247 - 50.

② Georg Henrik von Wright, *Wittgenstein*. Oxford: Basil Blackwell. 1982,p. 151.

③ 这份材料来自 Lecture A IX 的 Easter Term 1930,参见 Ludwig Wittgenstein, *Wittgenstein's Lectures: Cambridge 1930 - 32. From the Notes of John King and Desmond Lee*, ed. Desmond Lee. Oxford: Basil Blackwell,1980,p. 16。

④ Ludwig Wittgenstein, *Wittgenstein's Lectures: Cambridge 1930 - 32. From the Notes of John King and Desmond Lee*, ed. Desmond Lee. Oxford: Basil Blackwell,1980,p. 110.

在初始语言中，则并不是应对未来的规则。命题有真命题和假命题之分，而假设则根据不同的方式进行评估，即根据它们是否成立来评估。但在上面的最后一段中，维特根斯坦几乎将假设的真实性与它是否成立联系起来（只是没有确定）。假设建构了期望，而这些期望又通过命题来表达。如果命题得到证实，即如果它们为真，假设也就成立。但命题只是假设的例证，尽管开放性的假设的本质是它永远不能被完全证实。反过来，一个完全可以被证实的命题是自我满足的，而且基本是无用的。也就是说，如果我们补充进维特根斯坦关于假设的新思路，以及我们如何用他对初始语言的担忧来评价它们，我们就非常接近皮尔士实用主义关于真理的一般描述了，这也是兰姆赛明确表达的内容。一旦图像理论被抛弃，我们所拥有的就是是否成立的假设了。对维特根斯坦来说，走上实用主义之路就是通过兰姆赛这条捷径。一个假设（维特根斯坦）或者一个信念（兰姆赛、皮尔士）体现的是一系列的期望。如果这些期望得到持续的满足，那么这就是我们所能期待的。

图像理论已经从根本上被动摇了，像皮尔士和兰姆赛一样，维特根斯坦现在想说的是，我们的信念必须与经验联系起来，哲学家再也无法得到比那更精确的描述了：

> 我们的命题（关于现实的命题）要有意义，就是要求我们的经验在某种程度上要么与命题符合，要么不符合。也就是说，直接经验只需要确认命题的某些东西或某些方面。要谈论语言与现实的关系而不胡言乱语或言之无物是很难的。我的头脑中现在没有现象语言，或者我过去称之为"初始语言"作为我的终点。我不再认为它是必要的。在我们的语言中，唯一可能和必要的是把本质和非本质的东西分开。①

众所周知，后期维特根斯坦关注的是日常的信念，但不为人所知的是，正是

---

① Ludwig Wittgenstein, *Nachlass: The Bergen Electronic Edition*. Oxford：Oxford University Press，2003，MS 107：205，25 Nov. 1929. 该文献以手稿编号加以引用（编者注）。

在 1929 年,在兰姆赛实用主义的压力下,维特根斯坦将他的关注从初始语言转向二阶的语言,即关于期望的话语。他开始认为重要的是我们能够把信念作为我们实践活动的工具,信念可以促进而不是阻碍我们做事,它能正确地指导我们的行动。在这段时期,他开始使用"啮合"(eingreifen)的概念,像齿轮与齿轮的机械意义上的紧密结合。① 因此,一个"空转的轮子"就是"不能以任何方式进行证实的句子,这也意味着没有任何意义"②。

从思考(A)假设、开放性归纳和条件句是未来的期望或规则以及(B)只有非满足性、有真假值的命题是假设或期望到(C)好的或真实的信念是我们永远无法推翻的期望,这只是很小的一步。在 1929 年至 1932 年,维特根斯坦的观点摇摆不定,但他的余生一直在讨论真理问题。有时他仍坚持旧的图像理论。例如,在兰姆赛死后的第三天,他在笔记中写道:由于假设永远是开放性的,它永远不可能完全得到证实,因此,"它没有真假之分"③。假设超越了直接经验,一旦我们从期望的角度思考信念和假设,我们就必须放弃真理的概念。但是有时,他又向前迈出了一步。他认为日常生活的信念是期望或工具,我们评估它们的真值方式是看它们是否成立。

在《哲学研究》的序言中,维特根斯坦肯定了意大利经济学家皮耶洛·斯拉法(Piero Sraffa)的观点,在 1929 年至 1930 年间,他与其频繁地见面交流,斯拉法指出,《逻辑哲学论》的抱负,即寻找语言的逻辑规则已经走到了尽头。马尔科姆(Norman Malcolm)做了记录:

---

① Anna Boncompagni, "The 'Middle' Wittgenstein (and the 'Later' Ramsey) on the Pragmatist Conception of Truth," In *The Practical Turn: Pragmatism in the British Long 20th Century*. eds. C. Misak and H. Price. Oxford: Oxford University Press, 2018, pp. 29 - 44.

② Friedrich Waismann, *Wittgenstein and the Vienna Circle*, ed. Brian McGuinness; trans. Joachim Schulte and Brian McGuinness. Oxford: Basil Blackwell, 1979, p. 65; Ludwig Wittgenstein, *Philosophical Remarks*, ed. Rush Rhees. Oxford: Basil Blackwell, 1975, p. 1.

③ Ludwig Wittgenstein, *Nachlass: The Bergen Electronic Edition*. Oxford: Oxford University Press, 2003, MS 107: 250.

　　有一天……维特根斯坦坚持认为命题和命题描述的东西必须具有相同的"逻辑形式"，即相同的"逻辑多样性"。斯拉法做了一个手势，类似于那不勒斯人意味的厌恶或轻蔑，即用指尖从下巴往外轻轻地擦过。然后，他问道："这是什么逻辑形式？"①

　　然而，不仅是斯拉法认为《逻辑哲学论》中存在着很大的问题，兰姆赛也认为如此。1929 年，兰姆赛写了论文《哲学》的初稿，在这篇文章中，他对维特根斯坦的哲学观提出了质疑。这种方法（维特根斯坦的方法）是"去构建一种逻辑，并完全自然地做着所有的哲学分析，考虑的是事实，而不是我们对事实的思考；解决我们意指什么，但不涉及意义的本质"。兰姆赛认为这是一种"错误的"方法。他说，定义的作用仅限于我们需要解释词的使用方式，"在这种解释中，我们不仅不得不看我们谈论的对象，还要看我们自己的心理状态"——"我们不能忽视认知的或主观的方面"。

　　由于来自兰姆赛的压力，后期维特根斯坦（这时让我称他为后期兰姆赛-维特根斯坦）放弃了初始语言具有作用或价值的想法，转而关注二阶的语言，即日常语言。他开始认为这两种语言体系之间的分歧已经通过日常语言解决了。

　　我们对知觉材料的了解和我们对物理对象的认识并不需要一个理论来统一，因为我们说硬币是椭圆的，其部分原因是我们认为它在某些条件下是椭圆的。②

　　使图像理论变得混乱不堪的并不是一系列技术问题（如必须处理各种假设，或颜色，或条件句），而是在现实情境中，我们应该关注命题的多样性。这自然导致维特根斯坦关注人类的信念，而不是思想与世界之间纯粹的形式关系。正是

----

① Norman Malcolm, *Ludwig Wittgenstein: A Memoir*. London：Princeton University Press，1958，p. 69.

② Ludwig Wittgenstein，*Wittgenstein's Lectures: Cambridge 1930 - 32. From the Notes of John King and Desmond Lee*，ed. Desmond Lee. Oxford：Basil Blackwell，1980，p. 69.

兰姆赛播下了这颗思想的种子,维特根斯坦才成为后期维特根斯坦。我想,兰姆赛会认为维特根斯最终会过于关注认知或主观的一面,但那是另一回事了。

五、维特根斯坦与维也纳学派

在与石里克和魏斯曼的讨论中,维特根斯坦对二阶的语言中的假设或命题究竟是否具有适真性(truth-apt)这一问题摇摆不定。至少有一点,他断言"自然法则"是无法证实或证伪的,因此没有真或假:

> 它既不是真的也不是假的,而是"可能的",在这里"可能的"意指简单、方便。陈述要么是真的,要么是假的,绝不是可能的。任何可能的事情都不是陈述⋯⋯(它们)指的是无限的未来。它们从未被证实过,我们总是保留放弃或修改它们的权利,而真实的陈述则不同,其真值是不会改变的。①

但在 1931 年的一次会议上,他也声称,在图像理论中,存在适真性命题的初始语言和假设至多是可能或有用的二阶的语言这个观点是错误的。例如,他说《逻辑哲学论》就是教条主义的一个例子,因为它阐明,虽然我们目前不能确定基本命题的形式,但是逻辑分析肯定能发现它们。他现在很清楚地认为:"我们不能像卡尔纳普那样,从一开始就假定基本命题由二位关系组成,等等。"②他现在想做就是:

> 只要让对方注意到他真正在做什么,不需要去做出判言。然后一切都

---

① Friedrich Waismann, *Wittgenstein and the Vienna Circle*, ed. Brian McGuinness; trans. Joachim Schulte and Brian McGuinness. Oxford: Basil Blackwell, 1979, p. 100.

② Friedrich Waismann, *Wittgenstein and the Vienna Circle*, ed. Brian McGuinness; trans. Joachim Schulte and Brian McGuinness. Oxford: Basil Blackwell, 1979, p. 182.

在语法的范围内发生和进行。①

1929 年 12 月，就在兰姆赛死之前，他对石里克和魏斯曼又如此说：

> 我曾经相信有一种我们都经常说的日常语言和一种表达我们真正认识的初始语言，即现象。我还提到第一系统和第二系统。我现在想解释一下，我为什么不再坚持这一观念了。我认为我们本来只有一种语言，我们不需要发明一种新的语言或构建新的符号，只要我们摆脱了隐藏其中的荒谬，我们的日常语言就已经是语言了。②

虽然图像理论中的初始语言（只是关于自我满足和没有实际价值的命题）不稳定，但是对维也纳学派来说，维特根斯坦在 1929 年至 1930 年对其表达的不满也是显而易见的。我认为，当他们也感受到来自不同方面的担忧时，③兰姆赛的实用主义解决了这些问题，这是一种转变，即不再考虑初始语言，而是考虑应对未来，有着期望和规则的二阶的语言，这种转变是自然地走出来的一步。为什么这么说呢？因为可证实性原则本身就提到我们必须着眼于信念的期望。正如乌贝尔恰当地指出的，这就是为什么当维也纳学派遭遇皮尔士的意义的实用主义解释时，就被它吸引了。

我在《美国实用主义者》一书中指出，当维也纳学派的成员在 20 世纪 30 年代抵达美国时，他们把皮尔士和杜威的实用主义立场当作近亲。他们都认同一

---

① Friedrich Waismann，*Wittgenstein and the Vienna Circle*，ed. Brian McGuinness；trans. Joachim Schulte and Brian McGuinness. Oxford：Basil Blackwell，1979，p. 186.

② Friedrich Waismann，Wittgenstein and the Vienna Circle，ed. Brian McGuinness；trans. Joachim Schulte and Brian McGuinness. Oxford：Basil Blackwell，1979，p. 45.

③ 乌贝尔告诉我，让卡尔纳普走上反原子主义和反图像论道路的是纽拉特（Neurath）对他唯我主义方法论坚持不懈的猛烈批评。因此，当卡尔纳普也是一个实用主义者时，他并没有通过维特根斯坦从兰姆赛那里获得担忧，也没有获得实用主义的思想。而关于弗兰克对实用主义的认可，石里克持悲观态度。

阶探究,认同经验主义,认同清晰性,他们都认同一个句子的意义取决于我们对它的期望。随着可证实性标准被证明排除了许多对科学很重要的东西,如倾向性和法则式的陈述,一些维也纳学派的成员(最具代表性的是弗兰克)转向了对真理的实用主义的解释。我希望在这里表明的是,维也纳学派已经通过维特根斯坦,准备接受兰姆赛关于真理的实用主义解释。的确,在 1930 年,弗兰克已经声称实用主义就是维也纳学派关于真理的解释,而且认为把真理当作符合,就像兰姆赛所说的,是一种经验哲学:

> 这位物理学家在他自己的科学活动中,除实用主义外,从来没有使用过任何其他的真理概念。经院哲学所要求的"思想与对象的一致",是不能通过任何具体的实验来确立的……在现实中,物理学家们只做经验与经验的对比,他们通过习惯上称为"协定"(agreement)的东西来检验一个理论的真实性。①

兰姆赛与维也纳学派之间的另一个明显的共鸣是,卡尔纳普(1963 年)采用了对开放性概括的推理方案,以回应开放类全称命题是无法被证实的。

乌贝尔已经为我们阐明了他所认为的早期维也纳学派与实用主义之间的清晰路径,而我旨在表明,在这两个伟大且共存的传统之间,还另外存在一条不那么清晰的路径。在 20 世纪 30 年代之初,经由兰姆赛,维特根斯坦几乎"不经意地"(almost inadvertently)指示了一条实用主义之路。我说"几乎不经意地"是因为:尽管兰姆赛非常清楚地看到,从经验主义和逻辑材料入手,就走向了真理的实用主义解释,然而维特根斯坦只是偶尔领会到这个结论。

此外,维特根斯坦不倾向于采用实用主义或任何一种理论或"主义"(ism)。就在他最后的作品中,他说道:"所以我想说一些听起来像实用主义的话。在这

---

① Philipp Frank, "Physical Theories of the Twentieth Century and School Philosophy," in *Modern Science and Its Philosophy*. MA: Harvard University Press, 1949, pp. 90 - 121.

一点上，我被一种世界观（Weltanschauung）挫败了。"①他坚决反对理论：

> 我们不可能提出任何理论。在我们的考虑中，不能有任何假设，所有的
> 解释必须消失，只有描述才能取而代之。②

他尤其不喜欢兰姆赛的实用主义理论，因为它把宗教和不可言说的东西从世界中抽离了。1930 年，他这样描述他们之间的关系：

> 从长远来看，理论的发展并不顺利。随着时间的推移，由于尊敬，我越
> 来越反感兰姆赛的无能。当有人向他提出自己的想法时，他是一个非常娴
> 熟和聪明的评论家。但他的批评并没有使人有进步，而只是让人停下来，让
> 人清醒。他有一颗丑陋的心灵。③

沃特洛是对的，维特根斯坦认为兰姆赛是唯物主义者。我们看到，反过来，兰姆赛批评维特根斯坦的观点，即维特根斯坦认为，存在着重要但是不可言说的东西，人们可以透过可以思考的和不可以思考的界限，敬畏自己不能言说的东西。这正是促使维特根斯坦远离维也纳学派的原因——维特根斯坦认为他们太唯物主义或科学主义了，错过了那些重要但不可言说的东西。但是这些分歧并没有在我追溯的皮尔士、兰姆赛、维特根斯坦和维也纳学派之间的路径中成为绊脚石，维特根斯坦为这条路铺垫了一部分之后，选择离开，但这并不会贬低这条道路的存在，同时，这也没有反对逻辑实证主义选择这条路。

---

① Ludwig Wittgenstein, *On Certainty*, ed. G. E. M. Anscombe and G. H. von Wright. Oxford：Basil Blackwell, 1969，§ 422.
② Ludwig Wittgenstein, *Philosophical Investigations*, 4th ed., trans. G. E. M. Anscombe，P. M. S. Hacker and Joachim Schulte. Oxford：Blackwell（First published 1953），2009，§ 109.
③ 虽然他似乎一直对兰姆赛拿不定主意，但他对布雷斯韦特（Braithwaite）的能力持否定态度。Brain McGuinness, "Forward," in *Frank Ramsey: A Sister's Memoir*. Margaret Paul. Cambridge：Smith-Gordon，2012，pp. vii‐xiii.

致　谢

乌贝尔（Thomas Uebel）对本文的初稿给予了很多非常有建设性的评论，我对此表示非常感谢。另外，向戴维·贝克赫斯特（David Bakhurst）、安娜·邦孔帕尼（Anna Boncompagni）、科拉·戴蒙德（Cora Diamond）、休·梅勒（Hugh Mellor）、休·普赖斯（Huw Price）、伊恩·拉姆菲特（Ian Rumfitt）、剑桥严肃形而上学团体（the Cambridge Serious Metaphysics Group）的参与者、分析哲学史研究学会（the Society for the Study of the History of Analytic Philosophy），以及伯明翰大学哲学系、卡尔加里大学哲学系、罗马第三大学哲学系和赫特福德大学哲学系致以谢意。

实在论、可错论和唯心论的融通

——论皮尔士的连续主义哲学

张留华　华东师范大学哲学系

　　连续主义(synechism)是与原子主义相对的一个哲学概念。虽然哲学史上绝大多数人不同意原子主义哲学的激进观点,但一直以来并没有一个专门名称用以表示与之相对的哲学立场,直至皮尔士首次根据希腊语词根 *syneche*(连续之意)创造了"连续主义"一词。在为《哲学与心理学辞典》撰写的词条中,皮尔士把"连续主义"界定为这样一种哲学思想的趋向:"坚持认为连续性这一观念在哲学中具有头等重要性,特别是主张要有包含真正连续性的诸种假说。"[1]这个词也集中概括了皮尔士本人的实用主义哲学体系,在 1902 年 11 月 25 日致威廉·詹姆士的信中,他谈道,"(实用主义)这个充分得以发展的系统中,所有一切都结合在一起,不可能通过零散方式而得到真实呈现"[2],而连续主义则是该体系的"拱顶石"(the keystone of the arch)[3]。

　　或许,"连续主义"一词至今在主流哲学界仍然显得生僻,但其思想主旨正在通过被誉为"皮尔士思想的孙女"的苏珊·哈克的《证据与探究》《一位热情的稳健派的宣言》《在理性的范围内捍卫科学》等著作得以在更广范围内接受和传播。关于自己对二分法哲学的批判以及哲学、科学、常识之间连续性的主张,哈克于 2005 年在《皮尔士学会会刊》上发表《不是反讽主义而是连续主义:来自古典实

---

[1]　CP6. 169.

[2]　CP8. 255.

[3]　CP8. 257.

用主义的教训》一文,公开承认自己属于泛连续主义(prope-synechism)的阵营。本文希望在哈克工作的基础上,立足皮尔士文本,更深入阐发连续主义与哲学史上诸多思想主题的层层关联,以期将其引向更为广阔的新视域。我们将首先从他关于数学连续统的分析出发,揭示皮尔士的连续统逻辑;然后分别从连续主义在共相问题、知觉论、身心问题等方面的推广应用,依次廓清皮尔士的经院实在论、懊悔型可错论(contrite fallibilism)、客观唯心论等独特思想品格,或用他自己的话来说,"包含真正连续性的诸种假说"。我们最终还将看到,连续主义是一张密织的概念之网,它所衍生出的这些看似独立实则关联的各论题构成皮尔士实用主义不可或缺的部分,也昭示其不同于黑格尔旧式哲学的独特魅力。

一、由非康托连续统说开

由于连续主义是一种关于连续性的学说,连续性(continuity)这一概念在皮尔士哲学思想中占据着核心地位。为此,皮尔士一生致力于给出一种既符合直观又具有数学严格性的连续性定义,同时他关于"连续性诸特征"的刻画也处于一种不断发展的状态。这里,我们主要以当时以及今天在数学中占据支配地位的康托连续统为参照,通过分析皮尔士连续性观念的非康托特征,进而揭示连续主义的若干基础观念。

19世纪,以康托、戴德金为代表的集合论者把对无穷的数学研究推向一个新阶段。康托通过超穷数理论,试图证明存在一种可比较大小的实无穷集。其中,一个众所周知的结论是,实数集是比自然数集更大的一个无穷集,甚至在实数集之外还存在一系列具有更大基数的集合,这些集合的基数形成一个超穷数系列:N_1,$N_0 N$,N_2,……。康托同时证明,算术上的实数集与几何上的实线具有同构性,即实数集中的每一个实数对应于几何线上的每一个点;他甚至还发现,任何 n 维连续空间都可一一对应地映射到实数的一维直线上。[1] 康托的这

---

[1] Joseph W. Dauben, "C. S. Peirce's Philosophy of Infinite Sets," *Mathematics Magazine*, 1977, 50 (3): 125–7.

种观点在其特定的范围内具有严格的数学一致性,但当将其对照于人类关于连续统的哲学直观时,我们会发现惊人的反常结果。譬如,他坚持认为实数集中的元素与几何线上的点一样多,即都是连续统的势;也正因为如此,康托所谓"紧挨着比自然数集更大的一个无穷集是实数集"的断言被称为连续统假设。但根据康托超穷数理论,此种连续统的势乃"非常小"的一个"已完成量",在此之外还存在一系列更大的超穷数。于是,这在某种意义上便意味着,几何线上的点是"有限的""不够密实的",也就是"不连续的"。皮尔士对康托把几何线段的直观连续性还原为算术离散量的这种做法表示反对,把康托及数学分析中所构造的连续统称为"伪连续统"。皮尔士指出:"我当然认为,根据常识观点,在任何一条线上都有大量的点,其数量可以是任意大。如果这样,由于函数理论中的'分析连续性'要求只有唯一的点与每一个指向原点的距离相对应,而用以界定后者的量可以通过由推进至无限大数目的位置的小数序列的无限近似来表达,那它显然就不是常识中的连续性,因为这整个具有如此数量的量只是第一个不可数量,而事实上还有着更高等级的无穷系列。……连续性乃无间断空间或时间的诸分部之间所存在的一种关系。……线上本不包含任何点,只是由于要标注点才打破了其连续性。……微积分以及函数理论认为,在任何两个有理数点(或者在线上通过有理分式所表达的两个分开的点)之间存在着有理数点,更进一步,对于此类有理分式所构成的每一个收敛系列(譬如 3.1、3.14、3.141、3.1415、3.141 59 等)都只存在一个极限点;而有关这样的点的集合就称为'连续的'。但这似乎并不是常识中的连续性观念。它只是彼此独立的一些点的集合。越是把沙粒打碎,就越是只会令沙子更加破碎。那样不会把沙粒联结成无间断的连续体。"[1]

为了在数学刻画上区别于康托处理法进而为非康托连续统提供数学基础,皮尔士把更多精力放在发展自己的无穷小理论和几何拓扑学上。他把那些由一表面经过比例无限分割而成的部分称为"邻域或者无穷小"[2],并直言:"在一连续区域,譬如连续的线上,存在无穷短的连续线。事实上,整个线都是由这种无

---

[1] CP6. 168.

[2] CP4. 125.

穷小部分构成的。"①皮尔士尤其论述了作为纯粹几何学的拓扑学,他说:"拓扑学所处理的是有关连续统诸部分的联结方式。几何拓扑学是凡希望从几何学中学到有关连续性的东西的哲学家都必须研究的。"②事实上,这种关注点的变化显示出皮尔士对数学本质的独特把握,他在《几率学说》一文中明确指出:"数学处理法的优越性更多是在于测量(measuring),而非计算(counting),更多是在于连续量,而非数的概念。说到底,数只是帮助我们在思想中固定下一种刻准点(precision),它不论如何有用,都很少能导致尊贵的概念,反倒往往会沦为琐碎。对于培根所谈到的标志差别和标注相似点这两种功能,数的运用只能起到次要的作用;数的过度使用反而会限制心智能力的发挥。然而,连续量这一概念虽不刻意达到任何刻准点,却能发挥重大作用。它完全不去夸大差异性,而是直接用于实现最精细的概括。"③这种强调量而非数的数学,所体现的正是皮尔士的连续统逻辑。也正是在这里,我们发现皮尔士进一步引申出他关于连续性原则的方法论意义。他说:"我们可以处处看到,连续性这一观念乃用于形成真正而富有成果的概念的强有力工具。借助于它,再大的差异也都被克服从而转变成级度差异,而且它的不断应用对于拓展我们的概念极其有价值。"④与此同时,皮尔士把每一科学领域在方法论上的进步归功于连续性原则的应用,即把原先离散的诸情形联系起来。他认为,由质的阶段向量的阶段的转变乃科学的一个重要进步:在质的阶段上,科学以二分法(即根据既定主词是否具有既定谓词)为主要特征;而在量的阶段上,科学坚信在任何两种看似割裂的可能条件之间总是存在第三种中间可能性。⑤ 面对宗教上习惯于把人截然二分为圣徒与恶魔以及道德上习惯于认为动机要么好要么坏的社会现状,皮尔士不禁感慨连续性观念的

---

① 转引自 Jérôme Havenel, "Peirce's Clarifications of Continuity," *Transactions of the Charles S. Peirce Society*, 2008, 44 (1): 103。

② Charles S. Peirce, *Reasoning and the Logic of Things: The Cambridge Conference Lectures of 1898*, ed. Kenneth Laine Ketner. Harvard: Harvard University Press, 1992, p. 246.

③ CP2. 646.

④ CP2. 646.

⑤ CP1. 359.

缺失:"道德和宗教推理对于科学的一种极坏影响就是,二者都坚持把二分法(dual distinctions)作为一种根本区分,它们倾向于忽视所有非对偶性的区分,尤其是连续性概念。"①在笔者看来,这种连续性区分(continuous distinction)正是哈克在《证据与探究》等著作中力驳基础主义、融贯主义等二分逻辑的同时所努力追求的一种"逐级主义"(gradualism)方法论。扯开一点讲,如果我们能更多从"连续性区分"而非"截然二分"(dichotomy)的视角来把握历史上哲学家们对于明晰性概念的追求,这将有助于我们更深入、更全面地领会分析哲学所倡导的分析方法。

二、共相问题及经院实在论

接下来,我们先来看皮尔士如何将连续性原则运用于解决中世纪乃至近代以来唯名唯实之争中的共相问题,以及他自己的经院实在论如何在此过程中逐步凸显为一种行之有效的假说。

与一度流行的把共相问题视为陈腐学说的意见不同,对于向来关注哲学史的皮尔士来说,中世纪形而上学与现代"认识论"哲学之间具有一种非常紧密的历史联系。一方面,现代哲学的许多问题都可看作中世纪形而上学的延续,譬如他认为,从笛卡尔、洛克、贝克莱、休谟、里德,到莱布尼兹,再到康德、黑格尔,其实形成一种唯名论哲学的浪潮,甚至可以说"所有各种类型的近代哲学都是具有唯名论倾向的"②。另一方面,与自然科学相伴的现代哲学发展,也为中世纪形而上学提供了新的讨论空间。在皮尔士看来,"虽然唯名论唯实论之争早在我们熟知的理性主义和经验主义分化之前,然而奠定唯名论基础的却是休谟,他确立了独立分开的个体的本体先在性"③。站在现代社会所延续的这场唯名唯实之

---

① CP1. 61.

② CP1. 19.

③ Paul D. Forster, "Peirce and the Threat of Nominalism," *Transactions of the Charles S. Peirce Society*, 1992, 28 (4): 692.

争中,皮尔士把中世纪共相问题与现代哲学中的自然种类词、一般法则、科学预言等主题关联起来,并表现出强烈的反唯名论倾向。从常识和科学来看,通常如果某种预言趋于实现,我们必定是说未来事件趋于符合某种一般法则;但这时唯名论者常常会责难:"哦,这种一般法则不过是纯粹的单词或几个词语!"对此,皮尔士敏锐地做出一位实在论者的答复:"没有人会想到否认所谓一般性东西在本性上乃一种一般符号,问题是,未来事件是否会与其相符。如果符合的话,你的形容词'纯粹'似乎就用错了。"①皮尔士强调,未来事件所趋于符合的法则事实上是重要的东西,它是那些事件发生过程中的一个重要成分。法则或共相不可能在现实世界得到完全实现,而且它们并非我们思想活动的产物,我们只能说以自己的思想理解它们,而绝非创造它们。根据皮尔士关于第一性、第二性、第三性等三种存在模式(modes of being)的区分,法则或共相所代表的实在性虽然不是唯名论者所设定的那种第二性存在模式即实存(existence),却属于典型的另一种存在模式即第三性。有关第三性在皮尔士连续主义哲学中的重要地位,我们下文将详细谈到;这里,我们可以先行指出的是,"连续性完全代表了第三性"②,法则、共相等一般性的存在模式与皮尔士关于连续性的存在具有深度一致性,因为皮尔士告诉我们:"在关系逻辑看来,一般性被认为正好就是连续性。因此,有关连续体之实在性的学说就是经院学者称为实在论的那种学说。"③有关皮尔士的反唯名论与连续性观念之间的密切关系,至少体现在以下两个方面。

第一,根据唯名论,所谓法则只是对现有存在物进行概括而得出的一种相似性;而根据连续性原则,法则作为一种连续性,它所涉及的情形绝不限于过去或当前的已有存在物,而是更多涉及未来时间。我们前面已经知道,皮尔士认为真正的连续性是永远未完成的,因为其指向无穷尽的未来可能性;与此同理,法则所要表达的也涉及所有时间(不仅过去,更有未来)中的经验,它特别指向未来一系列尚不确定然而却能确定的法则例示。我们有时发现唯名论者反对"法则"

---

① CP1.26.

② CP1.337.

③ 转引自 Jérôme Havenel,"Peirce's Clarifications of Continuity," *Transactions of the Charles S. Peirce Society*,2008,44(1):112.

(law)一词而更愿意采用"齐一性"(uniformity)这个词。这正是因为,在唯名论看来,"法则"所表达的仅仅是有可能发生的东西,而只有"齐一性"才表示实际发生的东西。① 也就是说,在唯名论者那里,所有真实的都只局限于现存的,由此也不难想象"唯名论者告诉我们,我们不能对于无穷进行推理……因为他们对于无穷的推理好似它是有穷的一样"②。但在皮尔士那里,由于存在模式得以拓展,法则或共相作为一种实在性成为引领我们探究的"最终意见",它就绝非局限于现状、与未来预期无关的一种"相似性"。所谓一般法则,所谓共相,其实就是一种潜在集合体(potential aggregate),它"仅仅包含'准许'个体得以确定的一般条件"③。"简言之,一般性这一观念所涉及的是一种可能变化(possible variations)观念,其中的变化可能性没有任何数量的现存事物能够穷尽,而且在任何两种可能性之间都会留下不仅仅是'许多的'可能性,而且是绝对超出所有数量的可能性。"④在某种意义上可以说,所谓具有"齐一性"的自然种类中,其成员之间的差异特征远远多于它们之间的相似特征。譬如,"马"这一观念,虽然可以在你我所能发现的马匹中总结出一些"齐一性"特征,但我们总是有可能在别处或在将来发现不具有这些"齐一性"特征的"另类"马匹。马作为一种共相,它是自然的、实在的种类词,但并不具有绝对的、现成的"齐一性",其要义只是在于连续性。总之,作为连续性,我们很容易理解:共相或法则等一般事物"涉及所有可能的东西,而非仅仅涉及所碰巧存在的那些。任何事实的集合都不能构成法则;因为法则超越了任何已实现的事实,而决定着'有可能的'(may be)事实(但绝不会'全部'发生)何以得到刻画"⑤。

第二,如我们在休谟那里所看到的,唯名论坚持把相互独立的个体存在作为认识论由以出发的、类似反省直觉一样的"先验基础",但根据连续性观念,连续统中不存在作为最终部分的所谓"逻辑原子"。实在论与唯名论所争论的真正问题是:"到底是'人''马'及其他自然种类的名字符合所有人或所有马实际上共同

---

① CP1. 422.
② CP1. 165.
③ CP6. 185.
④ CP5. 103.
⑤ CP1. 420.

拥有的某种独立于我们思想的东西,还是这些种类只是由一种相似性而构成:我们的心灵以此方式受到个体对象的影响,而对象本身并无任何类似或关系。"①这里,与前面对法则的相似性刻画相连的一点是,唯名论把个体对象本身看作彼此毫无关系的,并把此种独立的个体对象作为认识的基础。但唯名论的这种设定却产生了许多糟糕后果,其中一个特别突出,就是"芝诺难题"。譬如,既然乌龟在阿基里斯之前一段距离起跑,而且在这段距离上有无穷多个孤立的点,我们该如何理解阿基里斯能在有限时间内穿过这些无穷多个点呢? 对此,皮尔士指出:"芝诺的所有论证都在于假定连续统具有最终的部分。但连续统却正好是说,其每一部分都在同样意义上具有部分。"②也就是说,正如直线上不存在孤立的最终不可分的点一样,时间、空间也不包含任何独立个体,它们都是一种连续性。而既然是连续性,就不存在所谓逐一跨越每一个独立点的难题了! 对于承认连续性观念的实在论者来说,法则与其示例或表现形式之间的关系,犹如直线与其可能点位之间的关系。或者可以说,作为连续统,法则与直线一样是本身真实的、第一位的东西,我们已经看到的各种表现某法则的已实现形式也只是像线上可能点位一样的东西,其本身并非最终不可解释的"先天基础"。而且,由于每一单个对象或事实并不具有截然可分的独立性,因此特别需要指出的是,未来出现的所谓"不合规则的特例"(如 7 条腿的牛犊)并不能构成对法则的"违背",因为法则作为一种连续统,其表现形式本身就是不确定的。正如皮尔士所说,"在每一处可能会被安置点的地方,都存在一个可能的或潜在的点位,但这只是可能会有的东西因此必然是未确定的(indefinite)"③。

"一个心灵如何作用于另一心灵,一个物质粒子如何作用于远处的另一物质粒子? ……唯名论的一个特征就是,它一直假定事物是绝对不可解释的。这阻碍了探究之路。但如果我们采用连续性理论,便可避开这种不合逻辑的困境。"④皮尔士对于唯名论唯实论之争的处理,无疑是独特的。他曾指出:"我把

---

① CP8. 12.
② CP5. 335.
③ CP6. 182.
④ CP1. 170.

自己称作一位经院特征的亚里士多德主义者,但更多是朝向一种经院实在论。"①皮尔士所谓的经院实在论正是从以上连续性原理理解共相、法则等一般事物所得来的结论,或"包含真正连续性"的关于共相之地位的一种假说。

三、知觉理论及可错论

连续性原则在皮尔士哲学中的另一主要应用领域是知觉理论。皮尔士主张我们可以直接地观察外部世界,却反对把心理学上的感觉印象作为知识的唯一来源。在他看来,观察(包括外部观察和内心观察即内省)即知觉经验(percipuum)是我们获取知识的第一步,其中有两个密不可分的方面,即觉象(percept)和知觉判断(perceptual judgment)。前者是观察者最初所接受的一种图像,它是对于外部对象刺激的直接反应,因而是无对错可言的,但却作为我们所有推理(逻辑思想)的起点;后者则涉及对以外部觉象所呈现的现象的一种解释或言说,它已经进入思想批判或语言表达领域。更重要的是,皮尔士知觉论的特色在于:觉象和知觉判断之间的界限仅仅是概念上的,实际上二者之间有一种自然的过渡,因而可以说,每一种觉象都是在知觉判断中得到解释的,而每一种知觉判断都只是一般化的觉象。譬如:"我在桌上看到一个墨水瓶:那是一种觉象。从不同的方向看,我得到一种不同的墨水瓶觉象。它与前一种合并起来。我所谓的墨水瓶是一种一般化的觉象,是一种由诸觉象而来的准推断,或许我可称之为诸觉象的合成相片。"②在另一处,皮尔士更加明确地指出觉象和知觉判断共存共现的这同一种过程。他说:"除非依据知觉判断,我们对觉象毫无所知,只能说我们感觉到它的冲击、它对我们的反应;我们看到其内容被设计成为一种总体性对象——当然这并不包括心理学家能够根据推断所了解到的东西。但只要我们把心思集中于其上并对觉象做一点点'思想',那就是知觉判断在告诉我

---

① CP5. 77 n. 1.

② CP8. 144.

们如此所'知觉到'的东西。"①最终，皮尔士把这种知觉经验看作一种同时涉及过去、现在和将来的连续统。他说："连续性是在知觉中所给予的，就是说，不论潜在的心理过程如何，我们似乎是在感知一种真实的时间流，以至于诸瞬间相互融合，而不再有单独的个体性。"②正如时间中不存在单独瞬间而永远是连续性时间一样，我们的意识也不存在单独的"点状"知觉，一切知觉都是一种连续性，在经验中总是一个知觉紧接着另一知觉，我们有时所谓的直接感觉都只是在无穷小期间所具有的知觉。可以说，在所有的知觉判断中都存在着记忆的模糊性和预期的一般性："当前时刻若看作一个整体就会是一种高度对抗性的时间流逝，而且似乎是绝对如此的，但当仔细看待时，就不再是绝对那样了，其早期部分多少有点像是记忆，带有一点模糊性，而后期部分多少有点像是预期，带有一点一般性。"③"正如阿基里斯并不需要他被认为要做出的一系列分别努力，形成知觉判断的这种过程也是如此，因为它是潜意识的因而不接受逻辑批判，不必做出分别的推理活动，而只要在一个连续过程中完成活动。"④

在把时间作为知觉进程的一个构成成分从而引向连续主义论题的同时，皮尔士更多则断言"知觉判断中包含有一般性成分"⑤，"一般性、第三性涌现在我们的知觉判断本身"⑥。如前文所述，由于连续性作为一般性或第三性，其中内在地具有不确定性，皮尔士的这种做法把连续性原则更直接地引向一种可错论的知识理论。正如他所说的，"连续性支配着整个经验领域中每一个成分。因此，每一命题除非涉及难以企及的经验极限（我称之为'绝对'），否则它都会带有一种不确定的限制；因为与经验毫无关系的命题是不具有任何意义的"⑦。"彻底的连续主义不允许我们说三角形的内角和精确地等于两个直角，而只能说它等于该数量，但增加或减少了某个对所有三角形来说都过于微小而使得我们难

---

① CP7. 643.
② EP2：238.
③ CP7. 653.
④ EP2：227.
⑤ EP2：227.
⑥ EP2：207.
⑦ EP2：1.

以测度的量。我们一定不能接受这样一个命题，即空间精确地具有三个维度，而只会说任何处于三维中物体的运动大多是极其精微的。我们一定不能说现象是完全有规则的，而只能说它们的合规则程度真的非常之高。"①事实上，皮尔士专门谈及连续性原则与可错论学说的自然关联，他说："连续性原则就是客观化的可错论观念。因为可错论认为我们的知识从来都不是绝对的，而总是在游动，似乎是处在一个不确定性(uncertainty)、不明确性(indeterminacy)的连续统之中。而连续性学说则正是说，所有事物都是如此游动在连续统之中的。"②也正是由于连续主义这一论题，皮尔士坚持把"某给定法则是绝对精确的"作为一种不适合持有的假说。③ 他把"绝对的确定性""绝对的严格性""绝对的普遍性"从所有关于事实的推理中驱逐出去，"通常提出作为机械因果之证据的那些观察结果实际上不过是表明，在自然中存在一种律则成分，而根本不涉及这种律则严格、普遍与否的问题"④。"没有任何经验问题能够以绝对的精确性得以回答，因此我们永远没有到理由认为，某个给定观念将或毫不动摇地得以确立或永远被破除。"⑤

无论如何，正是在作为知识之源的知觉中存在固有的连续性、模糊性和不确定性，皮尔士才更加坚信："整体上，我们完全达不到任何完全的确定性或严格性。我们从来不能绝对地相信任何东西，也不能在任何概率上获知某种测量或一般比率的精确值。"⑥由此所导致的更一般化的哲学结论就是今天我们所熟知的可错论。这种可错论也成为皮尔士自己的哲学(科学)探索的一种基本精神，为了强调一切科学研究所应有的谦卑态度，他把这种可错论称为"懊悔型可错论"："实际上，一种懊悔型可错论，再加上对于知识实在性的高度信念以及对于探究事物的强烈渴望，我一直认为我所有的哲学都是由此而产生的。"⑦

---

① EP2：2.
② CP1. 171.
③ CP6. 174.
④ CP6. 46.
⑤ CP7. 569.
⑥ CP1. 147.
⑦ CP1. 14.

四、身心问题及客观唯心论

如果说当把连续主义应用到共相理论时我们看到了皮尔士的非原子主义本体论即经院实在论,当应用于知觉理论时我们看到了皮尔士的非绝对主义认识论即可错论,那么当我们将其应用于身心问题时便看到了一系列更加独特却彼此相联的狭义形而上理论,这些理论以反对身心二分为典型特征,涉及进化宇宙论、人格同一性、交往理论等相关论题,很多时候,皮尔士以"客观唯心论"来概括它们。

晚年,皮尔士在杂志《一元论者》上发表了形而上学系列文章,其中一个重要主题正是他独特的心灵理论。由于皮尔士的唯心主义路线,这种心灵理论远比我们今天所谓的心灵研究更为广泛,更具普遍性。皮尔士指出,面对笛卡尔主义有关心灵、物质二分理论的破产,我们被迫接受某种形式的万物有感论(hylopathy),而后者只有三种可能性,即一元论(中立论)、唯物主义、唯心主义。相比之下,唯物主义与科学逻辑以及常识都不一致,因为它要求我们设定某种最终的、难以解释的律则性;而中立论则直接可由"奥卡姆剃刀"加以否弃,因为它不必要地令物质和心灵同时成为首要的;结果,"唯一可理解的一种宇宙理论是客观唯心论,它认为物质乃衰微的心灵,根深蒂固的习惯可生成物理法则"①。这种认为物质不过是特殊化的、有点衰亡的心灵的观点,正是皮尔士连续主义在身心问题上的直接体现。不足为奇,这种客观唯心主义使得皮尔士的宇宙论哲学具有明显的目的论倾向,正如他所说,"连续主义者不会认同物理和心理现象是完全分开的——不论是属于不同的实体范畴,还是同一盾牌完全不同的两面——而只会坚持所有现象都具有某一特征,虽然有时这个特征更多为心灵上的或自发的,而有时更多是物质上的或有规则的。尽管如此,它们全都同样混杂着带有自由与约束,而后者允许它们(确切地说,使得它们)成为目的论的或有意

---

① CP6. 25.

图的"①。深入研究这种连续主义心灵理论将有助于我们更加深入把握哈克所谓自然科学与社会科学之间具有连续性的观点。②

皮尔士多次强调,我们所谓的物质并非完全僵死的,物理事件不过是退化的或未发展形式的心理事件。因此,凡是物质都具有感觉(feeling),所谓有生命的原生质不过是一种具有复杂分子结构的化学复合物,而在原生质内部"譬如阿米巴或黏菌,它与神经细胞并没有什么根本不同,虽然其机能可能不够专门"③。如果从哲学道理而非技术细节来看待皮尔士对宇宙进化的此种描述,则皮尔士实际上是把意识中的习惯看成比物质中的律则更容易理解的、更直接经验到的东西,因此主张应该由前者来解释后者,而非反之。在他看来,感觉和意识,与其说是需要解释的,不如说是用来解释他物的。皮尔士提出如此大胆的形而上学图景,其中一个主要论证基础便是,任何感觉都具有空间延展性以及由此而得来的感觉连续性。皮尔士指出:"由于空间是连续性的,因此在无穷小接近的心灵诸部分之间必定具有一种直接性的感觉共同体。我相信,若没有这一点,彼此外在的诸心灵就永远不可能变得协同,也不可能在大脑神经物质的行为中确立起某种协同性。"④他还断言:"应用于心灵现象的逻辑分析表明,只有一种心灵法则,即观念趋于连续性地伸展(spread)并对与其处于特定可感染(affectibility)关系的某些其他观念感染。"⑤事实上,皮尔士关于心灵的连续主义论题同时涉及物质与心灵的连续性以及物质法则与心灵法则的连续性两个方面,他以一种辩证法的口吻谈道:"物质除了作为心灵的特殊化,不具有任何存在。……但是……所有心灵或多或少都带有物质的性质。因此,若把物质的心理方面和物理方面看作绝对区分开的两个方面,就会是错误的。从外部来看待事物,考察它与其他事物作用与反作用的关系,它看起来就是物质。从内部来看待事物,考察其作为感觉的直接特征,它看起来就是意识。这两种看法可以组合起来,如果我

① CP7. 570.
② 参见 Susan Haack,"Not Cynicism, but Synechism: Lessons from Classical Pragmatism," *Transactions of Charles S. Peirce Society*, 2005 (2): 239-53。
③ CP6. 133.
④ CP6. 133.
⑤ CP6. 104.

们记得：机械法则不过是获得的习惯，就像是所有心灵律则性一样，包括养成习惯这一趋向本身；并且这种习惯之作用不过是一般化，而一般化不过是感觉的伸展。"①我们不必过多惊讶于这些宇宙论狂想，因为那都是皮尔士由连续性原则而引出的一种被认为行之有效的假说。"对于有生命的纯粹原生质的考察似乎表明，心灵或感觉在空间中具有连续的延展性。没人怀疑它在时间中的连续性，也没人怀疑某一瞬间的意识直接影响或覆盖到随后的瞬间。类似地，在某一空间点的感觉似乎在自身特性上（虽然强度有所减少）伸展至并吸收了其周边近点的诸多感觉。由此，感觉似乎直接作用于与之相连的感觉。根据连续性原则或准则，即我们应该尽可能设定事物为连续性的……我们应该假定在心灵的特征和物质的特征之间存在连续性，因而物质不过是具有牢固习惯的心灵，这致使它带有特别高度的机械律则或程序。假定这一点属实，心灵与物质之间的作用关系与处于连续统一中的心灵诸部分之间的作用并无任何本质不同，因而将直接受到心灵结合这一重大规律的支配，正如上面这一理论使得感知此规律支配一样。这种假说或许被称为唯物主义的，因为它赋予心灵一种公认的物质属性，即延展性，并赋予所有物质某种过于低等的感觉，以及某种获得习惯的力量。但它与唯物主义的本质差别在于：它不是假定心灵受到盲目机械法则的支配，而是假定那个所公认的心灵法则即结合律乃最初的唯一法则，各种物质法则被看作不过是其特殊的结果。"②皮尔士相信，这种假说不同于唯物主义的假说，相比之下，更能被自然科学的研究证明为"一种具有高度容贯性的、合法的有效假说（working hypothesis）"；若非这样，许多事实将彻底无望得以说明。毕竟，对于科学理论价值的最好检验就是看它能在多大程度上解释现象。

皮尔士关于心灵的连续主义理论还涉及人格同一理论和交往理论。皮尔士把人格（personality）作为我们自身意识中的一种突出现象，他说："一般观念的意识在其中具有某种'自我统一性'，当一般观念由一个心灵传递至另一个心灵时，这种意识保持同一。因此，对人来说也是非常类似的。实际上，人不过是一

①　CP6. 268.
②　CP6. 277.

种特殊的一般观念。……每一种一般观念都具有人的同一性生命感觉。……对人的存在来说，唯一必要的就是他由以构造而成的那些感觉紧密相联而足以相互影响。"①"人格如同任何一般观念一样，并非一种可瞬间予以把握的东西。它必须居于时间之中；任何有穷时间都不能包含其全部。不过，它出现在、活在每一无穷小期间，虽然由于当时的直接感觉而具有特别色彩。在某一时刻所把握的人格乃直接的自我意识。"②由于时间的连续性，皮尔士还强调，指向未来乃人格的核心要素，"如果一个人的目的已经明了，就会没有什么发展、成长、生活的空间了，因而也就不会有任何人格了。仅仅执行预定意图，那是机械式的"③。现在，如果我们将此种人格理论继续拓展，也就是说，如果我们把感觉的一般化不停留于一个人自身，便得到一种连续主义的交往理论："一个人认识到另一个人的人格，其发生方式在某种程度上与他意识到他自己的人格所凭借的手段是一样的。有关第二个人格的观念，大致也就是说这第二个人格本身，其进入第一个人的直接意识之内，而且被作为他的自我而被直接感知到，虽然不那么强烈。与此同时，这两个人之间的对立也被感知，结果第二个人的外部性也被认识到。"④由此，在皮尔士看来，自我与他人之间至少在感觉层面存在一种天然连续性，连续主义者必定不会说"我完全是我自己，跟你没有任何关系"，共同体乃放大的自我。"所有从心灵到心灵的交往都是通过存在的连续性而进行的。"⑤"团队精神、民族情感、同情心并非只是隐喻词。我们没有人能完全意识到那些团体心灵是什么，就如我们任何一个脑细胞都不能知道整个大脑在想什么。但心灵法则明确指出有这样的人格存在，而且有许多日常观察……也显示出有此种大写人物在影响个体。"⑥

---

① CP6. 270 - 1.
② CP6. 155.
③ CP6. 157.
④ CP6. 160.
⑤ CP7. 572.
⑥ CP6. 271.

五、结束语

行文即将结束,很多人不免生疑,皮尔士的连续主义哲学不就是黑格尔客观唯心主义的翻版吗?对此,笔者要欣慰地说,的确皮尔士的立场并非毫无历史渊源的个人臆测。皮尔士本人也毫不避讳自己对于黑格尔的高度评价,尽管他明显对于哲学与科学的割裂表示遗憾:"黑格尔把连续性的重要性作为他的主要论题,却对科学家不屑一顾,而三个世纪以来数学家和物理学家所主要致力于贯彻的正是那样一种思想。这使得黑格尔的工作本身并不如其原本可能的那样正确和完美;与此同时也掩盖了它与种族生活首先存储于其中的那种科学思想的真正密切的关系。这是黑格尔主义的不幸,'哲学'的不幸,也是(在较小的程度上)科学的不幸。"①他坦率承认,连续性乃"黑格尔那里最令人满意、最有活力的东西"②,甚至说:"我的哲学复苏了黑格尔,虽然披着陌生的外衣。"③但是,皮尔士连续主义绝非对某种历史古董的简单翻新,问题的另一方面往往是更重要的。

对于自己哲学与黑格尔客观主义主义的区分,皮尔士始终有着清醒的认识,那就是:黑格尔的连续主义哲学只有第三性(理性、思想等),而忽略了第一性(感觉等)、第二性(行动、事实等)的经验要素,或者说试图把第一性、第二性还原为第三性。正如他所说的,"第三范畴……乃实在的基本成分,但其并不能独自构成实在,因为没有行动……这一范畴就不会有任何具体存在,就不能成为加以管辖的独立对象,正如行动若没有作用于其上的直接感觉便不会存在一样。事实是,实用主义与黑格尔的绝对唯心主义是紧密相连的,然而它与其之间的分化在于,它强烈反对说第三范畴(黑格尔将其降至一种单纯的思想阶段)足以构成世界,甚至说是自足的。如果黑格尔不是轻蔑地看待前两个阶段,而是认为它们乃三位一体实在(the triune Reality)中独立或分别的成分,实用主义者或许会将

① CP1. 41.
② EP2:520 n5.
③ CP1. 42.

他高看作他们学说的伟大辩护家"①。在另一地方,皮尔士也从不同的侧面指出,黑格尔客观唯心论的失误在于,其只承认必然性的演绎推理,而忽略或然性的归纳推理和假说推理,从而导致以"一定"(must be)替代"可能"(may be)的、呆板的、无自由空间的事件逻辑。② 总而言之,"连续主义者不会否认存在一种不可解释的最终东西,因为它是直接作用于我们身上的;他也不会拒绝由此种经验出发进行概括。不从经验强加于我们的东西出发进行概括,这是与连续主义者自己的原则十分相悖的。"③

正是由于皮尔士哲学与黑格尔立场的这些分野,皮尔士的连续主义并不局限于一种封闭的思辨体系,而能够成为与现代科学精神相一致并可同时包容实在论、可错论和唯心论等合理内核的健全哲学图景。毋庸置疑,相对于流派各异的实用主义,创始人皮尔士的实用主义版本至今仍是最具特色、最有魅力的一种。之所以如此,可说的有很多,但其中至少有一点是:站在哲学前辈的肩膀上,皮尔士凭借连续主义这根理性纽带,把实在论、可错论、唯心论等这些通常分属不同哲学家的基本观点交织共融,从而开创了美国本土第一个真正具有原创性的哲学思潮——实用主义。

[本文为教育部人文社会科学研究规划基金项目(批准号 17YJA720005)、上海市浦江人才计划资助项目(批准号 17PJC036)的阶段性成果]

---

① CP5. 436.
② CP6. 218.
③ CP6. 173.

从康德到皮尔士：继承与超越

孙　宁　复旦大学哲学学院

在第一次明确提出"实用主义"的著名讲座中(《哲学概念与哲学后果》,加州伯克利大学哲学协会讲座,1898 年),詹姆士将英国经验论视为皮尔士的理论出发点:"在研究一个概念时,伟大的英国方式就是问自己如下的问题:它的兑现价值是什么？皮尔士先生只是用明确的准则对此加以表达。"[1]基于这样的解读,他将皮尔士的实用主义准则表述为:"思维的灵魂和意义……只能将自己引向信念的制造。……当我们关于一个对象的思维变成信念时,我们就可以坚定而安全地开始行动了。简言之,信念是行动的准则,思维的全部功能不过是制造行为习惯中的一个步骤。如果思维中任何一个部分不再对思维的实践后果产生不同的影响,那么这个部分就不再是思维意义的恰当元素了。"[2]

皮尔士并不同意詹姆士对他的解读。他认为自己的实用主义起源于他在研究康德的过程中所做的反思。他在一段自传性文字中告诉我们:"我读到的第一批严格意义上的哲学著作是德国古典哲学,它们的许多思维方式深深地影响了我,我永远没能完全摆脱。……在三年多的时间里,我一天花两个小时来学习康德的《纯粹理性批判》,直到我熟记了整本书,并批判地检查了它的每一个部

---

① WWJ1：268. 参见 William James, *The Works of William James*. eds. F. H. Burkhardt, F. Bowers, and I. K. Skrupskelis, 19 vols. Cambridge, MS: Harvard University Press, 1975 – 88。对该文献的引用遵循惯例,以缩写加卷数加页码为引用形式。

② WWJ1：259.

分。"①这一表述提示我们,皮尔士的思想并不是像詹姆士所说那样是从英国经验论出发的,而是以康德为背景的。尽管从宽泛的意义上来说,古典实用主义是新康德主义运动的一部分,但与詹姆士和杜威相比,皮尔士无论是在思想气质还是在理论路径上都明显更接近康德。正如罗蒂所指出的,皮尔士认为"哲学给了我们一个涵盖一切的非历史性语境,每一种话语都能在这个语境中找到适当的位置和等级。詹姆士和杜威反对的正是这样一种康德式预设,即有这样一种语境存在,并且可以通过认识论或语义学发现它"②。

尽管皮尔士和康德之间的亲和性是一个不争的事实,但澄清皮尔士和康德的关系并不是一个简单的任务。本文试图揭示和刻画皮尔士与康德在理论上的深度关联,并从三个方面具体阐明皮尔士在何种意义上对康德进行了继承和超越。这三个方面分别是:从殊相的实在进展到共相的实在,从知性范畴进展到自然法则,从个体意识进展到普遍心灵。最后我们将给出一个简明的结论。

从殊相的实在到共相的实在

在 1903 年的哈佛讲座中,皮尔士指出了《纯粹理性批判》中包含的三个环节:第一个环节是认识到"我们所有的知识必须永远和人类经验以及人类心灵的本性相关";第二个环节是,一旦我们认识到"每个逻辑形式和认知形式都本质地包含了概念",就必须接受"概念对一切可能经验的有效性";第三个环节是认识到"外在对象的存在只是一个编造的故事,可能经验的唯一对象是我们自己的观念"。但皮尔士指出,第三个环节并没有否认我们可以拥有关于物自体的直接经验,而是说我们无法将形而上学概念应用于可能经验的界限之外。换言之,"我们关于物自体的知识是完全相对的,但所有经验和知识的对象都独立于我们

① CP1. 4.
② Richard Rorty, *Consequences of Pragmatism*. Minneapolis: University of Minnesota Press, 1982, p. 161.

对它们的表征"①。先验辩证论的关键任务是在来自对象的部分和来自概念的部分之间保持平衡,在皮尔士看来,康德并没有最终完成这一任务。康德试图用物自体的设定将问题悬置起来,这一步骤阻止了他对第三个环节的后果进行彻底的思考,从而使他必须"很大限度地从先验辩证论的立场撤退"②。

皮尔士指出,康德的这一缺陷是有可能得到弥补的,这里的关键在于更新对实在的理解。康德在现象层面上理解实在,在这一点上,他并没有跳脱传统经验论,因为他认为此时此地(hic et nunc)的感觉直接指明了"这一个"(haecceitas)实在本身。皮尔士则建议,我们对实在的理解不应该停留在作为殊相的个别现象上,而应该进展到作为共相的一般思维进程上。基于这一思路,我们在思维内部就可以阐明对象的实在性,而不需要诉诸对象之外的物自体。皮尔士将这一思路称为"经院实在论"(scholastic realism)。

需要指出的是,皮尔士并非从一开始就是实在论者。他在12岁时读了惠特利(Richaed Whately)的《逻辑要素》,在该书的影响下,早年的皮尔士是康德意义上的唯名论者。从唯名论到实在论的转变突出体现在1868年至1869年的"认知系列"中。在1871年的《贝克莱评论》中,皮尔士进一步明确了唯名论与实在论之间的区分以及自己的立场选择。他指出,区分唯名论者和实在论者的关键问题是:何谓实在?唯名论者认为实在必须是"灵魂外的物"(res extra animam),而实在论者则认为"真判断中的直接思维对象是实在的"。③ 换言之,唯名论者只相信物的客观性,而实在论者则"相信所有必然概念的客观性,这些必然概念包括空间、时间、关系、原因等类似概念"④。

我们可以从皮尔士为《世纪辞典与百科全书》所写的词条中找到他对唯名论与实在论做出的更为清晰的界定:一方面,唯名论"认为不存在一般性,只存在名称的理论。更为具体地说,唯名论认为像人、马这样的通名所代表的一般性并不指向实在事物,这些通名的存在只是便于让我们同时指称很多事物,或者最终

---

① CP6.95.
② CP6.95.
③ CP8.17.
④ CP8.16.

只是人类思考所必需的。（唯名论是）个体主义。"另一方面，实在论："（1）坚持认为自然分类的本质以某种模式存在于实在事物中的逻辑学家，这种逻辑学家是与唯名论者相对的经院主义实在论者；（2）相信外在世界的实际存在独立于所有关于它的思维，至少独立于任何个体思维或任何数量的个体思维的哲学家。"①上面的界定清楚地阐明了皮尔士所持的经院实在论立场：第一，法则是实在的；第二，实在意味着独立于任何个体思维，因此实在并不是思维的对立面，而是个体思维的对立面。在皮尔士看来，唯名论的主要问题并不在于坚持个体性，而是在于忽视了个体之间的关系。皮尔士在一篇未发表的文章中写道："实在论与唯名论的问题在哪里？我觉得没人会反对如下的定义：什么是最好的，法则，还是法则之下的事实？"②唯名论者只关心事实，而实在论者不但处理事实，还试图把握法则。用皮尔士的范畴来说，唯名论者只停留在第二性，而实在论者则试图进展到第三性。

但皮尔士并没有停留在这里，他试图将他的实在论从经院哲学语境推进到符号语境：实在是互释的符号进程中得到的共相，而这种共相作为符号马上又进入接下来的互释进程中。我们可以将这一立场称为符号实在论（semiotic realism）。根据这一立场，实在本质上是由符号共同体在无限的互释进程中建构起来的关系序列，在这个过程中，个别符号的存在（existence）并不是关键性的，符号之间的交互延展（co-extension）才是关键性的。正如皮尔士所指出的，"实在概念的起源表明这一概念在本质上包含一个共同体的观念，这一共同体没有明确的界限，但能够促成知识的明确增长"③。这样的实在观具有两个特征：首先，实在是朝向未来的；其次，实在是属于共同体的。皮尔士在"认知系列"的第二篇文章《四不能的一些推论》（"Some Consequences of Four Incapacities"）中明确指出这一点："任何真实的东西都是我们最终所知的完整信息的理想状态，因此，实在依赖于共同体的最终决定。而思维也只是基于它引出了一个未来的思维而存在，后者的价值在于与前者一致，但又发展了前者。以这种方式，现在

---

① EP1：xxiv.
② CP4. 1.
③ CP5. 311.

的思维依赖于之后的思维而存在,因此,思维的存在只是潜在的,它依赖于共同体的未来思维。"①

通过由经院实在论发展而来的符号实在论,皮尔士最终取消了现象与本体的康德式区分。我们可以从以下两方面来把握皮尔士对康德的这种超越。第一,表象并不和实在对立,它们都是符号进程中的暂时阶段,表象与实在之间的静态二分被替换为既有符号进程和未来符号进程之间的区分,对象的客观性不再以主体的先验规定性为根本前提,而变成符号进程的最终结果。第二,对象的实在性就不再是认知的起点,而是认知的终点,这样一来,实在不再是认知的对象,而是可认知性(cognizability)本身。皮尔士在"认知系列"的第一篇文章《关于人的某些官能的问题》中指出:"与任何认知相对的只有未知但可知的实在,而与所有可能认知相对的只有矛盾。简言之,(最广泛意义上的)可认知性和存在不仅在形而上学上是相同的,而且是同义的概念。"②无论是就取消表象和实在的区分而言,还是就将存在等同于可认知性而言,皮尔士的思路都让人联想到黑格尔对康德的改造,正是在这个意义上,皮尔士说自己的哲学可能是"披着奇怪的外衣复兴了黑格尔"③。但我们也应该看到,皮尔士和黑格尔之间存在非常关键的分歧,比如,前者的符号进程(semiosis)是无限敞开的,而后者的辩证环节(moment)则处于朝向绝对的必然历程中。这些分歧已经处在本文的论题之外,但皮尔士和黑格尔的"交集"至少说明,他们都在"后康德"的语境中尝试解决他们认为康德未曾解决的问题。

康德试图寻求一种能够包容常识实在论的先验观念论。皮尔士深刻认识到这一任务的困难之处,他指出:"并不存在不和心灵相关联的物自体,虽然和心灵相关联的事物无疑是处于这种关系之外的。"④但皮尔士建议我们重新理解实在的这种外在性:"实在意味着什么?当我们发现有不真实和错觉存在时,也就是说,当我们第一次纠正自己时,首先必须拥有实在的概念。这一事实在逻辑上只

---

① CP5. 316.
② CP5. 257.
③ CP1. 42.
④ CP5. 311.

要求一个区分：一方面是与私人的内在决定和属于个人习性的否定相关的存在（ens），另一方面则是处于长期运作中的存在。因此，实在就是信息和理性推理迟早会得出的最终结果，它独立于你我的奇想和怪行。"①较之于其他实用主义思想家，皮尔士有一个极端的观念，他相信只要给予足够长的时间，探究共同体最终一定会达成一个"最终意见"（final opinion）。在皮尔士的语境中，作为探究活动最终产物的最终意见就是实在的最终表达，这种实在外在于任何个体，但内在于探究共同体。

在探究共同体的语境中，主体活动进展为符号进程，殊相的实在进展为共相的实在。皮尔士试图通过这一步骤将让康德从唯名论者转变为实在论者。他在1903年的哈佛讲座中指出，虽然康德是一个唯名论者，但是"如果康德读过邓·司各脱，他就会坚持实在论立场，这样他的哲学就会变得更坚实，更一致，更有力"②。因此，在皮尔士看来，从康德到实在论者仅一步之遥。这里的关键步骤在于认识到不可知性的本质不是物自体，而是个体的有限性，并且，这个意义上的不可知性并不是无法逾越的，它可以通过对康德的批判哲学进行再次批判加以克服，这种批判要求我们从主体层面进展到共同体层面。皮尔士在他生前未发表的文章《实用主义》（1905年）中写道："康德（我对他不止是赞赏）不过是一个有些困惑的实用主义者。……只不过实用主义者（在康德的训练下）的定义在某种意义上比康德更为明确：他们明确指出有多少心理成分是来自个体心灵的（认知出现于此个体的经验中）。这种常识主义批判了批判哲学，并认识到自身与康德的联系，因此完全可以自称为批判的常识主义。"③

从知性范畴到自然法则

皮尔士的学生韦斯（Paul Weiss）曾指出，皮尔士体系的核心在于他的范

---

① CP5. 311.
② CP1. 19.
③ CP5. 525.

畴理论。① 我们认为,这一判断是正确的,而帮助皮尔士认识到范畴之重要性的正是康德。皮尔士在 1898 年回顾道:"至少就《纯粹理性批判》中的先验分析论而言,60 年代早期我是康德的热情拥趸。比起西奈山的训诫,我更加毫无保留地相信判断功能表和范畴表。"②

皮尔士第一次完整阐述他的三元范畴理论是在《新范畴表》(1867 年)中,他还试图将这篇文章作为《大逻辑》(1893 年)的第一章,以此作为其整个逻辑理论的起点。《新范畴表》是皮尔士对康德的范畴理论进行批判性检查所得到的结果,但皮尔士并没有在这种批判性检查之后抛弃康德的基本思路,他在《新范畴表》的一开始就明确提出这个康德式的结论:"这篇文章的基础是已经建立的理论,即概念的功能是将感性印象的杂多还原为统一体,而概念的有效性在于,我们不可能在不引入概念的情况下将意识内容还原为统一体。"③鉴于此,"新范畴表"的"新"毋宁说主要体现在数量上:不同于康德的十二范畴和亚里士多德的十范畴,皮尔士认为自己的范畴表只需要三个范畴:第一性(firstness)、第二性(secondness)和第三性(thirdness)。事实上,康德的范畴表也或多或少地暗示了这种"三"的形式。康德告诉我们,每一类范畴表中的第三个范畴是前两个范畴的结合。"第三个范畴到处都是由该门类的第二个和第一个范畴的结合中产生出来的。"④在康德那里仅仅被暗示的思路——一种生成性视角下的形式三元论(formal triadism)——在皮尔士那里成为主导性的思路。

这种三元的形式可以追溯至皮尔士思想的发端处。1857 年,在读了席勒(Friedrich von Schiller)的《美育书简》后,皮尔士毫无保留地赞同席勒的核心观点:游戏冲动(Spieltrieb)是另外两种冲动——感性冲动(Sinnlicher Trieb)和形式冲动(Formtrieb)——完美平衡的结果。⑤ 1861 年,皮尔士试图用我(I)、它

①　Paul Weiss, "The Essence of Peirce's System," *Journal of Philosophy*,1940 (37):262.

②　CP4. 2.

③　CP1. 545.

④　Immanuel Kant, *Critique of Pure Reason*. Cambriage:Cambriage University Press,1998,p. 215.

⑤　W1:11.

(It)和你(Thou)来表达这种三元结构："思维(我、它和你)不能被独立地表达,它们必须相互关联,因为你就是它,它就是我。我向内看,它向外看,你同时向内和向外看。我流出(outwell),它流入(inflow),你汇流(commingle)。"①但这些只是皮尔士范畴理论的萌芽。

1904年,在写给韦尔比夫人的信中,皮尔士提到范畴学说的缘起可以追溯至他早年对于分类学(ideoscopy)的研究。他写道:"在进行了三或四年的研究之后,我很早(1867年——发表《新范畴表》的那年)就确信所有的观念都可以被归为三类:第一性、第二性和第三性。对于我和任何人来说,这类观念都是不令人愉快的。这么多年来,我一直在试图蔑视和拒绝它,但它从很早以前就已经完全征服了我。"②皮尔士在信中进一步解说这三个范畴:第一性是"感觉的质,或者是单纯的表象",它既可以被理解为黑格尔辩证法的第一个环节,又可以被理解为康德每组范畴中的第一个范畴;第二性是"一个事物作用于另一个事物之上的野蛮行动",之所以称其为"野蛮的",是因为这种行动中不存在任何目的和法则;第三性既不是一值的质,也不是二值的作用与反作用,而是"存在于符号、对象与解释性思维之间的三元关系",并且"其本身也是一个符号","它的基本功能在于让无效的关系变得有效,但不是将关系引向行动,而是建立起一种它们可以据此行动的习惯或一般法则"。③ 这三个范畴之间的关系是:"第一性是明确存在,不涉及其他任何事物的存在模式;第二性是只关涉第二范畴,而不关涉任何第三范畴的存在模式;第三性是将第二范畴和第三范畴相互关联起来的存在模式。"④皮尔士的构想是,第二性不能割去第一性独立存在,第三性不能割去第一性和第二性独立存在;并且,一个真正的第三性不仅需要包括第一性和第二性,还必须包括它自身,换言之,第三性本身可以进一步细分为第一性、第二性和第三性,而区分之后的每一性又可以进一步细分为第一性、第二性和第三性……从原则上来说,这一过程可以无限进行下去,并最终形成一个无限的符号系统。因

---

① W1：45.
② CP8. 328.
③ CP8. 329 - 32.
④ CP8. 328.

此,范畴理论最终指向的是符号学,它最终要研究的是无限的符号进程以及由这些进程构成的完整系统。

《新范畴表》可以说是上述构想的正式起点,但绝对不是皮尔士思想发展的终点。在《新范畴表》中,皮尔士以"主词-谓词"的模式来理解命题,并试图以这种模式来获取范畴,而这正是康德从亚里士多德那里继承而来的基本思路。大致而言,皮尔士的方法是:首先找出五个基本项——存在(Being)、质(Quality)、关系(Relation)、表征(Representation)、实体(Substance)。在这五个基本项中,存在和实体是主词的两种类型,而质、关系和表征则是谓词的三种类型。在亚里士多德那里,范畴的实质就是谓词,同样,皮尔士的三个范畴也是从谓词的三种类型推演而来的,他告诉我们,三个范畴"作为中介性概念可以被称为属性"①。在这三个谓词性范畴中,质离存在最近,它涉及基底(ground);关系处在中间,它涉及关联(correlate);表征离实体最近,它涉及解释项(interpretant)。这就是三元范畴理论的原型。②

但是,就是在发表《新范畴表》前后这段时期,皮尔士开始研究德·摩根(Augustus De Morgan)尝试建立的关系逻辑(logic of relations),并于1870年发表了著名论文《对一种关系逻辑标记法的描述,由对布尔逻辑演算概念的推广得来》,这篇论文是他对布尔(George Boole)的代数逻辑演算所做的改造,这一改造不仅是皮尔士早期逻辑研究的突出成果,也为他作为一个逻辑学家赢得了国际性声誉。对关系逻辑的研究让皮尔士意识到,有一些关系性命题无法被还原为"主词-谓词"的命题模式,这样一来,在后一模式下获取的范畴是否适用于这些关系性命题就变成需要质疑的问题。墨菲明确指出了关系逻辑对《新范畴表》的摧毁性意义:"一旦皮尔士完全掌握这种新逻辑,他就能很快找到问题的答案。《新范畴表》的论证是基于将范畴界定为将存在和实体统一起来的联结性概念,而寻找范畴的方法和范畴表的完整性正是基于这一界定之上的。但实体和存在的概念明确是从主词和谓词的概念中派生的。一旦承认命题不需要主词-谓词的形式,实体和存在就失去了它们的普遍性,范畴的普遍性也就失去了。……因

---

① CP1. 555.
② CP1. 557.

此,一旦承认这种新逻辑,《新范畴表》就完全垮台了。"①直到这时,皮尔士才开始真正超越康德的范畴理论。

这时的皮尔士开始严肃地思考下面这个问题:被康德视为经验之主观条件的东西是不是同时也是事物的特征？思考的结果是,他开始跳出"主词-谓词"的命题模式,在显象(phaneron)本身中寻找和探讨范畴。在 1885 年以后,皮尔士开始区分范畴的形式方面(formal aspect)和实质方面(material aspect),并尝试证明他的三元范畴可以在经验中得到应用。② 在 1905 年前后的一份笔记中,皮尔士这样写道:"我们发现,显象中先天地存在三个范畴,这三个范畴是无法解体的元素。"③从 1905 年到 1906 年,皮尔士在《一元论者》上发表了关于实用主义的三篇文章(这一系列没有完成)。他在《为实用主义辩证的序论》(1906 年)中建议用"predicaments"而非"categories"来指称范畴,前者是"谓词的谓词"(predicates of predicates),也就是说,是在对显象分析后做出的归纳。④ 我们可以从这些论述中看到,皮尔士对范畴的理解已经超越康德式的形式范畴。关于这一点,最有力的证据是皮尔士在 1905 年给《新范畴表》增加的一条新脚注:"首要问题……是思维的基本范畴是否真的依赖康德断言的形式逻辑。我彻底地确信这一关系真的存在,也必须存在。在一系列探究之后,我认识到康德不应该将自己限制在命题或'判断'(德国人会混淆这两者,将命题称为判断)的各部分当中,而应该考虑到所有符号在形式上的一切基本和重要不同,最为重要的是,他应该考虑到基本的推理形式。"⑤

这些探索引导皮尔士得出超越康德的重要结论:范畴不仅是思维层面的,而且必须是存在层面的。在康德的体系中,范畴是纯粹知性的先天形式,范畴的运用应作为可能经验的先天形式严格地限制在经验领域。这种限制是双方向的,范畴必须向前和与对象发生直接关系的纯粹直观形式(感性的先天形式)区

---

① Murray G. Murphey, *The Development of Peirce's Philosophy*. Cambridge：Cambridge University Press, 1961, p. 153.
② CP1. 299, 1. 301, 1. 452.
③ CP1. 299.
④ CP4. 549.
⑤ CP1. 561.

分开来,又必须向后和作为理性先验要素的先天理念区分开来。保证对象实在性的感性被动性是前一区分的根源,而后一区分指明范畴是对经验对象进行思维的一般形式,它们虽然也指向超感性存在物,但永远不能规定后者。这两个方向上的限制让康德的范畴理论只在认识论基础上,而非本体论上有效。换言之,范畴不是对象形式,而是对象思维的形式;范畴也不是某类存在,而是关于存在之判断的规则。皮尔士指出,范畴的本质并不是知性运用的限制性概念,而是存在的基本模式。"所有范畴都假装指出一种思维方式,而科学的可能性却取决于下面这个事实:人类思维必然分享了遍及整个宇宙的特征,其自然模式倾向于变成宇宙的行为模式。"①他还指出:"范畴表是通过对思维进行逻辑分析得到的、能够应用于存在的概念表。这一描述不仅适用于我所发表的范畴表⋯⋯还适用于亚里士多德和康德的范畴表。"②基于这样的理解,范畴不再只是思维的工具,而是反映了实在本身的特征,或者说就"是"实在本身。换言之,范畴不应该只停留在"应当"(ought)的层面,而应进展到"是"(is)的层面,它不应该只是思维的范畴,还应该是实在的法则。并且,在皮尔士那里,作为实在法则的范畴甚至比实在本身更为实在。他指出:"存在的目的和最高的实在是进化所产生的观念的活生生的人格化。真实的东西是较不真实的东西的法则。"③概而言之,一旦开始在存在的层面上理解范畴,康德的逻辑在皮尔士眼里就变成一种需要受到批判的心理学。④

从某种意义上来说,皮尔士的这一步骤是对亚里士多德传统的回归,在主体转向之后的近代认识论语境中,这个传统被完全抛弃了。和亚里士多德一样,皮尔士试图将范畴和事物的实存联系起来,并试图从康德式的概念性范畴(conceptual categories)转向亚里士多德式的实体性范畴(substantive categories)。但是,在超越康德的同时,皮尔士并没有回到亚里士多德。他和亚里士多德在范畴观上的相似性只是表面上的,它们之间存在着根本性的分歧。

---

① CP1. 351.
② CP1. 300.
③ CP1. 487.
④ CP1. 374;CP2. 157.

首先，在皮尔士那里，范畴必须关涉经验的具体演化过程，他考虑的是范畴对经验的适用性，而作为形式主义者的亚里士多德（以及作为先验论者的康德）并不考虑这种适用性。其次，在皮尔士那里，范畴首先必须是生成性的，他关心的是第一性如何进展到第二性，第二性如何进展到第三性，第三性又如何本质地包含第一性和第二性，这种有机演化的范畴观并不在亚里士多德（和康德）的视域之内。

在皮尔士看来，一种关于"是"的范畴理论最终应该落脚于不断展开和生成的自然本身当中。范畴本质上并不是逻辑的范畴，也不是实体的范畴，而是自然的范畴。皮尔士指出："自然中真的有一般原则在运作。"①他还告诉我们，可以在自然中找到第一性、第二性和第三性。第一性是各种颜色、声音、气味等。第二性是"我们连续遭遇坚硬事实。我们期待一个事物，下意识地认为它是理所当然的，在心灵中形成关于它的形象，但经验将那个观念驱入背景，强迫我们以极为不同的方式思维"②。并且，"第二性极为坚硬而确凿。……它每天都强加在我们身上，它是生活的主要教训。当我们年轻的时候，世界是新鲜的，我们是自由的，但经验的教训却是由局限、冲突、限制和一般意义上的第二性所构成的"③。第三性则是各种自然规律，比如日月更替、四季交叠、动物的行为模式等。皮尔士有时会将自己的范畴称为"类毕达哥拉斯式的"（cenopythagorean）范畴，因为他敏锐地把握到了自己的范畴理论与毕达哥拉斯学派的亲缘关系：数字的主要功能并不是用来表示特别的量，而是普遍的自然法则。他还告诉我们，关于范畴的观念"必须在心灵中生长，每天处在高强度思维的热烈阳光下，这样的思维必须是明亮的、聚焦的、有目的的。你必须有耐心，因为果实要用很长的时间才能成熟"④。

上面这些探讨都来自于皮尔士的晚期文本，我们可以从这些探讨中看出，在超越康德式观念论语境的同时，皮尔士事实上已经回归美国的自然主义传统。在这个意义上，他和杜威是殊途同归的。杜威的做法是，在一种"经验/自然"的整体性视域中将经验的范畴等同于自然的范畴。皮尔士则试图阐明，符号进程

---

① CP5．101．
② CP1．324．
③ CP1．358．
④ CP1．521．

本质上就是自然进程,范畴本质上并不是理论的原则,而是自然的法则。限于篇幅和主题,这里我们无法对此做进一步的展开。

从个体意识到普遍心灵

在《四不能的一些推论》中,皮尔士提出一个贯穿其思想发展的核心观点:"思维只有在指向一个未来思维时才成其为思维",而人只有依赖于"共同体的未来思想"才成其为人。① 在这篇文章的最后,皮尔士写道:"个体的存在只表现为无知与谬误。离开了他的同伴,离开了他和同伴将来之所是,他不过是一个否定。这就是人,'骄傲的人,以为确知,其实无知。他如镜的本质(glassy essence)'。"② 皮尔士借用的隐喻"如镜的本质"出自莎士比亚《一报还一报》的第二幕第二场:"可是骄傲的世人掌握到暂时的权力! 却会忘记了自己琉璃易碎的本来面目! 像一头盛怒的猴子一样! 装扮出种种丑恶的怪相! 使天上的神明们因为怜悯他们的痴愚而流泪。"③1892 年,皮尔士再次借用这一隐喻。他在《一元论者》杂志上发表《人的如镜本质》一文,他在文章中指出:"个体不过是包含一般观念的符号。"④

显然,皮尔士的借用已经离开莎士比亚的原始语境。他试图通过这个隐喻阐明,人本质上是一种符号性的存在。首先,"如镜的本质"表达了人的映现(mirroring)功能。在皮尔士的语境中,映现并不是简单的镜像复制,而是折射与反射。光线经过反射与折射衍射出更多的光线,这些光线构成一个没有穷尽的序列。折射与反射体现了人作为符号的基本特性:人并不是完全透明的,他总是在中介着通过他的光线,他在接收解释的同时也在制造解释,他的基本功能是在已有关系上建立新的关系。其次,"如镜的本质"指明人的易碎(fragile)本

① CP5. 316.
② CP5. 317.
③ 莎士比亚. 莎士比亚全集(第一卷)[M]. 朱生豪,等,译. 北京:人民文学出版社,1994:257。
④ CP6. 270.

质。人的易碎性既指出了他的可错性，更为重要地，还指出了人作为符号永远处于暂时的过渡状态中。作为暂态（transient）符号的个体并不是固定不变的实体，他永远处于打散与重组的过程中，永远都在移动、变化和更新。再次，"如镜的本质"规定了人的"外向性"（outreaching）特征，用皮尔士的话来说，作为符号的人可以"同时处于两个位置"，甚至可以"同时处于几个位置"。① 皮尔士指出，这种向外的指涉意味着"同情与同感，以及所有不自私的兴趣"，意味着"人能够意识到（虽然并不是直接地）他的解释项，即意识到他的思想存在于他人的心灵中，他乐在其中，感觉到他自身在一定程度上存在于他人的心灵中"。② 在《心灵的法则》（1892 年）中，皮尔士还试图用"传心术"（telepathy）来界定心灵之间的这种符号性交互。③

　　以上三个方面共同揭示了皮尔士的一个关键洞见："符号"在首要意义上并不是一个名词，而是一个动词，因此，与其说人是静态的符号，不如说人是动态的符号进程。这里的问题是，作为符号进程中的人是如何将复杂而繁多的关系整合为一个相对统一的人格系统？皮尔士认为，人格的统一性只是一种理论的抽象，实际的人格一定是多层和多义的。如果我们一定要探讨人格的统一性，也只能将它理解为由关系构成的关联体和集合体。皮尔士在手稿中用下面的比喻来说明这一结构：人格就像一个星丛（constellation）。在肉眼看来，人格也许只是一颗单一的星星，但在科学心理学这个望远镜的检视下，这颗星星的内部一定是多层的，并且，在它与邻近的聚合体（condensation）之间并不存在绝对的分隔。④因此，我们不能将作为聚合体的人格统一性从具体的符号进程中孤立出来，而是要将它视为由关系聚合而成的基本解释单位。皮尔士在《大逻辑》中明确指出，"笛卡尔'我思'中的'我'不过是将观念聚在一起的容器"，我们并"没有充分的理由将它视为第一人称单数"。⑤

　　不过，对多层和多义的符号性人格而言，仍存在某种可以被称为本质的东

---

① CP7. 591.
② CP7. 591.
③ CP6. 159.
④ MS 403.
⑤ CP4. 71.

西:"我所说的本质并不是人的整个灵魂,而是他的内核,这一内核包含建构个体发展及其情感、意图和思想的所有信息。当我——也就是我的思想——进入另一个人,我无须带上整个自我,只需带上未带上部分的种子——这些种子作为我的本质也就成了我的整个现实自我和潜在自我的种子。在纸上写作的我将我的一部分存在留于其上,这部分存在也许只包含我与所有人共通的部分,在这个意义上,被我带入文字中的就是族群的灵魂,而不是我的个体性灵魂。因此,每个人的灵魂都是其所属家族、阶级、国家和族群的特殊表现。"①我们可以在这段内涵丰富的论述中看到,皮尔士理解的本质不是私人或先天的内容,而是能够在符号共同体中分享和交流的意义,也就是皮尔士所说的"种子"。种子是自我的代表,但它包含的不是个体性灵魂,而是族群的灵魂。因为"其所属家族、阶级、国家和族群",自我变成一个活的符号,在符号共同体中生存和生长。

如果我们将皮尔士探讨的"如镜的本质"和"族群的灵魂"联系起来看,就会发现他要提出的其实是一个非常大胆的构想:将个体层面上的意识拓展为共同体层面上的心灵,也就是他所说的"群体心灵"(group minds)。皮尔士试图在群体心灵的层面上重新界定意识和自我意识。关于意识,他指出:"意识是神经细胞之间的一种公共精神,人就像是细胞的共同体。"②关于自我意识,他指出:"自我意识在很大程度上是一个幻觉。当然我并不否认我们每个人都有一个自我;我的意思是,至少在很大程度上(很多心理学家也会认同这一点),心灵的绝大部分是处于自我的范围之外的。"③如果我们一定要谈论自我意识,也必须将它视为一种效应机制,而非激发机制,就是说,我们只能根据自我意识的效应反思性地探讨它的功能。在美国思想的发展过程中,这条思路是非常关键的,罗伊斯(Joshiah Royce)以及后来的芝加哥学派都从不同的角度拓展了皮尔士的群体心灵观。皮尔士的不同之处在于其背后的主导思路,即他的符号化心灵观。正如卡拉佩特罗(Vincent M. Colapietro)所指出的,在皮尔士那里,"心灵的实在从本质上来说是一个符号体系的发展过程",因此"心灵必须用那些表现符号性交

---

① CP7. 592.
② CP1. 354.
③ CP8. 398.

互主体进程的概念来解释"。①

借助这种符号化的心灵观，皮尔士超越了从康德所处的近代主体性语境，进展到主体间性的语境：主体的功能不是认识，而是中介；主体的规定性不是来自于自身，而是来自于它作为符号和其他符号发生的关系。在这样一种心灵观之下，符号代替了传统认识论语境中的观念，我们要探讨的不再是观念是如何被心灵把握的，而是心灵是如何由符号进程构成的。因此，无论是在广度还是在深度上，皮尔士探讨的心灵都远远超出康德讨论的意识和自我。皮尔士甚至认为，死亡虽然终结了个体生命，但个体在生命结束之后依然会以符号的方式保留并参与到作为整体的宇宙进程中去。因此，自我在本质上是潜在的，它不但包含已经实现的部分，还包含尚未实现的部分，而后一部分在原则上是无限延伸的。

不过，在皮尔士看来，康德式的实践理性已经在某种意义上暗含了这条对"意识一般"加以拓展的思路，康德式的目的王国也已经初步具有共同体的特征。然而，只要康德还停留在基于先验统觉的主体性语境中，他就无法看到个体经验不过是一个无限序列中的一个小片段。在这个意义上，康德不但陷入实在的唯名论，还陷入个体意识的唯名论。皮尔士指出，为了克服后一种唯名论，我们不但需要从康德式的个体意识进展群体心灵，还需要从群体心灵进展到无限延伸的普遍心灵，只有在普遍心灵的语境中，我们才能通过无限的中介和互释最大限度地克服（虽然无法彻底根除）个体的可错性，也只有以这种方式，我们才有可能探讨如何为知识奠基。在皮尔士看来，为知识奠基的方式并不是对先验主体展开的批判，而是通过诉诸普遍心灵的累积效应来无限切近最终意见。以这样的方式，作为实在论者的皮尔士再一次超越了作为唯名论者的康德。我们可以看到，在通过普遍心灵超越康德式主体性的同时，皮尔士在很大程度上回归了他从小浸淫其中的新英格兰超验主义传统，但篇幅和主题再一次限制我们对此做进一步的展开。

不过有趣的是，我们在《关于人的某些官能的问题》中找到这样的表述："无

---

① Vincent M. Colapietro, *Peirce's Approach to the Self: A Semiotic Perspective on Human Subjectivity*. Albany: State University of New York Press, 1989, pp. xix -xx.

知和谬误是唯一可以将我们私人自我与纯粹统觉的绝对自我(absolute ego of pure apperception)区分开来的东西。"①这里的"纯粹统觉的绝对自我"显然是指克服了个体可错性的普遍心灵。我们看到,尽管抛弃了康德式的先验主体,但皮尔士还是下意识地使用康德式的术语。这说明皮尔士在超越康德的同时并没有真正离开康德哲学的语境。

皮尔士和康德的亲和性不止于此。我们知道,皮尔士探讨的普遍心灵已经在很大程度上超出了其他实用主义者(比如杜威和米德)探讨社会性心灵。不同于拒斥传统目的论的其他实用主义者,皮尔士的普遍心灵概念带有极强的目的论色彩。他这样界定"心灵的法则":所有的观念都倾向于形成一个连续的、和谐的整体。在皮尔士的思想体系中,普遍心灵和上面提到的最终意见是同一个观念的两个不同面相。和其他实用主义者不同,皮尔士的符号进程要求有一个最终结果,或者说"最终解释项"(final interpretant)。他指出,虽然"我们永远不能获得绝对的确定性,但通过某个真理所获得的清晰性和明确性会作为一个有机而不可分割的部分组成一个伟大真理"②。皮尔士所理解的"伟大真理"不只是各种意见的集合,而是意见的最终"汇聚"(convergence),这种汇聚,用康德的话来说,必须体现"无目的的合目的性"。皮尔士在《实用主义是什么》(1905年)中指出,有人认为他应该将自己的理论称为 practicism 或 practicalism,理由是,就希腊语而言,praktikos 是比 pragmatikos 更好的表达。但皮尔士不认同这一观点,因为他认为,对自己的实用主义理论而言,康德在 praktisch 和 pragmatisch 之间做出的区分是非常关键的:"前者属于这样一个思维领域,在那里没有一个实验主义者形态的心灵能够保证自己站在坚实的地基上,而后者则表达了与某些明确的人类目的之间的关系",而实用主义的最显著特征在于认识到"理性认知与理性目的间不可分割的关系"。③ 尽管有研究者指出,皮尔士在目的论视野中探讨的这种汇聚"只是一种形而上学神话"④,但皮尔士的这种目

① CP5. 235.
② CP4. 71.
③ CP5. 412.
④ Christopher Hookway, *Truth, Rationality, and Pragmatism: Themes from Peirce*. Oxford: Clarendon, 2000, pp. 50 - 1.

的论诉求从一个侧面说明，他在超越康德的同时深刻继承了康德的一些基本观念和思维模式。

小　结

在以上的篇幅中，我们首先考察了皮尔士对康德式实在观的改造，其次辨析了皮尔士对康德式范畴理论的推进，最后讨论了皮尔士对康德式主体语境的更新。从 1891 年到 1893 年，皮尔士在《一元论者》杂志上发表一系列关于形而上学的论文，他在第一篇论文《理论的建筑》(1891 年)中指出："自康德以来的教导是，体系应该以建筑术的方式被建构，但我认为我们并没有把握这一原则的完整含义。"①在康德那里，建筑术是纯粹理性根据内在目的，从先天原则出发，制订出一个完备计划，将各构件整合为一个统一的整体。驱动并主导皮尔士建立宇宙哲学(cosmogonic philosophy)的正是这种康德式的建筑术诉求，从"三"的原则出发，皮尔士最终建立了包罗一切的广义符号学体系。因此，上面讨论的这三个方案最终在他的广义符号学中得到了有机地整合：实在不再是外在于认知过程的先定存在，而是符号进程的最终结果；范畴不再是限制对象的思维概念，而是作为符号进程的自然本身所具有的法则；认识不再是个体意识的主体性活动，而是普遍心灵的符号化进程。但我们也应该看到，尽管在原初动力和根本诉求上极为相似，皮尔士建造的理论体系和康德建造的理论体系仍存在根本性的不同。尽管皮尔士在极大程度上受惠于康德，但他最终呈现给我们的哲学形态并不是康德式的，因为他已经将康德那里的主体和对象的二元世界观彻底更新为符号化的三元世界观。认识到这一点，对我们澄清皮尔士对康德的继承和超越是极为关键的。

---

① 　CP6. 9.

认识论：作为探究理论

潘　磊　武汉大学哲学学院

一、引言

传统认识论的研究以信念为基础，对信念的评价占据基础地位。其核心议题之一是要解决"信念的合理性"问题：一个信念在什么情况下才能成为合理的信念？根据经典的回答，只有当某一信念得到辩护时，它才是合理的。由于认知辩护是一个规范概念，因此由其主导的传统认识论研究也就构成了一个公认的规范领域。但是，什么样的信念才能被算作得到辩护的信念？在回答该问题时，我们似乎不得不求助于其他规范性的概念。这样一来，传统认识论的研究不仅显得概念贫瘠，而且基础薄弱。自然化的认识论尽管指出了传统认识论在这方面的困难，并对之进行了根本的改造，但它无法从根本上回答认知规范性的来源以及知识的价值问题。在这种情况下，本文试图利用皮尔士提出的探究理论，探索传统认识论的可能发展方向。

本文分为如下几部分：首先，结合传统认识论研究的一些典型特征，指出其面临的主要问题。这些问题集中表现为三个方面：一是概念贫瘠；二是视野狭隘；三是基础薄弱。接下来，表明：尽管认识论的自然化为传统认识论提供了一种可能的发展方向，但它并不能成功地说明认知规范性的来源以及知识的内在价值。在这种情况下，本文利用皮尔士提出的探究理论，试图说明认知规范性的来源，并探索传统认识论可能的发展方向。其结论便是：认识论理应成为更为广泛的探究理论的一部分。

二、传统认识论的特征及主要问题

（一）传统认识论的主要特征

首先，学科性质的伦理化。认识论与伦理学一样，旨在研究我们的评价实践。在这种意义上，认识论包含一种重要的规范维度。如果说伦理学在很大程度上是以行动为主导的规范性学科，伦理学家更关心特定的行动是否正当，那么认识论则是以信念为主导的规范领域，认识论的学者更关心特定的信念是否合理，即是否得到辩护，是否能够转化为知识。认识论的学者通常会有意或无意地使用伦理学家惯用的关于行动的评价模式，对信念进行评价。例如，根据义务论的评价模式，认识主体 S 的信念 p 是得到辩护的（justified）信念，当且仅当：S 出于认知上的义务（epistemic duty）而相信 p；根据后果主义的评价模式，认识主体 S 的信念 p 是得到辩护的信念，当且仅当：S 相信 p 可以实现好的认知后果。这两种评价模式分别指向信念的两种不同的认知性质：（1）它是得到辩护的，或者能够转化为知识；（2）它是可靠形成的。依据前者，S 之所以应当持有得到辩护的信念，是因为某种义务论的要求；依据后者，S 之所以应当持有可靠形成的信念，是因为信念形成过程的可靠性可以实现真的最大化。从结构上看，义务论的评价模式主导着内在主义的研究，后果主义的评价模式主导着外在主义的研究。

毫无疑问，伦理学是规范学科的典范。而在谈及认识论的学科性质时，我们通常会拿它和伦理学相类比，认为认识论和伦理学一样，也属于规范性学科。充斥在大量认识论文献中一些重要概念，例如"认知责任""认知义务""认知上的善"（epistemic good）、"责备""赞扬"等，都能在经典的伦理学文献中找到对应物。

除了这种显见的证据，规范认识论从根本上同样是在回答一个"信念伦理学"（ethics of belief）的问题：我们应当持有什么样的信念？认识论的工作在很大程度上是在试图回答这个问题。当然，该问题归根结底与我们关于合理性

(rationality)的看法紧密相关。而"合理性"本身就包含两个层面:实践合理性和认知合理性。前者涉及对行动的评价,后者涉及对信念的评价。无论是就我们的实践行为还是就我们的智识行为(intellectual activity)而言,合理性在很大程度上取决于行为主体是否遵循特定的行为规范。当然,就认识论的研究旨趣而言,学者们更关心的问题是:什么使得一种规范成为认知规范?最典型的回答是:一种规范要成为认知规范,必须具有导真性(truth-conducive)。也就是说,我们按照某种认知规范形成特定的信念并进而持有该信念,是因为这种规范从根本上有助于我们实现"求真避错"这个基本的认知目标。

在转入下一部分的讨论之前,有必要指出一点:也许有人会担忧,将"认识论伦理化"会不会动摇整个认识论事业的根基。这种担忧多半源于对"认识论自然化"的一种忌惮心态。自蒯因公然宣称"认识论应该成为心理学的一章"并提出"自然化认识论"的纲领之后,传统认识论赖以存在的根基(即认知规范性是初始的、不可还原的,具有独立的本体论地位)已经动摇。因此,一提"认识论××化",有人难免会有一种"一朝被蛇咬,十年怕井绳"的心态。但是,当笔者使用"认识论的伦理化"这个术语时,并非像"认识论的自然化"那样意味着一场特殊的"认识论的革命":"革命"前后,研究范式已发生根本变革。相反,笔者只是想借助伦理学的评价模式和认识论的评价模式之间的类比,来说明认识论本身的性质。至于认识论本身是否建构在伦理学的基础之上,笔者的立场是中立的,它并不影响笔者借助伦理学的评价模式来刻画认识论的规范性。事实上,本文只想指出一个事实:认识论学者一直在利用伦理学家惯用的关于行动的评价性术语来对信念进行评价,并且这种做法贯穿在整个认识论的传统之中。

其次,研究对象的单一化。上文指出,认识论旨在研究我们的评价实践。根据正统的观点,规范认识论的评价对象是单个的信念。因此,认识论的规范性从根本上体现在对信念认知地位的评价上。在这种意义上,当代认识论以信念为主导。也就是说,对信念认知属性(epistemic property)的分析在概念上是优先的、不可还原的:一种认知状态能否算得上是"知识",必须根据这种分析而加以说明。正如弗斯(Firth)所言:"知识论的终极任务是回答'什么是知识'这个问题。但要解答这个问题，首先必须回答'在什么条件下，一个信念是得到辩护的'这个问题。"①

以信念为主导的分析，背后有一个深切的预期：信念是指向"真"的。尽管认识论学者并不关心信念的形而上学问题，但根据他们的一般看法，信念作为一种命题态度，其对象是命题。因而，当他们着力分析"某个认识主体 S 在特定场合下所持有的某个信念 p 是否具有某种认知性质"时，实质上是想借助这种分析实现对世界命题结构的把握。其后果就是：通过对信念认知地位的分析，获得关于世界的命题知识。

由于当代认识论的研究重心集中在对单个信念的认知分析之上，因此在这种意义上，我认为它的研究对象是单一的。即使关于认知辩护的融贯理论，也是通过单个信念之间的逻辑关系或相互说明关系来刻画世界的命题结构。

最后，研究方法的浪漫化。规范认识论的一个核心问题是：（1）我们应当持有什么样的信念？现在，我们要追问：（2）我们如何研究"我们应当持有什么样的信念"这个问题？如果对（1）的回答是"我们应当持有得到辩护的或可靠形成的信念"，那么一个附带的问题就是：（3）我们为什么如此在乎按此方式所持有的信念？在笔者看来，无论是对问题（2）还是对（3）的解答，当代认识论在方法上均具有明显的浪漫化倾向，集中体现为如下两方面：

第一，结合问题（1），问题（2）实质上相当于：我们到底应如何思考认知规范性？再结合对（1）的回答，（2）最终落实为：我们应如何思考某种认知状态的本质？具体地说，我们应如何思考"知识"（作为一种认知状态）的本质？主流认识论的惯用伎俩就是直觉加反思。提出一些包含日常知识主张（knowledge-claim）的假设性（hypothetical）事例，通过对"知道"一词用法的反思，直觉上就可以判定相应的事例能否构成真正的"知识"范例。经典的盖提尔式的反例多半是借助我们的这种直觉而起作用的；内在主义与外在主义之间的持久争论，实质上就是我们关于认知辩护（或知识）的不同直觉之间的冲突。所以，诉诸直觉，借助

---

① Roderick Firth, "Are Epistemic Concepts Reducible to Ethical Concepts," in *Values and Morals*, eds. A. Goldman & J. Kim. Dordrecht: D. Reidel, 1978, p. 216.

反思,我们原则上就可以为"知识"提供一种描述性的定义。

从根本上说,我并不反对直觉可以作为证据起作用。事实上,不仅在认识论领域,甚至在整个哲学领域,直觉都扮演着重要的角色。问题在于:这种略带浪漫色彩的分析方式,在处理一些重要的认识论纷争(例如,内在主义与外在主义之争)时,往往会力不从心。最糟糕的是,如果我们关于辩护(或知识)的直觉从根本是冲突的,那么这些争论也就成了无趣的语词之争。因此,如果我们严肃地对待这些重要的争论,就需要转变我们的分析风格。

第二,接下来看问题(3)。对它的回答无外乎是说:因为我们更在乎我们的信念是否为真;更一般地说,我们之所以在乎按此方式所持有的信念,是因为这种方式可以将相应的信念转化为知识,而知识是有价值的。那么,我们如何说明知识的价值?主流做法就是概念分析。根据一种看法,知识的价值体现为辩护的内在价值,因为"一个信念得到辩护"本身就是一件好事。辩护的价值在概念上蕴含知识的价值。根据另外一种看法,知识的价值体现为真信念的工具价值。同样的,"信念形成过程的可靠性"在概念上蕴含知识的价值。

无论哪种看法似乎都认为知识的价值存在于信念和真之间的连接之中。只要我们能够从概念上准确地刻画这种连接("辩护连接"和"可靠连接"),那么自然可以说明知识的价值。这种想法仍带有强烈的浪漫色彩:将一种常识性的关于"真"的观念设定为一个理想目标,形形色色的信念,携带着"辩护"或"可靠形成"的身份许可,威风凛凛地奔赴这一目标,奔赴知识的"王国"。

(二) 传统认识论面临的主要问题

首先,概念贫瘠。如前文所述,传统认识论是以信念为主导的规范性领域,其规范性由认知辩护这个概念所塑造。但是,什么是认知辩护?或者说,一个信念是得到辩护的信念,是什么意思?当然,我们可以找到很多等义的术语来说明这个概念,例如,"它是合理的","它是根基牢靠的"(well-founded),"它是有根据的"(warranted),等等。但是,这些术语本身也需要说明,而对它们的说明并不比对"认知辩护"这个概念本身的说明更轻松。所以,借助这些术语来说明认知辩护,似乎并没有说出更多的东西。正是在这种意义上,笔者认为"认知辩护"在概念上是贫瘠的：缺少实质内容。除了说它是一个规范概念，我们似乎并没有什么可多说的。安斯康姆（Anscombe）曾论证说，当代道德论著的一些基本概念，即正当、错误、责任以及道德义务，均缺乏内容；相反，像正义、正派、勇敢这样的概念则是丰富的。① 威廉斯（Williams）同样区分了两类道德概念：一类是"空洞的"（thin）；另一类则是"厚实的"（thick），包括勇敢、背叛、残忍和感恩戴德。② 更重要的是，根据威廉斯的说法，"厚实"的伦理概念既具有规范性又具有描述性。上述区分同样可以运用到认识论领域。考虑一些常见的认知不当行为，例如，某个人出于偏见、草率的推理或一厢情愿的想法等而相信一个命题。在通常情况下，我们（除了一些专业的认识论学者）并不会说这个人的信念是未得到辩护的信念；相反，我们往往直接对他本人做出评价，比如，我们会说他是"顽固不化的""粗心大意的""反应迟钝的""缺乏洞见的"等。说他的信念未得到辩护，除对该信念的认知地位做出否定评价外，似乎并不能传递更多信息。相反，后面这些评价不仅表明其信念未享有相应的认知地位，同时也揭示出他做出不当行为的方式。要点在于：仅仅借助"认知辩护"这样的贫瘠概念，似乎并不能准确地刻画我们的认知处境。

其次，视野狭隘。由概念的贫瘠所带来的另外一个发展桎梏就是：当代认识论缺乏更广阔的视野，缺少必要的认知整合。具体地说，一方面，由于当代认识论主要关注信念的认知地位，因此学者们在对信念进行评价时，往往只考虑认知证据或理由，而忽视了一些重要的实践理由。海尔（Heil）就认为，我们可以从多个维度对信念进行评价，这些维度既包括认知维度，也包括实践维度。③ 主流证据主义的根本缺陷就在于忽视了人们赖以评价信念的实践理由。

另一方面，在说明一个信念能否转化为知识时，认识论学者的眼光局限于信念和真之间的必要连接。在他们看来，对这种连接的说明足以揭示知识的价值，足以刻画人类认知处境的本质。可是，在他们这样做的同时，也忽略了

---

① Elizabeth Anscombe，"Modern Moral Philosophy，" *Philosophy*，1958（33）：1-19.

② Bernard Williams，*Ethics and the Limits of Philosophy*. Cambridge：Harvard University Press，1985，pp. 143-4.

③ John Heil，"Believing Reasonably，" *Nous*，1992，26（1）：48.

认识主体和真之间的必要连接。事实上,当我们刻画人类的认知状态时,不仅要考虑相关的信念是否具有相应的认知地位,同时也要考虑与认识主体自身相关的一些重要因素,不仅包括他个人的内在品性,而且包括一些社会化的因素。这些因素在很大程度上决定了他能否按照恰当的方式而相信一个命题为真。

再者,基础薄弱。严格区分"理由的逻辑空间"和"原因的描述空间",并坚持认为前者构成一个自足的规范领域,在本体论上享有独特的地位,是当代规范认识论得以可能的基础。不可否认,这种区分可以在很大程度上保护认识论的规范地位。然而,一方面由于手头资源有限(概念贫瘠),另一方面由于眼光所限,传统认识论学者似乎不能完备地说明规范性的来源,也无法准确地刻画两个"空间"之间的关联。无端设定一个在本体论上具有初始性(primary)的规范领域反而显得有些冗余,也给我们带来很多误导。说一个信念是得到辩护的信念,并不意味着:享有这种地位的信念,由于我们的说法,而自动地构成一个本体论上的规范领域。我们当然可以用华丽的辞藻述说这个世界,但这并不意味着世界本身就是华丽的。所以,仅凭借两个"空间"的区分来建构规范认识论的基础,显得并不那么牢靠。当然,这样说并不意味着"认识论是不可能的",或者,世界上压根就没有一种状态,被我们叫做"S 知道 p"。我们当然希望保留认识论的规范地位,但是我们需要一个更坚固的基础来支撑认识论的研究。自然化的认识论为我们提供了一种可能选择。但笔者接下来要表明,它不过是一种可能而已,在实践中面临的问题远远超出其预期。

三、传统认识论的一种出路:自然化的认识论

作为一种潮流,认识论中的"自然化运动"备受推崇,外在主义的时兴便是明证。外在主义既可以是关于认知辩护的理论,也可以是关于知识的理论。如果是前者,那么信念的认知属性就依随于其描述属性;对信念认知地位的评价可以依据信念的形成过程加以说明。例如,根据过程可靠主义(process reliabilism,

简称 PR)，一个信念是得到辩护的，当且仅当它是由一个可靠的认知过程所形成的。① 如果是后者，又可区分为两种不同的知识理论。根据一种极端版本的外在主义理论，"认知辩护"是一个索然无趣的概念，根本不应该成为认识论研究的条目。因此，由这个概念所主导的规范领域在世界上毫无容身之地；"知识"作为一种认知状态，原则上可还原为由自然科学加以研究的自然状态或进程。根据一种温和版本的外在主义理论，我们可以部分地保留知识的规范要求，但是，我们需要为"认知辩护"这个规范概念提供一种实质的(substantial)说明。结合外在主义关于认知辩护的说明，知识相当于可靠形成的真信念。

值得注意的是，这样一种关于知识的看法同样具有语义学的基础。自然主义的知识理论通常把"知识"看作一个自然类(natural kind)。作为一个自然类词项，"知识"是按照某种外在主义语义学(比如"直接指称理论")所要求的方式来进行指称的。② 所以，认识论学者关于知识的哲学研究，必须在关于自然类的科学研究的基础之上来进行。③

将知识进行"自然化"处理的具体做法，并非本文讨论的重点；相反，笔者更关心自然主义的知识理论在总体上能否成功。出于一些众所周知的原因，本文将重点考察温和版本的外在主义理论，作为其典范，过程可靠主义成为本文关注的焦点。考察重点集中在以下两个紧密相关的重要问题上：

（1）过程可靠主义能否成功地说明认知规范性的来源？

（2）过程可靠主义能否成功地说明知识的内在价值？

先看问题（1）。戈德曼(Goldman)曾敦促认识论学者在从事自身的理论化活动时，要更多关注经验性的研究，尤其是心理学的研究。"认识论[研究]应当是多学科共同的事务，而不属于纯粹的、先验哲学的领地。"④但他同时承认，在说明认知规范性的来源时，经验性考量(empirical concern)爱莫能助。这样一

---

① Alvin Goldman, "What Is Justified Belief," in *Epistemology: An Anthology*, eds. E. Sosa & J. Kim. New York: Blackwell Publishers, 2000, pp. 340 - 53.

② Victor Kumar, "Knowledge as a Natural Kind," *Synthese*, 2014 (191): 439 - 57.

③ Hilary Kornblith, "Epistemic Normativity," *Synthese*, 1993 (94): 357 - 76.

④ Alvin Goldman, *Epistemology and Cognition*. Cambridge, MA.: Harvard University Press, 1986, p. 1.

来,其论证负担就在于如何成功地说明认知规范性的来源。戈德曼对此采取"分而治之"的策略:在认识论的基础层面上,保有一种重要的先天成分,而这正是认知规范性赖以生长的土壤。依其之见,在这种基础层面上,我们可以对各种认识论术语的意义进行独立的研究;依靠我们的直觉,对已提出的各种分析进行检验,试图捕捉我们关于知识或辩护的日常概念。所以,他说:"我认为,'辩护'(就其认识论上的用法而言)这个术语的意义,是由我们关于这个世界所预设的一些东西来确立的,不管我们的预设是否正确。"①

戈德曼旨在表明:在这种基础层面上,我们关于认识论概念的意义研究,独立于世界的实际面貌,因为我们关于辩护(或知识)的日常概念"是依照我们关于世界的假定而建构起来的"②。在这种意义上,我们只是在试图发现这种概念到底是什么,而不是探明它是否充分,是否精确。所以,借助直觉的概念分析并不需要与我们周遭世界相关的经验信息。不过,戈德曼并不认为这就是认识论的全部工作。事实上,他一直在强调心理学对认识论计划的重要贡献。尽管如此,他依然认为,在这种基础层面上,认识论的术语是评价性的:"认识论是评价性的、规范的、批判性的学科。……'评价'或'规范'是什么意思? 一个判断是评价性的或规范性的,意思是指:它断言某个东西是好的或坏的、正当的或错误的、恰当的或不当的等等。"③

有了上述考量,再结合戈德曼关于认知辩护的看法,即一个信念是得到辩护的,当且仅当它是由一个导向真理的可靠的认知过程形成的,我们大体上可以弄清楚他的真实想法。假设有人质问戈德曼:"根据你所理解的方式,得到辩护的信念到底好(在认识论的意义上)在哪里?"他最可能的回答是这样的:"得到辩护"本身就是一件好事,这本来就是"辩护"这个术语的意义。与之类似,说一个信念是得到辩护的信念,就是说它是一个可靠认知过程的产品,同

---

① Alvin Goldman, *Epistemology and Cognition*. Cambridge, MA.: Harvard University Press, 1986, p. 108.

② Alvin Goldman, *Epistemology and Cognition*. Cambridge, MA.: Harvard University Press, 1986, p. 107.

③ Alvin Goldman, *Epistemology and Cognition*. Cambridge, MA.: Harvard University Press, 1986, p. 20.

样是"辩护"这个术语本身的意义。所以，一个认知过程具有导真性之所以是一件好事，纯粹是因为"辩护"这个术语本身的意义。这样看来，概念分析同时完成了两件事情：一方面，说明了得到辩护的那类信念是好的、正当的或恰当的；另一方面，也说明了识别这类信念的经验条件。因此，认知规范性最终来源于语义上的考量。

尽管同样是借助概念分析来说明认知规范性，但戈德曼所倡导的说明相较传统说明而言，无疑是一个巨大的进步，因为：它不仅保留了认识论的规范地位，还指出了认知规范产生规范效力的操作条件。在这方面，我们似乎不得不承认，戈德曼关于认知辩护（以及相应的认知规范性）的说明要更为丰满。

可是，语义分析真的能说明认知规范的规范效力吗？斯蒂克(Stich)对此持有不同的意见。[①] 在他看来，即使戈德曼为我们的认识论术语提供了恰当的概念分析，这一事实也不具有任何规范效力。假设有另外一种文化，其认识论的术语体现的是一套不同的标准；假设在这种文化传统中，满足不同条件的信念（例如，它并不是由具有导真性的认知过程产生的）为人们所认可，那么我们有什么理由接受满足我们所提出的条件的信念，而不接受那些满足这种文化所设定的条件的信念？斯蒂克论证的要害在于：一个信念为真，或者产生该信念的认知过程具有导真性，这一点并不能说明它就是值得拥有的。因此，对于问题(1)，我们的回答是否定的。

再来看问题(2)。我们为什么如此在乎自己是否拥有知识？因为知识是有价值的，而且它并不只是体现为真信念的价值，"知识要比真信念多出一点东西"。这就是所谓的知识的"价值问题"。在当今认识论领域，学者们对过程可靠主义的批评大都是说它并不能解决这个问题。代表性的论证是这样：尽管真信念是有(工具)价值的，尽管一个可靠的认知过程也是有价值的，但是，一个真信

---

① Stephen Stich, *The Fragmentation of Reason*. Cambridge, MA.: MIT Press, 1990, pp. 92 - 3. 另外，科恩布利思(Kornblith)同样基于思蒂克(Stich)的分析，对戈德曼的说明提出了批评。但他并不同意思蒂克关于认知规范性的实用主义说明，详细讨论可参见 Hilary Kornblith, "Epistemic Normativity," *Synthese*, 1993 (94): 357 - 76.

念是由一个可靠的认知过程产生的,这一事实并未给该信念赋予多余的价值。[①]这一点其实不难理解。因为根据过程可靠主义,认知过程的可靠性本身就是根据"真"来定义的。因此,根据信念和真之间的可靠连接并不能说明知识的内在价值,它至多能够说明知识的工具价值。但是,如果知识仅仅具有工具价值,那么它显然与"真信念"并无两样。然而,认识论传统的一个共识是:知识并不是单纯的真信念。所以,过程可靠主义并不能成功地解决知识的"价值问题"。我们对问题(2)的回答同样是否定的。

四、传统认识论的另一种新出路:作为探究理论的认识论

将知识的价值锁定在信念和真之间的可靠连接之中,并通过概念分析来说明认知规范性的来源,并不是一套成功的方案。在这种背景下,另外一套方案应运而生。根据该方案,我们应该在认识主体和真之间的连接中寻找认知规范性的来源,并说明知识的内在价值。认识论应该由对信念的评价转向对人的评价。具体说来,认识论的研究应当更关注主体是否出于一些智识德性(intellectual virtue)而相信一个命题为真。信念的认知地位以及相应的知识状态必须根据智识德性的概念而加以说明。因此,对主体的评价在概念上优先于对信念的评价。这种理论通常被冠以"德性知识论"的名头。

公平地说,当今认识论之天下,德性论者执牛耳。各方人士皆以亚里士多德为靠山,将其关于"德性"的论述视为支持自身观点的理论资源。不过,尽管本是同根生,其理论内部仍旧派系林立,纷争不断。根据德性可靠主义(virtue reliabilism),所谓的"智识德性"指的就是认识主体可靠的认知官能或能力,例如视觉、记忆或推理等。根据德性责任论(virtue responsibilism),"智识德性"指的是认识主体内在的、持久的品性或倾向,例如智识上的勇敢、执着、开明等,它们

---

① 由于篇幅所限,笔者忽略了很多细节,有兴趣的读者可参阅 Linda Trinkaus Zagzebski, *Virtues of the Mind*. Cambridge University Press,1996,尤其是第三部分的讨论。

是长期习得的结果，因而认识主体是负责任地拥有这些品性或倾向的。

德性认识论者认为，他们可以一揽子地解决认识论领域的一些重大问题，比如盖提尔问题、认识运气问题、怀疑论问题以及知识的价值问题。姑且不论他们能否成功地解决这些问题，我们首先关心的是：他们能否提供一套关于知识的统一说明？有人[例如巴塔莱（Battaly）]①，就认为德性可靠主义更适合用来说明"低级别"（low-grade）的知识（比如知觉知识），而德性责任论更适合于用来说明"高级别"（high-grade）的知识（比如推理知识）。② 所以，尽管双方各有优势，但它们似乎都不能为知识提供一种统一的说明。

尽管如此，笔者在很大程度上是同情德性认识论学者的做法的。至少，相较传统认识论而言，承认认识主体以及相应的智识德性的概念优先性，无疑是一个巨大的进步。但是，为了拓展认识论研究更广阔的视野，我们或许有别的资源（除了亚里士多德提供的资源）可资利用。幸运的是，美国哲学家皮尔士提出的"探究理论"为我们提供了所需的资源。根据该理论，认知实践（cognitive practice）以及对它的相应评价在认识论研究中占据基础地位；无论对信念的评价，还是对主体的评价，都必须基于特定的认知实践而加以说明；认知实践是一种特殊的"解决问题"的活动，具有明确的目标指向，但它并非唯一地指向"真"。也就是说，它并不要求主体以单个信念的方式实现对世界的命题性把握，而是通过某种认知整合（在皮尔士那里，体现为研究者共同体所达成的"交流共识"）实现对世界的一种系统性的合理重构。更重要的是，作为一种"解决问题"的活动，认知实践本身就是一种受认知规范制约的活动，认知规范性扎根在认知实践当中。

有人可能会质疑，既然认知实践的目标并不唯一地指向"真"，我们如何说明对我们的认知实践进行指导和调节的规范是认知上的规范？更一般地说，实践考量的涉入会不会偏离规范认识论研究的轨道？接下来，笔者将阐明皮尔士的

---

① Heather Battaly，"Virtue Epistemology，"in *Virtue Epistemology: Contemporary Readings*，eds. John Greco & John Turri. Cambridge MA.：The MIT Press，2012，pp. 3 - 32.

② 关于这两类知识的区分，参见 Linda Trinkaus Zagzebski，*Virtues of the Mind*. Cambridge：Cambridge University Press，1996，pp. 273 - 82。

探究理论以及它对当代认识论研究的重要贡献,这样做的同时,也就回答了上述质疑。

首先,皮尔士对认识论的定位。皮尔士说:"哲学有三大分支。第一大分支是现象学……第二大分支是规范科学,研究现象与目的(亦即真理、正当和美)之间的关系所具有的普遍必然法则。第三大分支是形而上学……"①相对于不同的目的,规范科学又可细分为逻辑、伦理学和美学。皮尔士所说的"逻辑"相当于我们今天所说的科学哲学,包括认识论和哲学逻辑。这样看来,根据皮尔士的看法,认识论属于规范科学,其研究受制于一些普遍必然的法则,并具有明确的目标导向。皮尔士本人将这种具有明确目标导向的研究称为"探究",其实质就是从怀疑到信念的一种拼搏(struggle)。"怀疑的侵扰引起一种拼搏,(我们)努力进入信念状态。我将这种拼搏称为探究。"②依笔者之见,皮尔士之所以提出"探究"理论,实质上是为了刻画我们认知实践的本质:作为自然界的一员,人类通过感官和周遭环境打交道,渴求"与实在的认知接触"(cognitive contact with reality)。为此,我们需要努力克服外部环境施加给我们的"问题情境",即"一种令人不安和不满足的怀疑状态",力求使自己摆脱这种状态而进入信念状态。但是,"为了消除怀疑,我们必须找到一种方法,借助这种方法,信念之获得并不取决于任何人为的东西,而是取决于某种外在的永恒之物"。③ 所以,在皮尔士那里,人类的认知实践是活生生的"解决问题"的探究活动,而非关于知识(或辩护)的先天研究。在这种意义上,认识论的研究应该更关心我们的探究活动(认知实践)能否成功,以及为实现这种成功所应该遵循的方法论准则。

其次,"真"在认识论中的地位。如前所述,作为更一般的探究实践的一部分,认识论的研究具有明确的目标:消除怀疑,获得信念。"探究的唯一目标就是意见的确立(即获得信念)。"④但是,"有人可能会觉得,这对我们来说是不够的,我们寻求的并非某种意见,而是一种真的意见。但是……这种想法被证明是

① CP5. 121.
② EP1:114.
③ EP1:120.
④ EP1:115.

毫无根据的,因为一个稳固的信念一经形成,我们就完全感到满足,而不管该信念正确与否。很明显,超出我们知识之域的任何东西都无法成为我们研究的对象,因为凡是对心灵未造成影响的东西,都不能成为心智努力的动因"①。

这段文字向我们传递了一个重要信息:真理并不是人类探究活动的目标。换句话说,人类智识上的努力源自对稳定信念的追求,而非对真的追求。可是,按照正统理解,"求真"构成整个人类认识论事业源源不断的动力。认识论事业之所以值得追求,从根本上源自人类的求真动机。因此,"真理"本身的价值一方面说明了知识的价值,另一方面也刻画了认知规范的本质特征,即具有导真性。如果探究活动的唯一目标是求得稳定的(而非真的)信念,那么我们如何在认识论研究中安顿"真理"的位置?对这个问题的回答依赖于我们对皮尔士所刻画的认知实践的总体理解,以及他对"真理"的独特看法。

根据皮尔士的论证,"真理"之所以不构成探究活动的目标,最重要的论据是:它"超出我们的知识之域","未对心灵造成影响"。如何理解?在笔者看来,最合理的解释是:一个信念是否为真,需要世界的配合;而世界是否与我们合作,独立于我们关于世界的知识。也就是说,一个信念的形而上学的地位独立于其认知地位。二者之间的鸿沟使得我们尽管付出巨大的认知努力,但并不总是获得相应的回报。既然我们无法在认知上决定一个信念是否为真,那么我们所能做的就是遵循特定的方法,力求进入一种稳定的"令人满足"的心灵状态(信念状态)。一个信念是否值得拥有,不在于其关乎的命题是否指向"真",是否表征某个事实,而在于它能否平息我们内心的怀疑,能否成功地应对具体的"问题情境",从而引起特定的行动。"我们的信念指引我们的愿望,并塑造我们的行动。……相信这种感觉在一定程度上确切地表明,在我们的本性之中存在某种固定的习惯,它决定着我们的行动。"②皮尔士并不认为信念是用以表征世界的,相反,他持有一种关于信念本质的倾向主义的说明:"信念的本质在于确立一种习惯,不同的信念是通过它们所引起的不同的行动方式加以区分的。"③

---

① EP1:115.
② EP1:114.
③ EP1:129.

由于放弃了关于信念本质的表征主义的说明,皮尔士从根本上放弃了传统认识论孜孜以求的关于世界的命题式的把握,相应地,也就放弃了对"信念为真"的追求。其背后深层的想法在于:"一个信念为真"这一事实,单凭其自身并不能说明该信念就是值得拥有的。所以,人类认识论事业的价值并不能依据"真"本身的价值而加以说明。可是,有人可能会质疑,既然信念的功能在于指导我们的行动,那么真信念显然更有助于行动的成功。如果放弃了对"信念为真"的追求,我们如何说明特定的探究实践是成功的或者有价值的?针对这种质疑,只需指出一点:探究实践的成功取决于我们对实在的整体把握,而不取决于我们获得了多少命题知识。因此,某个信念并不是由于其关乎的命题为真,所以才能成功地指引我们的行动。相反,它能否成功地指引我们的行动,在很大程度上取决于我们持有什么样的目标,以及对实现这种目标的总体理解(例如,它是否得到最大程度的融贯支持)。在这种意义上,"真"本身并不具有初始的(primary)内在价值;事实上,在皮尔士那里,"真理"这个概念本身就是派生性的。

"某一信念-习惯(belief-habit)在其早期是模糊的、具体的、贫乏的;在无限的发展历程中,它变得愈发精确、普遍和丰富。这种发展历程就是思想。形成一个判断,并且在信念-习惯的影响下,该判断引起一个新的判断,表明信念的增加,该进程就是推理……推理进程,或者信念的自发进程,持续不断地发生在我们的心灵之中……信念部分地由先前信念所决定,部分地由新的经验所决定。……我们最终所相信的东西独立于我们迄今为止所持有的具体信念,因而具有实在的特征。因此,如果一个给定的信念-习惯,具有趋于这种最终结果的倾向,那它就是正确的;反之,则是错误的。"①

根据惯常的看法,皮尔士在此提出一种"真理共识论"(consensus theory of truth):真理等同于研究者共同体最终达成的共识。不过,需要注意的是,该理论并非一种关于真理的形而上学的理论。在形而上学的立场上,皮尔士本人并不反对符合论的看法。但他并不认为关于"真"的符合论的说明在认识论研究中占据首要地位。原因在于:既然实在的结构是由思想的结构揭示出来的,那么

---

① EP1:201-2.

即便我们承认"真就是与实在相符合"，这种"符合"最终还是落实为思想内部的融贯，这种融贯既包括经验内部的协调，也包括不同信念之间的相互支持。更重要的是，对皮尔士而言，由于"实在"依赖于总体的思想，因此"与实在相符合"最终体现为共同体成员之间的共识："实在就是我们在拥有完备信息的理想状态下最终得以知道的东西，因此，它依赖于共同体的终极决定。……任何一个单一的思想只能潜在地存在，（其存在）取决于共同体未来的思想。"①

虽然"实在"依赖于共同体的总体思想，但它依然对我们的探究构成一种客观限制。这一方面体现为对探究方法的限制，也就是说，我们必须按照特定的方法获取信念；另一方面体现为，按照这种方法所获取的信念终将趋向真理。在皮尔士看来，唯有借助科学的方法，我们才能获得稳定的信念，"科学方法的基本假设是：存在一些实在之物，其特征完全独立于我们对它们的看法；这些实在之物按照固定的法则影响我们的感官，尽管我们的感觉因我们与对象的关系的不同而有所差异。不过，借助知觉法则，我们通过推理得以断定事物之本来面貌；无论什么人，只要他具有充分的经验并且做出足够的推理，终将会得出一个真的结论"②。

这表明，我们的探究实践不仅受特定的方法论准则的制约，而且由于这种方法论准则最终导向真理，因此能够成为指导我们探究实践的认知规范。对皮尔士而言，"真"在认识论（探究理论）中的地位仅仅体现为来自"实在"的某种客观限制。由于"实在"本身又依赖于共同体的总体思想，因此，具有导真性的认知规范实质上是制约我们（作为共同体的一员）实践行动的社会规范的一部分。在这种意义上，认识论应该植根于社会原则之中。正如皮尔士本人所说的那样，"不愿意牺牲自己的灵魂以拯救整个世界的人，其全部的推理都是不合逻辑的。逻辑植根于社会原则之中"③。

这样看来，探究实践的成功（即获取关于世界的知识）不仅需要世界的"合作"，而且需要共同体成员之间的合作。作为共同体的一员，任何一个认识主体

---

① EP1：54－5.

② EP1：120.

③ EP1：149.

都应当出于求知(searching for knowledge)的动机而遵循科学的方法形成信念,并且在智识上是开明的(intellectual open-minded):慎重对待相反的证据,乐意聆听不同的意见,意识到自己是可错的(fallible),随时准备放弃或调整自己的信念,等等。所以,皮尔士说:"对所有可能情况下所发生的结果都一视同仁的人,才能够合逻辑地行动。"①只有这样,我们才能作为一个研究者共同体获得关于实在的整体理解,从而获得关于世界的知识。作为一个理想极限,"真理"是共同体协同参与的探究实践的自然结果。

五、结论

在这篇文章中,笔者首先梳理了传统认识论研究的一些主要特征,进而指出它所面临的主要问题。接下来,探讨了传统认识论的两种出路:一种是自然化的认识论;另一种便是本文要捍卫的主要立场,即认识论理应成为更为广泛的探究理论的一部分。根据这种论,对认知实践本身的评价才是认识论研究的重心,认知规范从根本上是更为广泛的社会规范的一部分。

(发表在《学术交流》2018 年第 9 期)

---

① EP1:150.

直接知觉与溯因推理

——皮尔士知觉理论初探

程　都　复旦大学哲学学院

引　论

皮尔士反对英国传统经验论的感觉印象理论,以及笛卡尔主义的"直观"概念(清楚分明的观念),这一点或多或少与当代对所予神话的批评者遥相呼应。[①] 皮尔士并不承认在规范性(解释性或推论性)领域之外还有可充当知识法庭的东西,能够证成一个信念或推论的只能是另一个信念或推论。另一方面,皮尔士并不认为我们的推论仅关涉知觉信念,而不是外部对象;我们真正知觉到的恰恰是世界中的对象,而不是对象的感觉印象或观念。于是,这要求知觉不仅要具有推论性——能够形成知觉知识,还必须具有直接性——能够关涉外部对象。

然而,这何以可能呢? 就知觉的直接性而言,当代常见的回应是直接实在论,该立场认为我们的知觉并不是对外部对象的表征,而是直接对外部对象的把握。就知觉的推论性而言,当代讨论的重点则大多集中在对知觉的概念性内容

---

① 参见列格(Legg)对皮尔士和塞拉斯(Sellars)有关知觉讨论的比较:Catherine Legg, "Peirce and Sellars on Nonconceptual Content," in *Sellars and the History of Modern Philosophy*,eds. Luca Corti & Antonio M. Nunziante. New York:Routledge,2018,pp. 120 - 37。

的发掘与阐释,若知觉关系到我们对世界的理性知识,那么它必定包含推论性的要素,因为这是知识的基本特征。然而,前者的问题是,它难以"为知觉的现象内容以及这种内容特征如何保证认知主体与世界的知觉接触提供一个令人满意的说明"①。后者的问题是,人们始终对现有知觉中概念性内容的阐释不满意。②

如果皮尔士非要坚持知觉的直接性和推论性,那么他必须提供更具说服力的知觉理论。幸运的是,我们在皮尔士的文本里确实发现了某种对"直接性"有着不同看法的直接实在论,以及某种基于"溯因推理"的知觉判断理论;并且基于"直接知觉到外部世界"和"溯因式的知觉判断",皮尔士还有一套对怀疑论免疫的知识证实方法。

一、知觉的两个过程:觉知和知觉判断

在皮尔士早期的文本中,他多使用"知觉"一词,在其晚期文本中,知觉被分为觉知(percept)和知觉判断(perceptual judgement)两个过程,前者指在经验过程中直接(被迫)体验到的东西,后者指"以命题形式断言直接呈现在心灵中的觉知有何特征的判断"③。皮尔士根据不同的语境分别使用这两个概念,而在广义上他仍用"知觉"一词指代包括觉知和知觉判断的整个过程。

皮尔士谈到,就相关于我们的信念和知识而言,觉知所具有的特质在于:

① John Foster, *The Nature of Perception*. USA:Oxford University Press,2000, Abstract Part.
② 关于当代知觉内容的概念论和非概念论之间争论的文献多如牛毛,由此可见一斑。参见 Alex Byrne,"Perception and conceptual content," in *Contemporary Debates in Epistemology*. eds. Ernest Sosa & Matthias Steup. Oxford:Blackwell, 2005, pp. 231-50。
③ 参见 CP1. 253,CP5. 54. 阿特金斯(Atkins)提示,或许我们可以将这一区分与当今我们对现象性内容(例如,我看到了黄色的椅子)和命题性内容(我看到了苹果是红色的)的区分等同起来。参见 Richard K. Atkins, *Peirce and the Conduct of Life: Sentiment and Instinct in Ethics and Religion*. Cambridge:Cambridge University Press,2016, pp. 107-8。

（1）它提供了一些实际的东西。在皮尔士进一步的解释中，这些实际的东西即为感受性质，例如颜色、质感、声音等。（2）它迫使感知者承认它。认知者面对这种感受性质时，只能接受而无法逃避或反驳之。（3）它既没有为这种承认提供任何理由，也没有对合理性提出任何要求。觉知并不作为辩护知识的基础，它不包含理性的内容，故而不能在理由的逻辑空间中充当某种角色。① 就此，我们可以将觉知的特征总结为：感受性（Quality of Feeling）、不可控性（Uncontrollability）、非概念性（Non-conceptual）；这些特征共同组成觉知的直接性和感受性。皮尔士习惯以范畴理论②的术语来表达觉知的这些特征，觉知会被认为包含第一性（性质）和第二性（对抗作用）。③

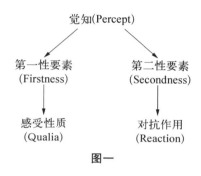

图一

而皮尔士明确指出知觉判断是推论性的，是更高级的认知能力起作用的结果。例如，当我们看到面前的一把黄色的椅子时，在觉知层面，皮尔士认为我们感受到的是一个包括形状、颜色等的整体，但是在知觉判断"这把椅子是黄色的"中，我们将椅子和颜色分别放到主词和谓词的位置，从而对觉知的整体做出了分析；其中，谓词的普遍性是引入概念的标志。不过，皮尔士也强调知觉判断像觉知一样具有某种不可控性或强制性："然而，一个人可以通过闭上眼睛来逃避知觉本身。但如果他看了，那么就无法避免该觉知；如果他看到了，就无法避免该知觉判断。知觉一旦被理解，就必须被同意。"④知觉判断的这种强制性主要来源于它对觉知的回应必须是直接的，其中主词必须指示已经被给予了的觉知。而以范畴来分析知觉判断，它所包含的要素就必然是第二性和第三性。

① CP7. 622.
② 根据皮尔士的范畴理论（源自于他的现象学分析），第一性是一种不与其他事物发生关系的存在方式，其典型的代表是感受的性质；第二性是与其他事物处于对立或直接的相互作用关系的存在方式，其典型的代表是物质个体；第三性是一种中介性的存在方式，概念或思想是其典型代表。参见 CP4. 3.
③ CP7. 630.
④ CP7. 627.

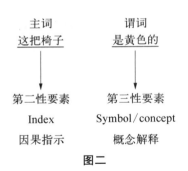

主词　　　　　　谓词
这把椅子　　　　是黄色的

第二性要素　　　第三性要素
Index　　　　　Symbol/concept
因果指示　　　　概念解释

图二

哈克(Haack)注意到觉知和知觉判断二者分别代表知觉的两面性:觉知包含第一性和第二性——具有一定的现象性质和与其他非己物的相互作用,这种相互作用事实上就是知觉主体与外部对象的实际接触;知觉判断则包含第二性和第三性——对觉知的直接回应和解释;而二者本质上"可分辨却不可分离"(distinguishable, but not separable)①。

以上的讨论似乎诱惑我们得出以下结论:觉知代表了知觉的直接性,知觉判断代表知觉的推论性。对皮尔士来说,这一结论并没有什么错误,但这只是指出了一个方向。觉知到底如何"直接"相关于世界,知觉判断又如何具有推论性,仍然有待作答。

二、直接性:从对象到知觉判断

事实上,在皮尔士的知觉理论中,将觉知简单地解释为我们知觉中的直接性要素并不是那么容易。② 因为根据皮尔士对知觉的分析,存在这样一个连续过程:外部世界对感官产生刺激,这些刺激在不受控制的意识进程中形成感受现象,这个过程或其结果被称为觉知;觉知在不受控制的意识中被解释,这个解释的过程或结果就是知觉判断。于是,该知觉进程构成"外部世界—觉知—知觉判断"这样的结构。很显然,"觉知"是外部世界和知觉判断之间的一个过程或状态,

---

① 以至于皮尔士发明了"知觉结果"(percipuum)一词将二者统一起来,percipuum 意为"在知觉判断中被直接解释的觉知"。参见 Susan Haack, "How the Critical Common-sensist Sees Things," *Histoire Épistémologie Langage*, tome 16, fascicule 1, 1994, Actualité de Peirce, pp. 9‒34。

② 尽管有学者尝试这么做。阿迈德(Robert F. Almeder)说,觉知是什么,觉知就是在知觉经验中感知。参见 "Peirce's Theory of Perception," *Transactions of the Charles S. Peirce Society*, 1970, 6 (2):99‒110。

那么为何不能说"觉知是知觉进程中的一个中介"呢？

另一个难点是，皮尔士坚持认为从现象上我们是无法区分真实知觉和幻觉/错觉的。他举例说，当我们坐在一辆停靠在站台的火车上望向窗外时，另一辆火车从眼前缓缓开过，我们几乎都会以为是我们这辆列车出发了，但这是错觉；除了这种常见的错觉，还有另一些不常见却也真实存在的幻觉，例如幻听、幻视，甚至幻肢（一般地，幻觉常与不正常的生理状况相关）。皮尔士说道：

> 真实知觉和幻觉/错觉本身并没有区别；即使有，也完全是微不足道的。不同之处在于，基于幻觉/错觉的理性预测很容易被证伪……但是幻觉/错觉和真实知觉之间的区别，是关于这两种情况与其他知觉之间关系的区别，而不是显象本身的区别。……出于逻辑的目的，也就是说，就它们与知识和信念的关系而言，我们应当把它们自身看作同一现象。①

也就是说，在皮尔士那里，真实知觉和幻错觉之间的区别在于证实性的层面，或者在于某些生理性心理学的层面；就"觉知"层面而言，二者没有区别。

若存在某种表征性的中介，那么要解释幻错觉的问题就容易多了。② 然而，从皮尔士的表述来看，他完全不认为在我们的知觉与外部世界之间需要某种中介。若将他的以下说法冠以"直接实在论"，估计不会有什么争议：

> 我已说过的东西，暗示了对外在世界的直接知觉理论是真的。③
>
> 我们直接知觉到的就是外部世界。④
>
> 我们拥有对事物本身的直接经验。没有什么比我们只能经验到自己的

---

① CP7. 644.

② 正如阿迈德对某些感觉材料论者的批判所说的那样，"如果存在像真实知觉那样的错觉和幻觉，那么我们所感知的就不可能是直接的外在物理对象，而是显象"。在当代，若不承认表征性的中介，还有析取论可以选择，然而某些析取论者并不承认真实知觉和幻错觉具有相同的现象性内容。

③ CP7. 639.

④ CP8. 144.

观念更错误的了。①

可见,皮尔士并未受困于基于幻错觉(幻觉和错觉)的笛卡尔式的怀疑论,后者认为由于无法区分真实知觉和幻错觉,我们便无法拥有关于外部世界的真正知识。他也不会接受我们只能认识到现象或感觉印象的现象主义,后者认为由于受制于知觉表象,因此我们无法认识实在,而只能认识实在的表象或实在在心灵中的表象。

而皮尔士之所以既可以说我们无法区分真实知觉和幻错觉,又可以说"我们直接知觉到的就是外部世界",归根结底还是由于他对觉知以及知觉判断的阐释,尤其是对其中所蕴含的直接性的解释。

对皮尔士而言,我们拥有觉知,但是我们并不像知觉一个对象那样知觉到一个觉知。因为觉知包含感受性(第一性)和直接性(第二性),但是它并不包含普遍性(第三性),后者意味着被概念化表达的可能性。也就是说,觉知自身在某种程度上是不可描述或不可谓述的。可以说,觉知在本质上并不是被断言的对象,它因果指示的外部事物才是我们知觉到的对象。然而,我们必须承认,觉知确实是一个介于知觉知识(基于知觉判断)和外在对象之间的过程。关键的问题在于,这一中间过程是不是一种表征性的中介?

若我们是借着知觉到某种中介状态(例如皮尔士所分析的觉知)才间接地知觉到外部对象,那么这里的中介状态必然在某些方面表征了外部对象,否则它无法起到中介作用。然而,皮尔士的觉知并不具备表征外部对象的能力。觉知与外部对象的关系就像台球桌上的两个相互撞击的小球,它们具有相互作用,并觉知可以把这种作用传递给知觉判断;但是这种直接的相互作用并不表征外部对象,而只是指示外部对象(如果真有外部对象的话)。因此,我们对外部对象的知觉并不由觉知"中介",最多由它"传递"而已。这一点用皮尔士的范畴和符号学来分析会更加清楚。"中介"作为一种特殊的关系是属于第三性范畴的,它特别地指一个东西(符号)通过某种一般关系(解释项)而代表着另一个不在场的东西

---

① CP6. 95.

（对象）。例如,对很多人来说,他们是通过词典（解释项）的解释才知道到"珠穆朗玛峰"这个几个字（符号）代表着中国和尼泊尔交界处的一段山脉（对象）的。但觉知并不包含这种三元结构,不具有第三性特征,因此也就不具备表征他物的能力。考虑到知觉判断与觉知的关系也是一种直接的作用,而觉知本身又没有表征能力,只是传递来自外部对象或内在意识的因果作用和相似性,因此,通过觉知,知觉判断就直接指示性地表征了觉知所指示的对象。在幻觉和错觉的情况下,由于幻觉和错觉的显现并非来源于实际存在（或实际感知到）的对象,因此,这一指示性表征无法获得成功（无法指示一个不存在的对象）;而在真实的知觉中,知觉感源于外部事物的因果刺激,知觉判断就成功地指示性表征了一个外部对象。在此,不管是真实知觉,还是幻错觉,我们知觉到的对象（由知觉判断所断言的对象）与外在对象之间都没有一个中介表征——作为中间环节的觉知并不表征。

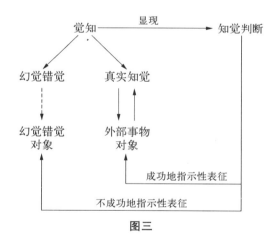

图三

或许有人会质疑说,皮尔士对知觉直接性的这一阐释似乎有偷懒之嫌,觉知的直接性完全依赖于对"表征中介"的重新阐释。然而,对"表征"和"中介"等概念的发掘正是皮尔士整个符号学的中心议题,其背后的理论支撑实难被归为智性上的懒惰。但篇幅有限,在此我们只能说,若重新阐释的"表征中介"确实让知觉既保持了其独特的感受性,又让知觉直接关涉外部世界,那么该方案就是值得考虑的。

三、推论性：从知觉判断到对象

撇开怀疑论不谈，相较于知觉的直接性，知觉的推论性问题更为重要。因为它直接关涉到"知识何以可能"的问题。皮尔士认为，觉知是我们被迫接受的感受性或现象性内容，而知觉判断是对觉知的直接表征或指示性表征；然而，知觉判断到底如何直接表征觉知，以及从何处获得其推论性？

皮尔士在晚期阐释其实用主义时，提出了三个预备性命题①，而这三个命题都是关于知觉判断的：

（1）没有任何在理智中的东西（认知的表征意义）不是来自感觉（知觉判断）。

（2）知觉判断包含一般性要素，可从中推导出普遍性命题。

（3）我们的第一种前提——知觉判断——是一种溯因推论的极端情况，溯因推理可逐渐演变为知觉判断，两者之间没有明显的界限。

第一个命题重申了一遍经验主义关于知识的主张，第二个命题表明了对共相实在论的支持②，以及对知觉判断中概念性要素的承认，而皮尔士的第三个命题则提出了一种对知觉判断的新解释。皮尔士说道：

> 知觉判断是一个过程的结果，尽管这个过程没有足够的意识去控制，或者更准确地说，它不能被控制，因此也就不是完全有意识的。如果对这种潜意识过程进行逻辑分析，我们会发现这种分析最终将作为一个溯因推理，这

---

① 皮尔士称它们为接受实用主义准则的"磨刀石命题"（cotary propositions）。参见 EP2：226‑7.

② 这一点也是皮尔士的知觉理论中与众不同之处。不过由于篇幅有限，本文无意做过多讨论。可参见 Aaron Bruce Wilson，"What Do We Perceive? How Peirce' Expands Our Perception," in *Peirce on Perception and Reasoning: From Icons to Logic*. eds. K. A. Hull & R. K. Atkins. New York and London：Routledge，2017，pp. 1‑14。

个溯因推理基于某个类似过程的结果,而这类似的逻辑分析同样会是一个类似的溯因推理,如此以至无限。①

也就是说,若我们对知觉判断进行逻辑分析,它最终将呈现为无限个溯因推理的形式。而根据皮尔士,溯因推理是相对于传统的演绎推理和归纳推理的第三种推理方式。在皮尔士之前,这种推理鲜有人讨论;在皮尔士之后,类似于(或源自)溯因推理的最佳解释推理或最佳说明推理则获得了大量的关注。但正如一些学者所证明的,皮尔士的溯因推理与当代的最佳解释推理最大的不同是:溯因推理只是提出一个可暂时采用的合理假说,而最佳解释推理是合并了"提出假说"和"比较假说"两种形式的推理。② 从根本上说,皮尔士将溯因推理视为一种洞见(insight);它是将原本不相关的东西联系在一起的灵光一现,其本身并不包含对假说本身的审视(或比较)。它的典型形式是:

观察到了令人惊讶的事实 C。

但若 A 是真的,C 就会是理所当然的事。

因此,有理由认为 A 是真的。③

皮尔士提醒到,在这里,溯因推论得到的并不是 A,其真正的结论应该是"若 A 是真的,则 C 会出现"。可以说,溯因推理试图给出一个设定,该设定的对象不是某个特定的事件(或事物),而是事件之间的某种普遍的条件性关系。

皮尔士将知觉判断视为一种溯因推理意味着,我们在知觉判断中也能发现以上溯因推理的形式。而前面的讨论让我们了解到,一个真实的知觉进程是从外部对象到觉知,然后再从觉知到知觉判断。其中,知觉判断的过程始于觉知的直接呈现,终于对外在对象的断言;觉知的过程则始于与世界的相互作用(或被

---

① EP2:227.

② Daniel G. Campos, "On the Distinction between Peirce's Abduction and Lipton's Inference to the Best Explanation," *Synthese*, 2011, 180 (3):419 - 42.

③ EP2:231.

动作用），终于未做区分的感受现象。若这个过程是符合溯因推理的，那么它必然在形式上有对应于溯因推理的大前提、小前提和结论等各成分。我们首先考虑溯因推理的前提有何特征：溯因推理的一个前提是引起某种惊奇的新现象，另一个前提是将新现象和其（推测的）原因联系起来的普遍条件句。而溯因推理的结论（形式上的结论）必然是对某个东西是断言。因此，整个知觉进程中符合第一个前提的便是觉知的过程，因为觉知源于外部世界的刺激，这种刺激作用必然产生某种"打断"的效果，即惊奇的效果。而第二个前提当属于觉知与外部世界之间的相互关系，因为在整个过程中二者可以形成某种条件性的稳定对应关系。溯因推理的结论应该对应着知觉判断——对觉知所指示的外部世界的断言。于是，若以我们看见一把黄色的椅子并判断该椅子是黄色的为例，该过程就可以被分析为：

（a）特定波长以特定方式刺激我的视觉系统，我产生特定感觉现象，即关于黄色椅子的觉知；

（b）如果那把椅子是黄色的，那么我能感受到这种觉知就不奇怪了；

（c）因此，我判断那把椅子是黄色的。①

根据皮尔士溯因推理的内涵，整个推论过程所表达的并不是"椅子是黄色"，而是"若椅子是黄色，那么我将会有这样的觉知"。诚如阿特金斯（Richard Kenneth Atkins）所述，这种知觉判断本身并没有断言世界就是显现在觉知中的那样，而只是提议世界是这样的。② "断言"意味着对事实如何的判断，而"提议"则意味着对世界或许应该如何的理解；正是在这个意义上，通过条件句的引入，知觉判断使得知觉进程带有规范性。同时，这一推断也是知觉判断就原本不可言说的觉知进行解释的过程。由于觉知不包含概念性的内容，对觉知的解释不可能是演绎式的（演绎要求前提已经包含结论），同时由于觉知的独特性，也不可能是归纳式的（归纳需要相同的样本），因此，最后能够对其解释的只有第三种推

---

① 该形式参见 Richard K. Atkins, *Peirce and the Conduct of Life: Sentiment and Instinct in Ethics and Religion*. Cambridge：Cambridge University Press，2016，pp. 104 - 5。

② Richard K. Atkins, *Peirce and the Conduct of Life: Sentiment and Instinct in Ethics and Religion*. Cambridge：Cambridge University Press，2016，p. 107。

论方式,即溯因推理,即通过假设(或猜测)觉知的内容来解释它。

皮尔士暗示,我们对某个对象的知觉绝非一瞬间的觉知和单个的知觉判断,而是连续不断的知觉进程。他说到知觉进程:"没有一个绝对的瞬间","对抗性不断地流向我们"。① 我们并不是在一瞬间看到"黄色的椅子",若我们的眼睛在椅子上停留的时间太短,或许我们根本不会"看到"它;只有当它反射的光线持续性地作用于我们的视觉,整个知觉进程从刺激产生的觉知到知觉判断进行不断地迭代时,我们最终才能说出"这把椅子是黄色的"。由于整个过程的意识并不受我们控制,因此,我们感觉认出对象是一瞬间的事,但实际上,这是一个持续性过程的结果。这也就是为什么皮尔士在对知觉判断进行溯因分析时,认为可以无限地分析下去。

根据皮尔士对溯因推理本质的阐释,以溯因推理来解释知觉判断势必会导致另一个结论——我们对外部世界的知觉判断只是一种推测,甚至是一种猜想,而"猜想"是不可靠的,那么我们的知觉判断也是不可靠的。皮尔士完全承认这一点,我们的知觉判断就像科学猜想一样是可错的,甚至是易错的。然而在皮尔士的科学探究理论中,易错的"猜想"恰恰是进入理论理解的第一步,我们在猜想的基础之上进行其他推论和证实程序。知觉判断作为对外部世界的溯因推论,是我们关于外部世界的第一个猜想,因此是我们推理过程(获得知觉知识的过程)的第一步,用皮尔士的话说就是"知觉判断是推理的第一个前提"。这一前提既能够通过对觉知的解释而直接关系到外部对象(在真实的知觉中),又是第一个获得推论性的认知过程。因此,它真正架起了连接外部世界和理性认识的桥梁。进一步说,知觉判断作为第一前提,使得我们的理性推论不至于沦为一个空转的轮子,也即任何推论都有来自外部世界的根据或起源。这也呼应了皮尔士所提出的接受实用主义准则的三个准备性命题中的第一个——没有任何在理智中的东西不是来自感觉(或没有任何在认知表征中的东西不是来自知觉判断),

① CP7. 653. 哈克非常敏锐地注意到皮尔士的知觉的连续性特征,并指出皮尔士的知觉理论与他的"连续论"(Synechism)有交集。参见 Susan Haack, "How the Critical Common-sensist Sees Things," *Histoire Épistémologie Langage*, tome 16, fascicule 1, 1994, Actualité de Peirce, pp. 9 - 34.

同时再一次体现了皮尔士在认识论领域中经验主义的倾向。

至此,我们阐释了皮尔士对知觉判断的溯因式解释的内涵。尽管皮尔士本人没有直接谈论这一解释的意义,但是从我们关心的问题来看,溯因式的知觉判断至少在以下两个方面为知觉问题提供了新颖的回应:其一,知觉判断的溯因结构为知觉中的规范要素提供了非先验性的解释,而且相对其他诉诸历史演化的看法,这种解释更直接(尽管其细节或许还有待更清楚地阐明);其二,知觉判断作为推理的第一前提,将来自外部世界的刺激(感性)与我们对之的推论性认识(知性)结合在一起。

四、证实性:从知觉判断到知觉知识

紧接着上文的一个问题是,皮尔士关于知觉判断作为其他推理的前提的看法难道不会使他成为一个基础主义者吗? 我们可以坦然地回答:会。但他不是通常的基础主义者,阿特金斯称之为"准基础主义者"(quasi-foundationalist)。因为皮尔士的知觉判断是以一个猜想或假说作为第一个前提的,也就是说,知觉判断并不是一个牢固的"基础",相反,它极易出错。然而,在皮尔士看来,必须有这样一个"基础",所有的推理才能得以开始,同时不必陷入怀疑论的犹豫不决。而怀疑论之所以对很多学说具有破坏力,就是因为它们害怕犯错;皮尔士的溯因式知觉判断恰恰挑战了这一恐惧。罗森塔尔(Sandra B. Rosenthal)对知觉判断能够对怀疑论免疫给出了一种解释。她认为作为第一前提的知觉判断本身是不可怀疑的,它不可被怀疑并不是因为它不可错,而是因为在初次接触到觉知时,由于没有别的经验做参考,我们根本没有怀疑的理由。① 这一解释与皮尔士对"怀疑"的界定是一致的,皮尔士将笛卡尔式的毫无由头的怀疑斥之为虚假的怀疑,怀疑必须基于合理的理由。可以说,知觉判断作为我们推论的第一前提并非由于它有先验的确定性,而是(借用罗森塔尔的话)因为它具有"实用主义的确定

① Sandra B. Rosenthal, "Peirce's Theory of the Perceptual Judgment: An Ambiguity," *Journal of the History of Philosophy*, 1969, 7 (3): 303 - 14.

性"（pragmatically certain）。根据皮尔士对知觉进程之连续性的论述，知觉判断的可信性也在溯因过程中不断地被更新，或许被证伪，或许被证实。

然而，对我们要获得知觉知识而言，克服对错误的恐惧不是目的，找到一个推论得以开始的假说也不是终点，得到被证实的信念从而认识到真实的世界，并能更好地与世界打交道才是目的。也就是说，我们需要从猜想走向对猜想的证实，从直接的（未经批判的）知觉判断到可靠的知觉知识。

根据皮尔士的知觉理论，在觉知层面上，我们无法区分真实觉知和幻错觉，而知觉判断又是对觉知的直接解释（表征），因此，我们完全可能做出错误的知觉判断。那么，如何证实或证伪这些直接做出的知觉判断就成了关键问题。皮尔士考虑到了这个问题，并为此提供了测试一个知觉真实性的三种循序渐进的方法：

（1）当我们想要区分当下的知觉是真实还是虚幻的时，我们首先试图忽视（通过意志的努力而不去想）这个知觉，若它消失了，那么这就应该是幻错觉；若它仍然持续存在，那么它极有可能就是来自外部世界的因果刺激。

（2）如果我们仍有理由怀疑它的真实性（例如极为罕见的现象），那么我们就进行第二项测试：去询问他人是否也有相同（或类似）的知觉。若他人（尤其是多个他人）证实了这一经验，那么我们会将该知觉当成是真的。

（3）然而，一群人中也可能出现相同的幻错觉，因此我们需要第三项测试——科学的测试。我们根据已知的自然法则预言：若我的知觉确实源自现实世界的直接刺激，那么某个特定实验定会得到特定的结果，若没有该结果，将会是难以理解的；因此，若得到了结果，那么我们的知觉是真实的，若没有预期的结果，那么知觉则是非真实的。[①]

皮尔士非常清楚，即便经过这三项层层递进的检验，其结果仍然不是绝对正确的。但这三种检验方式很好地代表了三种证实层次：第一种是主体自我的内省检验，它具有主观性，因此最易获得但最不可靠；第二种是主体间的相互检验，它具有交互主体性（可交流性），相对容易获得且相对可靠；第三种是最可靠的却

---

① CP2. 142.

最难以获得的检验,它并不依赖某个人或某个团体,而是以推论的结果是否可成为事实为标准,因此在最大程度上确保了客观性和普遍性。对我们日常的经验而言,前两种检验方式往往就已经让我们满足,但是如果要获得更准确的知识,显然应该进入第三种检验。第三种检验方式是实用主义准则下的典型示例:证实永远是基于未来可能(would be)的经验。

然而,即便是第三种检验方式也是会出错的,因为我们关于自然法则的知识是可错的。不过,对本来就持有"可错论"(Fallibilism)的皮尔士来说,在探究过程中犯错是很正常的事。犯错除了是对原来结论的否定,还是对猜想的纠正,因此也是向真正的答案迈进了一步。这一立场暗示我们,关于外部世界的知识(知觉认识)永远不是一蹴而就的,而是在不断的知觉进程中逐渐完善并趋近真相。

有意思的是,皮尔士所给出的三种测试方法与哈克在《证据与探究》中所阐释的基础融贯论(foundherentistism)有着相似的理论旨趣。基础融贯论是对基础主义和融贯论进行批判吸收后形成的一种知识证成理论,其特点是:(1)基于证据的证实;(2)渐进性的证实过程;(3)个体式的证实(基于主体的证据);(4)经验主义的证实;(5)部分是因果性(逻辑)的证实;(6)多维度的证实。①从中不难看出皮尔士有关知觉知识的证实方法的影子。考虑到哈克与皮尔士的思想之间存在"徒孙"关系,以及她这本书(《证据与探究》)多次讨论到皮尔士的知觉理论②,因此,将之视为对皮尔士的相关思想的发展并不奇怪。哈克的基础融贯论从另一方面体现了皮尔士的知觉理论在当代讨论中的活力。

结　语

皮尔士的知觉理论是基于某种"直接实在论"和对知觉判断的溯因式解释而

---

① 参见陈波. 苏珊·哈克的基础融贯论[J]. 武汉科技大学学报(社会科学版),2018,20(02):163-169+112。

② 哈克在导论中提到她在皮尔士那里学到了很多认识论"硬货"。而她对皮尔士有关知觉的讨论也有相当多的引用。参见 Susan Haack, *Evidence and Inquiry: Towards Reconstruction in Epistemology*. Oxford: Wiley-Blackwell, 1995, p. 8, p. 110。

形成的,它坚持知觉既具有直接性又具有推论性。皮尔士借助将知觉分为觉知和知觉判断两个可区分却不可分离的过程来对其直接性和推论性进行论述。觉知是外部世界与知觉判断之间一个非表征过程,它保持了外部刺激的直接性和内在具有的感受性;知觉判断以溯因推理的形式对觉知进行解释,维持了对觉知的直接性应答,并因包含一般性要素(普遍概念)的设定性推理成为第一个具有推论内容的知觉进程,为之后的推论提供了规范性材料(作为第一前提)。觉知的直接性和知觉判断的推论性都无法保证知觉的正确性。皮尔士深知我们的知觉是可错的,甚至可以说,没有哪种知觉理论能够确保一个知觉的进程定可获得知觉知识;我们总是在动态的知觉进程中不断地趋近外在对象的真相。因此,克服针对知觉的怀疑论的对策不是寻求绝对的确定性,而是找到一个可以开始的起点,所需要的仅仅是"实用主义的确定性"。而对知觉判断及其推论的证实,也应当是一种实用主义的证实——以被测试信念为前提进行多方面的推论,根据其预测结果的准确性来判断其可靠性。

总之,皮尔士的知觉理论同时做到了(或试图做到)三件事:第一,主张我们直接知觉到外部世界,而不是经过某种作为表征性中介的感觉或印象来知觉世界;第二,知觉的推论性提供了推理活动得以开始的起点;第三,以知觉可错论来化解知觉怀疑论的威胁。当然,皮尔士的很多看法并非绝对创新,也非完全无可争议;然而,他所指出的路径确实值得后世学者思考。

规范科学，还是思想的自然史？

——试析皮尔士对杜威逻辑观的批评

周红宇　黑龙江大学哲学学院

1903 年，芝加哥大学出版社出版了一部杜威和他的同事以及学生共同写成并由杜威编辑的论文集《逻辑理论研究》(*Studies in Logical Theory*)。这部论文集收录了 11 篇文章，其中 4 篇①是杜威本人的手笔。皮尔士在 1904 年 9 月 15 日刊出的《国家》(*The Nation*)杂志上发表的一篇关于该文集的书评中，以及在写给杜威的两封私人信件②中，均对杜威在书中所阐述的逻辑观提出严厉的批评。尽管书评的批判意味并不像通信表现得那样激烈，但还是可以从中嗅出浓浓的火药味。诚如伯恩斯坦所言，"杜威的《逻辑理论研究》(1903 年)受到的最尖锐的批评之一是皮尔士所写的"③④。

---

① 这四篇文章与杜威后来所写的主题相近的其他几篇文章一起于 1916 年重印于《实验逻辑论文集》(*Essays in Experimental Logic*)一书，并构成该书的第 2～5 章。

② 其中一封信的落款日期是 1904 年 6 月 9 日。另一封信是不完整的，也没有日期，但这封信是对杜威在 1905 年 4 月 11 日写给皮尔士的信的回复。在来信中，杜威表达了对皮尔士于 1905 年 4 月发表在《一元论者》杂志上的《什么是实用主义》("What Pragmatism Is")这篇文章的赞赏，皮尔士在回信的开头对此表示感谢，据此可以推断这封信大概写于 1905 年。本文对皮尔士的书评和两封信件的引用均来自布克斯(Arthur W. Burks)编辑的《皮尔士文集》(*Collected Papers of Charles Sanders Peirce*)第 8 卷。按照通行做法，在引用这个文集时只标注卷数和段落数，比如(CP8. 188)代表第 8 卷的第 188 个自然段。

③ Richard J. Bernstein, *Praxis and Action*: *Contemporary Philosophies of Human Activity*. Philadelphia: University of Pennsylvania Press, 1971, p. 200.

④ 耐人寻味的是，同为实用主义者的詹姆士也于同年写了一篇书评，但他对杜威赞美有加。参见 William James, "The Chicago School," *Psychological Bulletin*, 1904, 1 (1): 1-5.

总的来看,皮尔士对杜威的逻辑观的最根本的批评是:逻辑是一门规范的科学,但杜威却把逻辑变成了思想的自然史;而对逻辑单纯做发生学的研究的问题在于,将使逻辑丧失它应有的规范身份。对皮尔士和杜威在逻辑思想上存在的分歧,研究者们有不同的评价和判断。伯恩斯坦认为,这表现出杜威"缺少皮尔士的创造性的逻辑天才"①。斯利珀则指出:"恰恰是杜威的创造性的逻辑天才使他能够看出皮尔士的逻辑观中的缺陷。"②科拉彼得罗强调,从皮尔士与杜威在逻辑观上的显著差异,并不能得出任何关于杜威的逻辑理论的质量或品质的结论。③ 关于皮尔士对杜威的逻辑理论的批判,研究者们已经做出了相当深入细致的讨论。④ 他们试图找出究竟在哪些方面皮尔士对杜威的逻辑理论不满意,并分析是什么原因导致了皮尔士的不满。有的学者还试图为杜威辩护,认为杜威的逻辑理论本身完全可以为逻辑所具有的规范力量做出合理的说明。也就是说,在他们看来,杜威与皮尔士一样承认逻辑具有规范属性,只不过提供了不同的说明。这样一来,也就引发了哪一种方式的说明更恰当、哪一种才是真正实用主义的说明的问题。在我看来,当皮尔士说"逻辑是一门规范的科学"的时候,这里的"规范"有两种含义。区分这两种规范,既有助于澄清皮尔士与杜威之间的分歧所在,也有利于我们把握两者之间的共同之处。

本文的行文思路大体是这样的:首先,简要叙述皮尔士具体是如何批评杜威的逻辑理论的;然后,考察一些研究者对皮尔士为什么反对杜威的逻辑观所做的分析和解释;最后,区分两种不同的与逻辑相关的规范,进而表明皮尔士与杜

---

① Richard J. Bernstein, *Praxis and Action*: *Contemporary Philosophies of Human Activity*. Philadelphia: University of Pennsylvania Press, 1971, p. 201.

② Ralph. W. Sleeper, *The Necessity of Pragmatism: John Dewey's Conception of Philosophy*, New Haven and London: Yale University Press, 1986, p. 72.

③ Vincent M. Colapietro, "Experimental Logic: Normative Theory or Natural History," in *Dewey's Logical Theory*, eds. Burke Thomas, Hester Micah, and Talisse Robert. Nashville: Vanderbilt University Press, 2002, p. 43.

④ 国内学者关于皮尔士对杜威逻辑观的批评所做的回顾和反思,主要有:张庆熊. 实用主义被简单化和曲解的原因——解读皮尔士对杜威《逻辑理论研究》的书评及相关书信[J]. 广西社会科学,2004(06):16-20;徐陶. 杜威的探究型哲学思想研究[M]. 北京:社会科学文献出版社,2016:204-210;孙宁. 杜威的"新"逻辑:一项以定位为目的的探究[C]//实用主义研究(第一辑). 北京:人民出版社,2017:178-180。

威之间的真正分歧和共识。

一、皮尔士对杜威的逻辑观的批评

在皮尔士看来,逻辑是一门规范的科学,而杜威却把逻辑这门学科变成思想或经验的自然史,其后果是弱化了推理的有效与无效、可靠与不可靠这样一些根本性的区分,也造成思维的松散和论证的不严格。皮尔士评论说:

> 他(指杜威)看起来,把他称之为"逻辑"的东西当做思想的自然史······如果用"逻辑"这个名字称呼那个新的自然史(一个可疑的开始)是在如下问题上带有偏见的一种方式,即是否——因为它会宣称一段思想历程是可靠的和有效的,而另一段则不是——有一种不仅仅是单纯自然史的逻辑,那么我们应该把对那个名字的这种侵占本身视为重新确认了我们的如下观点:今日急需这样一门规范科学。(CP 8.190)

皮尔士的意思是说,用"逻辑"这个名字称呼思想的自然史,实际上是带有一种偏见的表现,即在逻辑是否应该纯粹是对自然史的研究这个问题上明显偏向做出肯定的回答。但是,我们可以根据逻辑把某些思维过程说成是有效的,把另外一些说成是无效的。这一点表明,逻辑还应该研究自然史以外的东西,具体来说就是,应该研究逻辑的规范方面。因为,如果逻辑仅仅是思想的自然史研究,那么就无法凭借它把思维活动判定为有效的与无效的,可靠的与不可靠的。据此,皮尔士指出,用"逻辑"称呼一种思想的自然史是不恰当的,是对"逻辑"这个名字的不合理占用。在他看来,我们当下急需的是一门作为规范科学的逻辑,而不是对思想的自然史的研究。皮尔士在给杜威的信中明确写道:

> 你提议用思想或经验的"自然史"代替规范的科学,而依我的判断,规范科学是我们时代最需要的。我绝不会做任何妨碍一个人在发现真理的道路

上发现不管什么样的真理的事情。但我不认为像自然史那样的任何东西可以回应如下迫切需要,即终止由于人们对于推理理论的不理解所带来的思想、时间和精力上的惊人浪费。(CP 8. 239)

皮尔士认为,逻辑的重要和迫切任务是帮助我们分辨好的与坏的、正确的与错误的、有效的与无效的推理,而思想的自然史非但对此毫无价值,而且可能带来负面的影响。他说:

教导说这样一种自然史可以替代思想的规范科学的后果是,必然使推理的规则变得松散。(CP 8. 240)

也就是说,一旦把逻辑纯粹当做是思想的自然史,将难以保留真与假和对与错这样一些对逻辑来说必不可少的二元区分,还会淡化这样一些区分的重要性,使人们不再重视逻辑在判定推理有效性方面的作用和功能。这样的话,人们的思维活动势必会是随意的、主观的和不严格的。

为了避免这样的后果,皮尔士呼吁加强对逻辑的规范方面的研究。他甚至用道德的语汇来谈论逻辑的规范本性。他强调指出,推理这种思维活动是一种需要自我约束和自我控制的行为(self-controlled conduct),必然有真假对错之分,不可能是一种信马由缰的、完全不受制约的单纯的自然过程。作为一门规范科学,逻辑是对人们的思维活动所应该服从的正确性标准的研究。

同时我们也要看到,皮尔士并不否认对逻辑做历史的、生成的(genetical)研究自有其意义和价值,甚至可能有助于我们理解逻辑的本性。但他指出,杜威认为只有生成性的逻辑在实际应用中才有意义,因而排斥对逻辑做非生成性的研究。这样来看,杜威的逻辑理论就是不宽容的。皮尔士明确地说:"如果不是因为你的逻辑理论的这种没有来由的不宽容,我也不会如此严厉地反对它;而且它的有些部分在我看来很令人羡慕且具有很大的价值。"①

————————

① CP8. 244.

在皮尔士看来,有些学科可以也应该做生成性的研究,而有些学科则不能做这样的研究。当杜威说所有的探究活动都应该以生成性的方式来进行的时候,他事实上就犯了以偏概全的错误。在写给杜威的信中,皮尔士指责说:"你有权说的是,对于某些逻辑问题,认知的整个发展。以及与之一道的认知对象的发展是相关的,并因而应当被考虑在内。你实际上说的是,与这种发展不相关的探究都是不应该被允许的。"①也就是说,从生成性的研究对解决某些逻辑问题有帮助这一点,并不能得出对所有逻辑问题都不应该做非生成性研究的结论。恰恰相反,皮尔士本人所从事的把逻辑作为一门规范的学科加以研究的工作,才是时下逻辑领域里最紧迫、最重要的任务。

二、对皮尔士所做的批评的一些解读和分析

关于皮尔士与杜威之间的分歧,斯利珀(Sleeper)指出:"杜威一直论证说,所有那些把形式逻辑看成是对科学方法具有某种规范限制的人,都犯有把分离的思想(apart thought)施加在它所不属于的实验材料之上的错误。在《逻辑理论研究》中他已经论证了,逻辑形式是导源于科学的进程的,这是一个皮尔士正确地看出了对他自己的方法不宽容的论题。因为皮尔士的核心想法是,哲学的功能是为科学打下基础,清除'形而上学的垃圾',并且通过逻辑分析澄清证明的标准。如此一来,对皮尔士来说,逻辑是一门规范的科学,一门涉及思想本身的自我规约的自我纠正的学科。因此,它的规范的规则就不是像杜威所坚持的那样是导源于科学的。"②

斯利珀的分析包含几层意思。首先,皮尔士与杜威在看待逻辑与自然科学的关系问题上持有不同的见解。皮尔士认为,逻辑是一门自我规约、自我纠正的学科,自然科学不会对它产生太大的影响;但逻辑对科学的方法具有指导意义,

---

① CP8. 244.

② Ralph. W. Sleeper, *The Necessity of Pragmatism: John Dewey's Conception of Philosophy*. New Haven and London: Yale University Press, 1986, pp. 45 - 6.

进而逻辑这门学科相对于经验科学更为基础性。然而，在杜威看来，逻辑应该向经验科学学习，应该借鉴自然科学的成功经验，特别是向富有成效的科学的方法取经；而且，逻辑本身的合理性应该由它在科学探究中是否起到了应有的作用，是否有助于科学活动的成功来加以说明，而不能反过来把逻辑作为衡量科学成败的标准。

其次，皮尔士的逻辑中的形式主义倾向是杜威不能接受的。斯利珀写道："根据杜威的看法，皮尔士总是使用形式主义的模型来构想逻辑……这种模型把概念材料的形式分析与在连接感觉经验过程中涉及的综合之间的区分看作理所当然的……依旧是皮尔士逻辑中的一个要素的这一形式主义的残余……恰好是杜威不能接受的。"①杜威从始至终对形式主义分裂形式与内容的做法深恶痛绝，他不遗余力地指出形式主义背后所预设的形式与内容的二元论。他对形式逻辑学家将形式逻辑与科学探究分开处理的做法充满怀疑。

再次，在斯利珀看来，在逻辑的本性问题上，皮尔士是一个先天主义者，而杜威则是一个经验主义者。具体来说，皮尔士把逻辑看成具有固定本质的静态的形式，因而是可靠的和稳定的，逻辑不依赖于经验，但可以为经验活动提供先天的标准和原则；但杜威不认同逻辑具有先天的地位，对他而言，逻辑形式是"思想的后天产物，而非它的先天原则"，严格说来，逻辑规则并不是先天的或不证自明的，而是依赖于推理活动的，是在实际的思维活动中产生和发展起来的，而且逻辑本身的有效性还要受到实践活动的检验。

根据斯利珀的解读，皮尔士持有一种逻辑实在论的观点，即认为逻辑实体对探究的方向和进程构成某种限制，而这恰好体现出逻辑对探究活动的规范作用。但所谓的不存在于时空当中的、抽象的逻辑实体究竟如何对科学探究活动施加影响，却是难以说明的。杜威看出了"皮尔士版本的逻辑实在论不会起作用"，认为逻辑的规范力量其实是导源于探究活动的，而非与探究活动相分离的某种在先的东西，我们完全可以说明逻辑给思维活动带来的规范限制，而无须设定难以理解且没有什么解释力的逻辑实体。斯利珀写道："在《逻辑理论研究》中，杜威

---

① Ralph. W. Sleeper, *The Necessity of Pragmatism: John Dewey's Conception of Philosophy*. New Haven and London: Yale University Press, 1986, pp. 47-8.

表明了我们的逻辑规范是如何从探究过程中涌现出来的……可以说明推论的成功，而无须求助于先天的形式或那些假定的不证自明的逻辑关系的真理。"①也就是说，在斯利珀看来，皮尔士与杜威之间的分歧不在于逻辑是否具有规范功能，不是说皮尔士认为逻辑是规范的而杜威认为逻辑不是规范的，而是说二者认为对于逻辑的规范性应该给出不同的说明。

斯利珀还对皮尔士为什么会在逻辑观上坚持形式主义和先天主义的立场做出了诊断。斯利珀指出，皮尔士没有把他的探究理论应用到逻辑问题的说明上去，导致他没有重视逻辑规范在实际探究活动中的起源和在探究中扮演的角色。这一点表现在，皮尔士从未将逻辑描述为是一种探究理论。在皮尔士那里，逻辑与探究几乎没有什么关联；逻辑是皮尔士的符号理论的一部分，研究的是符号与它们的概念对象之间的关系。② 斯利珀认为，皮尔士所说的探究具有一种怀疑-信念模式，是一种从怀疑、不确定状态到确信（拥有信念）的转换过程，更像是一种心理学。杜威从皮尔士那里接过了探究这个概念，但对它进行了扩充和改造。探究活动是通过改变处境，使最初的可疑、不确定状态转化为一种确定的、可靠的状态的过程，更具有实践的维度。这使得杜威更加重视逻辑的起源和它在探究中扮演的角色。在他那里，逻辑成了探究活动的方法论，是随着探究的进程而产生和发展的，并不是一种先天的、具有固定本质的东西。

希克曼（Hickman）注意到皮尔士对杜威的逻辑理论的批评是异常激烈的。于是，他试图找出哪些是杜威逻辑中皮尔士最不喜欢的地方，并进一步分析了皮尔士为什么会不喜欢这些方面。希克曼认为，皮尔士发现，杜威把逻辑当成思想的自然史，做出了逻辑只应该做生成性的研究的规定；正是这一发现惹恼了皮尔士，因为皮尔士本人研究逻辑的方式恰恰是非生成性的，杜威的生成的逻辑观威胁到皮尔士多年辛勤从事的逻辑研究的合法性。对皮尔士来说，对逻辑做生成性的研究固然有其意义和价值，但"生成的逻辑"的施展空间有限，不会有大作

---

① Ralph. W. Sleeper, *The Necessity of Pragmatism: John Dewey's Conception of Philosophy*. New Haven and London：Yale University Press, 1986, p. 47.

② Ralph. W. Sleeper, *The Necessity of Pragmatism: John Dewey's Conception of Philosophy*. New Haven and London：Yale University Press, 1986, p. 49.

为，主要应该把逻辑作为一门规范的科学来加以研究，这也是当下最迫切的。希克曼写道："皮尔士对杜威的逻辑最严肃的明确反对意见，看起来是指向杜威把生成的逻辑当成是完备的探究理论。皮尔士认为杜威的逻辑是不完备的，因为它缺少一个规范的要素。"[1]也就是说，杜威把生成的逻辑作为逻辑研究的全部，而排斥对逻辑做规范性的研究，而后一项研究在皮尔士看来恰恰是更重要、更紧迫的任务。

由于皮尔士在书评和他写给杜威的两封信中对什么是"规范科学"给出的说明十分有限，因此这里的"规范"到底是什么意思，研究者们得出了各种不同的理解。希克曼列举了若干个版本的对皮尔士所说的"规范的逻辑"的解释，他指出，尽管它们之间存在明显的差异，但是一种共性的看法是，对皮尔士而言，逻辑中的规范因素是某种形式的、先天的（非经验的）东西。根据希克曼的诊断，皮尔士在逻辑上的形式主义和先天主义立场，与他坚持认为"在理论与实践、科学与日常事务之间存在着断裂"有关。不难理解，如果在纯理论性的科学与处理实际事物的实践活动之间有着截然的区分，那么把逻辑置于纯理论的一边看起来还是很合理的。进一步来说，将理论与实践相隔绝，造成了皮尔士强调逻辑的形式的、先天的方面。

在希克曼看来，正是由于看到了皮尔士逻辑思想中的种种弊端，杜威才决心对逻辑进行改造，而没有重蹈皮尔士的覆辙。杜威曾写道："面对进化论的方法在自然科学中的进展，如果有哪位逻辑学家坚持断言在起源与本性问题上、在生成与分析、历史与有效性之间有着严格的区分，那将是令人震惊的……除或者把思考设想为对具体刺激的一种反应，或者把它设想为某种自在之物，只是自身具有某些特性、要素或规律外，别无选择。如果我们放弃后一种观点，那么就必须坚持前一种看法。在这种情况下，它仍然会具有独特的特质，但它们将是对具体的刺激做出的具体的反应的特质。"[2]希克曼认为，后一种观点实际上也是皮尔

---

[1]　Larry Hickman, "Why Peirce didn't Like Dewey's Logic," *Southwest Philosophy Review*, 1986 (3): 180.

[2]　John. Dewey, *Essays in Experimental Logic*. New York: Dover Publications, Inc., 2004, p. 93.

士的观点,是一种"形而上学的逻辑",即把逻辑对象看成存在于既非心理的又非物理的形而上学领域。但设定这样的形而上学实体既是不必要的,也是不科学的。

杜威主张消除在起源与本性、历史与有效性之间建立起来的人为对立,强调逻辑的本性应该从它的起源方面来说明,且逻辑的有效性是历史地建立起来的。一方面,杜威把逻辑看成是在我们的推理实践中一步步发展起来的,而且是经由我们塑造的,而非某种独立于我们的、完全由推理推出来的东西。另一方面,逻辑的有效性是由其在具体的场景下能否成功地发挥作用来确定的。希克曼写道:"对杜威来说,自我控制是由工具的成功运用来衡量的,这些工具是为了某一具体的任务或可预见的目的(end-in-view)而恰当选择的,而不是像皮尔士所认为的那样,有符合先天的形式上的考虑或一个注定了的未来共同体。"①

对斯利珀和希克曼把皮尔士描绘成一个逻辑上的形式主义者和先天主义者的做法,科拉彼得罗(Colapietro)表示强烈的反对。在他看来,这样的描述与皮尔士本人的逻辑观相去甚远。他试图通过文本证据来加以反驳。我们在前面说过,希克曼认为皮尔士在逻辑上的形式主义和先天主义立场与他分裂理论和实践有关。科拉彼得罗指出,希克曼之所以会得出皮尔士割裂理论与实践的结论,是因为他错误地解读了相关的文本。事实上,皮尔士本人既没有将理论与实践对立起来,也没有抬高理论贬低实践。科拉彼得罗找出一些文本上的证据,有力地证明了在这些语境中,皮尔士"并不是在将沉思与实验对立起来。他也不是在将理论等同于先天的推理,或把实践等同于盲目的习俗和不加反思的投入"②。我们也看到,斯利珀把皮尔士的形式主义和先天主义立场归咎于他没有把逻辑理论与探究理论关联起来。针对斯利珀"皮尔士从未把逻辑描述为一种探究理论"的断言,科拉彼得罗找出相关的章节和段落表明,皮尔士确实说过逻辑是一种探究理论。而且,杜威在1938年出版的《逻辑——探究的理论》一书中也明确

---

① Larry Hickman, "Why Peirce didn't Like Dewey's Logic," *Southwest Philosophy Review*, 1986 (3): 181 - 2.

② Vincent Colapietro, "Experimental Logic: Normative Theory or Natural History," in *Dewey's Logical Theory*, ed. Burke Thomas, Hester Micah, Talisse Robert. Nashville: Vanderbilt University Press, 2002, p. 47.

地说，皮尔士"是第一个使探究及其方法成为逻辑的主题的主要的和最终的来源的逻辑作家"①。

尽管科拉彼得罗承认皮尔士的与杜威的逻辑理论是不同的、有分歧的，但他坚持认为，二者之间的差异不能被简单地刻画为是先验的逻辑与经验的逻辑的对立。他说："杜威与皮尔士关于逻辑本性的思想差异并不像皮尔士本人或杜威主义者倾向于认为的那样近乎根本。二者的确有差异，而且这些差异是掩盖不了的，但是这些差异不能被描绘成，据说是皮尔士的先验的逻辑与杜威的无可否认的自然主义的逻辑的对立。"②科拉彼得罗指出，尽管皮尔士和杜威对逻辑的规范性的说明有所不同，但是他们二人实际上采取的都是自然主义的立场；皮尔士在逻辑的规范性的问题上也是自然主义者，只不过是"一种特殊类型的自然主义者，尽管如此，毕竟还是自然主义者"③。皮尔士与杜威的逻辑观之间更多的是互补的而非敌对的；皮尔士本应该更喜欢杜威的逻辑理论一些，至少不应该像他所表现的那么讨厌。

在科拉彼得罗看来，皮尔士并没有将规范的逻辑与生成的逻辑对立起来，他是认可对逻辑这门规范的科学从进化发生的角度来加以研究的。只是皮尔士没有看出杜威的逻辑理论对逻辑的规范维度的重视，以及杜威其实同样对与逻辑相关的规范给出了自然主义的说明。换句话说，是皮尔士误以为杜威不重视甚至不承认逻辑的规范方面，才导致他对杜威的《逻辑理论研究》做出相当负面的评价的。科拉彼得罗评论说："皮尔士在他的书评和他写给杜威的信中几乎根本没有注意到，在多大程度上杜威的生成的逻辑是一种规范的逻辑。更准确地说，它是一种对作为一门规范科学的逻辑的描述的说明。皮尔士所反对的，并不是这样一

---

① John. Dewey, *The Later Works*, *1925 - 1953*, ed. Jo Ann Boydston, Vol. 12：1938, *Logic: The Theory of Inquiry*. Carbondale：Southern Illinois University Press, 1986, p. 17.

② Vincent M. Colapietro, "Experimental Logic：Normative Theory or Natural History," in Dewey's Logical Theory, eds. Burke Thomas, Hester Micah, and Talisse Robert. Nashville：Vanderbilt University Press, 2002, p. 51.

③ Vincent M. Colapietro, "Experimental Logic：Normative Theory or Natural History," in *Dewey's Logical Theory*, eds. Burke Thomas, Hester Micah, and Talisse Robert, Nashville：Vanderbilt University Press, 2002, p. 48.

种说明的内在有效性,而是它的比较价值。"①也就是说,皮尔士并不否认以一种描述的、自然主义的方式说明逻辑的规范性的内在合理性,只不过他认为,逻辑的规范方面与自然主义的说明方式相比较而言,更应该强调前者,因为这是时代的迫切需要,过于强调后者会分散甚至转移人们的注意力,使前者得不到应有的重视。

既然皮尔士认同对逻辑相关规范做描述的说明,而且他本人实际上采取的就是自然主义的进路,那么他为什么没有看出杜威的方案与他自己的是类似的呢? 对此,科拉彼得罗认为,皮尔士之所以没有注意到他们两人之间的高度相似性,部分原因在于"从他的角度看,杜威对逻辑的处理过于描述性了,尽管它为规范是如何出现的以及如何作为规范起作用提供了描述"②。另外一个原因是,在皮尔士看来,像杜威那样追溯逻辑概念和逻辑形式的生成历史,把它们放到历史语境中去考察,会削弱和抹杀对逻辑来说必不可少的一些根本区分,比如真与假、对与错、有效与无效等。而任何一种可接受的逻辑理论,都应该为做出上述区分提供理论资源。但科拉彼得罗指出:"在他的《逻辑理论研究》的任何地方,杜威都没有否认过逻辑应该提供这样的工具,尽管这一点没有被充分强调……皮尔士不可能没有注意到杜威一再主张的观点:反思性的视角关心的不是思想如何碰巧发生,而是思维活动应该如何被执行。"③科拉彼得罗也猜测,皮尔士把杜威错误地解读为一个逻辑上的反规范主义者,并对他做出严厉的指责,在某种程度上这可能是一种情绪上的宣泄。比如,杜威在书中提及许多哲学家和逻辑学家,却唯独没有提到皮尔士,此举对这位一直以来对自己的逻辑才能自视甚高的逻辑学家来说不能不算是一种冒犯和不尊重;在杜威获得芝加哥大学的教职之前,皮尔士也曾经申请去那里任教却惨遭拒绝,这可能会引起皮尔士的嫉恨心

---

① Vincent M. Colapietro, "Experimental Logic: Normative Theory or Natural History," in *Dewey's Logical Theory*, eds. Burke Thomas, Hester Micah, and Talisse Robert. Nashville: Vanderbilt University Press, 2002, p. 52.

② Vincent M. Colapietro, "Experimental Logic: Normative Theory or Natural History," in *Dewey's Logical Theory*, eds. Burke Thomas, Hester Micah, and Talisse Robert. Nashville: Vanderbilt University Press, 2002, p. 54.

③ Vincent M. Colapietro, "Experimental Logic: Normative Theory or Natural History," in *Dewey's Logical Theory*, eds. Burke Thomas, Hester Micah, and Talisse Robert. Nashville: Vanderbilt University Press, 2002, p. 54.

理;杜威早年在约翰·霍普金斯大学读书期间尽管选修过皮尔士的逻辑课程,但与那些有数理偏好的学生相比,这门课并没有引起他太大的兴趣,对此皮尔士可能有所觉察,因而也就不会把杜威视为自己的同道;皮尔士可能预感到,如果杜威的逻辑研究方案获得广泛的认可,那么他自己在逻辑领域所做的那些技术性的工作受到学术界重视的前景可能会更加黯淡,于是他要想方设法地打压杜威。所有这些非学术性的因素,都有可能促成皮尔士对杜威的逻辑理论做出尖刻的批评。

三、两种不同的与逻辑相关的规范

上面提到的三位学者,都非常关注皮尔士对杜威的逻辑理论的批评,他们对皮尔士在哪些方面反对杜威的逻辑理论,以及为什么要反对,分别给出了各自的解释和说明。显然,他们之间的看法和解释立场并不一致。但他们之间有一个共同点,那就是,都认为杜威的逻辑理论完全可以合理地解释逻辑的规范特征,因此皮尔士对杜威的逻辑理论忽视并且无法容纳逻辑的规范性的指责是不恰当的,至少是不公平的。归结起来,皮尔士和杜威在逻辑的规范性问题上的立场无非有下面四种可能:(1)皮尔士认为逻辑是规范的,而杜威则认为逻辑不是规范的;(2)皮尔士和杜威都认为逻辑是规范的;(3)皮尔士认为逻辑不是规范的,而杜威认为逻辑是规范的;(4)皮尔士和杜威都认为逻辑不是规范的。第三和第四种可能可以很容易排除,因为皮尔士反复强调"逻辑是一门规范的科学",关键在前两种可能。斯利珀和希克曼没有明确地说杜威本人坚信逻辑是规范的,但他们都认为杜威的经验的逻辑或探究的逻辑可以很好地说明逻辑的规范性,而且可以避免皮尔士先天主义的、形式主义的逻辑理论遇到的问题和麻烦。科拉彼得罗明确地表示,杜威也是认同逻辑的规范性的,皮尔士和杜威不仅都认为逻辑是规范的,还都为逻辑的规范性提供了自然主义的说明。[1] 皮尔

---

[1] 通常来说,规范性问题往往被用来反对自然主义,被认为是自然主义难以应对的一项挑战。关于自然主义方案能否真正说明逻辑的规范性,以及杜威和皮尔士的说明方式在什么意义上都是自然主义的,由于篇幅所限,本文不做进一步的展开。

士把杜威当成反对或者至少无视逻辑的规范性这段历史公案，真的只是一场误会吗？对此，我们还是充满疑虑。而且，尽管研究者们围绕逻辑的规范性谈了很多，但还是不够透彻和清楚。所以，接下来，笔者将区分两种逻辑相关的规范性，希望能有助于我们更好地把握皮尔士与杜威之间在逻辑理论上的关系。

以逻辑规则确定的前后为分界线，我们可以区分两种与逻辑相关的规范性，一种是逻辑规则的确定过程中涉及的规范，另一种是逻辑规则确定下来以后对思维活动施加的规范影响。我们可以把前者简称为逻辑规则的确定上的规范，把后者称为逻辑给思维活动带来的规范。对逻辑规则是怎么确定的以及这些规则本身的有效性如何判定这样的问题，哲学家们历来争论不休。一种有代表性的看法是，逻辑规则的发现可能是经验的、偶然的，但这些规则一旦得出就具有自明的真理性，并不能为某些个别的经验所证实或否证。哲学家们做出了发现的逻辑与辩护的逻辑的区分。一个逻辑学家是如何发现一条逻辑规则，是哪些因素导致他想到了这条规则，属于发现的逻辑研究的范畴；而为了接受这条逻辑规则，我们可以提供什么样的根据和理由则属于辩护的逻辑。一般来讲，逻辑学家们都把工作的重心放在辩护的逻辑上面。所以，不难理解，逻辑规则的确定上的规范性就是指，逻辑规则的确定不是约定的或任意的，甚至也不是受经验摆布的，而是出自纯逻辑的理由和根据。当皮尔士说逻辑是一门规范的科学的时候，一个很重要的维度就是，他在强调逻辑是一门自我纠正、自我调整、自我更新的学科，不需要外力的介入。尽管他也承认对逻辑做发生学的研究（揭示逻辑规则如何被发现、运用和进化演变过程的自然史）很有价值，但他还是认为这不是逻辑的主要任务，更不是逻辑的全部。

在大部分语境下，当哲学家们谈论逻辑的规范性时，往往是指逻辑给思维活动带来的限制和制约。根据经典逻辑的定义，逻辑是研究论证的有效性的。具体来说，就是提供一些方法和手段，据此把推理或论证区分为有效的与无效的或正确的与错误的。当皮尔士说逻辑是一门规范的科学的时候，他主要想到的也还是逻辑的上述功能。他甚至把逻辑学看成伦理学的一个分支，因为逻辑将论证分成好的和坏的。对皮尔士来说，"推理当然是一种思维活动。它是那种故意地并且有意识地受到规范或典范控制的思维活动"①。不难理解,人只应该为自己能够控制的、按自己的意愿做出的行为负责。换言之,只有那些有意的行为才有好坏和对错可言。同样,对一项不受自己的意志支配、不能被自己掌控的思维活动,是不能做出有效或无效的评价的。所以,以判定推理有效性为己任的逻辑学,研究的应该是那些故意的、受控的思维活动。而在皮尔士看来,所谓有目的的、自我控制的思维活动,就是为了使其符合某一目的或典范而有意识地对自身施加限制的思维活动。

对与逻辑相关的两种规范做出以上区分之后,我们可以发现,是否坚持逻辑规则的确定是规范的,并不影响人们主张逻辑给思维活动带来规范制约。尽管对于逻辑规则是如何得来的,哲学家们可能有不同的看法,但这并不妨碍他们认为逻辑规则对思维活动具有规范效力。也就是说,一个人可以在承认逻辑对思维活动起规范作用的同时,否认逻辑规则的确定是规范的。当然,这两种逻辑相关的规范也不是完全隔断的,而是可以联系在一起的,逻辑规则的确定是否规范势必影响到它们的规范效力。显而易见,如果一条逻辑规则的确立是任意的、主观的,那么它是否真的有规范效力就是很可疑的了。到此为止,我们大概可以说,即使皮尔士和杜威都认为逻辑规范地制约着思维活动,但他们在逻辑规则的确定问题上还是有分歧的。对皮尔士来说,逻辑规则在确定方面的规范性体现在,逻辑这门学科的自我调控,即不受学科之外的因素的影响。与此相反,杜威则从进化发生的历史的角度考察逻辑规则是如何出现和演变的,以及它们在探究活动中扮演什么样的角色,逻辑规则本身的合理性是以是否有助于科学探究活动的成功为依据的,这也就意味着逻辑需要随着经验科学的发展而不断做出调整。在皮尔士看来,对逻辑做自然史研究将使其呈现出流动性、主观性和相对性,进而影响到逻辑的规范效力,将使推理变得松散,有效与无效、可靠与不可靠这样一些对逻辑来说是根本性的区分被弱化了。这也就是皮尔士对杜威的逻辑理论的批评的核心所在。

最后,在结束本文之前,我们简要地谈谈一个与皮尔士对逻辑规范的说明相

---

① Arthur W. Burks,"Peirce's Conception of Logic as a Normative Science,"*The Philosophical Review*,52(2):190.

关的问题。我们看到,在逻辑规则的确定问题上,皮尔士认为逻辑是一门规范的学科,是自我调控、独立于经验科学的,并不从经验科学特别是心理学的发展那里获得信息和材料。据此,一些学者把皮尔士在逻辑规范问题上的立场解读为先天主义和形式主义的,而这不是真正的实用主义对规范的说明方式。尽管实用主义并不是一个能够简单地概括出其核心主张的哲学流派,但还是可以大体上说,真正的实用主义应该诉诸经验和实践来说明规范。这样来看,皮尔士好像不是一个彻底的实用主义者。这似乎也在某种程度上为罗蒂的一些惊人之语提供了佐证。罗蒂曾经说过,皮尔士"对实用主义的贡献只是给它提供了一个名字,以及刺激了詹姆士。皮尔士本人仍然是最为康德式的思想家——最为确信:哲学给了我们一个无所不包的非历史的语境,在这个语境中,每一个其他种类的话语都能够被分配给适合的位置和地位"①。再反观杜威,他看起来真正地为逻辑的规范提供了实用主义的说明,因为他把逻辑规则的起源和作用放在探究实践中来加以考察。他明确写道:"所有的逻辑形式(以及它们的典型属性)都是在探究的运作过程中产生的,并且关心的是控制探究以便能够产生有担保的断言。"②在逻辑的本性问题上,一直以来都有先验主义和经验主义两种思路。先验主义认为逻辑真理是先天的、必然的、独立于经验的,而经验主义则认为所谓的逻辑真理只不过是一些经验上最广泛的概括。看起来杜威在这两种立场之间找到了一条中间道路,由于他对经验概念进行了改造,使之具有实践的意涵,因此他的逻辑理论是以"探究"和"实践"为核心概念的,这使他在逻辑观上与以密尔为代表的旧的经验主义区别开来。对于皮尔士对逻辑规范的说明是非实用主义的这样的指责,我们可以做出两点回应。首先,皮尔士把逻辑看作是研究推理和论证的,推理对他来说是一种有意识地自我控制的思维活动,而这种思维活动又是一种行为或者"做事"(doing),这显然是一种实用主义的思维方式。其次,皮尔士并不否认发生学的研究和历史性的考察有助于我们全面理解制约着我们

---

① Richard Rorty, *Consequences of Pragmatism*. Minneapolis: University of Minnesota Press, 1982, p. 161.
② John. Dewey, *The Later Works*, *1925 - 1953*, ed. Jo Ann Boydston, Vol. 12: 1938, *Logic: The Theory of Inquiry*. Carbondale: Southern Illinois University Press, 1986, p. 11.

的推理活动的逻辑规范,但是为了凸显和强调逻辑的规范功能,把逻辑形式从它们产生和被应用的具体语境中暂时抽离出来,对其本身加以研究,是完全合理且非常必要的。当然,这并不意味着最终要把逻辑规范与它们的起源和应用语境彻底切割。所以,不能因为皮尔士对逻辑研究的独立性的强调,就把他看成一个逻辑上的先验主义者,也不能得出他对逻辑规范性的说明是非实用主义的结论。

思想与符号：皮尔士的悖论

卢德平　北京语言大学语言学系

一、符号的悖论

　　国内外不少学者往往倾向于从皮尔士的各种符号定义出发，来探讨皮尔士的符号学说，但有一个不容忽视的问题是：皮尔士的多重符号定义显示，符号多元归属，符号立足和落脚点多重安置，符号的代表物既有能见或能听的外化结果，也有尚未外化的思想结晶。皮尔士对符号的多种界定本身，呈现出符号悖论的表象。这种悖论的表象并非证明皮尔士对符号本质的理解和解释存在模糊或矛盾，而是体现了皮尔士在辨析符号本质属性的过程中采取了多种方法论和多重视角："当我们思考时，我们此时此刻就呈现为符号。符号具有三层意思：第一，相对于解释它的思想是符号；第二，相对于对象是符号，而在思想里符号等于对象；第三，在某个方面或某种属性上是符号，这些方面或属性将其和对象建立了联系。"[①]

　　皮尔士关于符号问题论述甚多，但并无专门探讨符号的界定、本质特性、分类等符号学关键问题的单篇独立论文。《皮尔士精义》[②]虽然根据皮尔士手稿[③]编辑了题为"何谓符号"一章，收录了皮尔士关于"象似符"（icon）、"索引符"

---

① CP5. 283.
② EP2：4 – 10.
③ MS 404.

(index)、"抽象符"(symbol)的重要论述，但就作品成立的目的而论，不能等同于单纯的符号学研究。同时，《皮尔士哲学论集》的编者从《皮尔士文集》八处摘编汇总而成的该书第七篇《作为符号学的逻辑学：符号理论》①(S. Charles Peirce，1955：98-119)一文，虽然体现了皮尔士符号学思想的主要精神，但事实上无法呈现皮尔士考察符号问题时的繁复思路，也就是说，无法解释符号思想在其整个学术思想体系里的位置，无法回答符号问题在皮尔士的哲学思想体系里占据何种高度。这一点恰恰是研究皮尔士符号学说需要解答的重大问题。

具体而言，在皮尔士的符号理论里面，这些符号表象的悖论主要表现在以下两个关键方面：

第一，最核心的问题是关于符号的界定，其基本内容既包括能见的外部形态，也即外化之后的状态，分别体现为听得见的语言符号和语言符号之外的其他类型的符号，也包括未曾外化的思想或心灵状态，分别体现为反思的结果或逻辑学的判断。但是，无论外化的符号状态，还是未曾外化的思想或心灵状况，实质上属于符号的两种状态：外化的状态之所以是符号，根本上来源于思想或心灵的认知。如果缺少思想或心灵的认知，那么外化的符号形态就无法获得成立的依据，而不过是处于物理学意义上的一种纯粹的外部物质形式。

所以，对符号的这种外部分化与否的界定，实质上在于确立了符号的两个核心维度：外化的形态总是具化处于思想或心灵状况的符号概念。那么这两种维度的吻合又不是一种抽象概念的简单具化。每一种具化不过是对这个抽象和具有普遍性的符号概念的外在化而已，总是在不断接近处于思想或心灵状态的符号概念，但这种接近又不同于任何简单的复制。其原因在于：不获得具化，符号永远处于一种思想或心灵的状况。如果说复制，则每一次外化的符号总是在复制思想或心灵状态的普遍性或可能性；如果说没有复制，则每一次外化的符号总是伴随着其局部性和偶然性。从这一意义上说，需要把两种状态的符号结合起来，而这恰恰是皮尔士符号学说所展示的符号悖论。

第二，对于符号的分类，实质上体现了区别于二元主义的三元论，而这个三

---

① Charles S. Peirce, *Philosophical Writings of Peirce*. ed. Justus Buchler. New York：Dover Publications，1995，pp. 98-119.

元论似乎不单纯是为了符号分类的科学性,而更多是为了体现科学体系的解释力:"存在着符号、所指物,以及心灵中产生的认知这样的三元联系。"[1]"每一种符号之于对象和解释项的关系显然是三元的……没有任何成分具有高过三项的价。"[2]作为皮尔士的符号基础三分法,"象似符""索引符"和"抽象符",形成的理由,并不来自符号本身的任何特点,从而由此决定符号需要采取这样的基础三分法,而是来自对符号所表现之物的三种基本的认识论的判断:所认识对象的属性,所研究对象与符号之间的因果关系,所研究对象与符号之间通过某种观念的确证而获得的关系。

三种认识方法事实上又可以还原为对对象属性的反思,对对象的认识手段,或经过思考之后形成的关系辨别,以及从物理学等角度无法获知二者关系,却需要求助社会共同体的共识,来确立这种关系的文化或社会合理性。这三种基本的认识方法确立了符号的三种基本的类别,而非什么符号外化之后的形态特征决定了符号的类属。从符号之外的非符号要素构成对符号进行确认,同时又在这种不从符号出发而对符号所做的基础分类中呈现出符号的悖论:皮尔士的符号分类法,就其最基本的构成而言,实质超出了符号的界线,形成从非符号视角对符号分类的悖论。正是由于皮尔士以这种外在于符号的非符号视角来对符号进行分类,因此形成了高达 59 049 种的符号类别[3]。这个符号数量远远超出了符号本身的形态现实性。符号的分类,从三分法基础阶段出发,再现了人们对于符号的数万种思考视角,以及这种思考的意义和价值。这正是表面分类悖论背后深远化的合理路径。

对于符号悖论的解释,其合理化路径又牵涉到皮尔士以整个科学体系进行验证的莫大雄心。何以皮尔士需要从这么多的角度,采用数学、逻辑学、形而上学、现象学,甚至自然科学等众多学科的立场来探讨符号问题呢?是否符号问题一定涉及这么多的学科,或者换句话讲,皮尔士在诸多领域的研究是否可以通过

---

① CP1. 372.
② CP1. 292.
③ 皮尔士提出了一种关于符号分类的具体演算法:$310 = (32)5 = (10-1)5 = 105 - 5.104 + 10.103 - 10.102 + 5.10 - 1 = 50\,000 + 9\,000 + 49 = 59\,049$。(CP1. 291)

符号来进行整合呢？对这些问题的解答，涉及皮尔士符号悖论的理由，涉及皮尔士整个符号学说的理论线索，涉及对皮尔士整个思想体系的把握。

值得注意的是，国际上科拉彼得罗认为，皮尔士有关符号的论述背后存在一种学术的张力，这种张力主要由形式化冲动和实用主义冲动所构成①，但其有关符号悖论内在张力的主张，并未将皮尔士的符号理论提升到皮尔士科学体系的高度，而仅仅局限于从符号的悖论表象反推其关于符号问题研究的学术驱动，没有将这种结果和皮尔士对科学体系建设的努力连接起来，遮蔽了符号问题的研究与皮尔士所要构建的科学体系之间的内在关系。国内学者江怡指出："珀斯（皮尔士）始终是以科学家的身份在从事哲学研究，他的所有哲学思想都来自他在科学领域中的工作。珀斯最有代表性的哲学观点应当是他的'实用主义准则'，而这一准则正是根据他的科学实验提出的。"②江怡有关皮尔士实用主义哲学思想与其科学体系之间关系的论述，提供了非常富有意义的启示。

检索《皮尔士文集》不难发现，有近一千处论述符号（sign）问题，且从不同角度对符号进行界定和分析，形成字面悖论的表象。如果把这些字面上难以统一的界定和描述推广到其背后隐藏的学术视角，那么可以发现，这种学术悖论后面存在着一种更加宏大的学术视野。这种学术视野就是皮尔士所倡导的整个科学体系，而关于符号问题的思考和研究，不只是作为哲学下位的逻辑学和形而上学的基本指向。当这种逻辑学或形而上学的学术指向牵涉到在哲学之上或之外的科学体系时，符号学的术语所指向的范畴远远超出了逻辑学或形而上学的界线。从符号学的概念出发，去指向哲学，包括心理学、美学等其他人文学科，甚至哲学之外的自然科学诸学科，恰恰是这种表象悖论所透视的多线索、多层次的宏大学科体系。如果我们采取完全相反的思路，从哲学之外的整个科学体系返回到哲学，再进一步返回到逻辑学或形而上学，直至符号本身的构成，那么，这种字面上

---

① Vincent Colapietro, "Ubiquitous Mediation and Critical Interventions: Reflections on the Function of Signs and the Purposes of Peirce's Semeiotic," *International Journal of Signs and Semiotic Systems*, 2011, 1 (2): 1-27.

② 江怡. 论珀斯与分析哲学之关系. 学术月刊, 2015, 47(07): 13-18.

的符号定义悖论又隐藏着另一条逻辑线索：皮尔士符号学经典理论依托于更大范围的科学体系。从符号悖论放射到整个科学体系，从整个科学体系返回支撑符号的成立，正是皮尔士符号悖论之谜所隐藏的两条重要线索。这两条线索的宏大性和深远性前无古人，后无来者。

这两条线索涉及科学体系中各学科之间的上下位关系，及其内在复杂联系，而提出这样的线索，并以符号为出发点和落脚点论证这两条线索，成为皮尔士整个学术生涯的核心内容。皮尔士指出："这样所谓的二重断言，首先是指逻辑学应该引证数学来把控争论的原则；其次，本体论哲学应该同样引证逻辑学。这种所谓的二重断言，不过是奥古斯丁·孔德的一般断言下面的个案而已：科学各学科应该参照所研究对象的抽象性而进行有序的排列；每一门科学都是依据抽象性从上位的科学门类里获取调解原则，而从抽象性上处于下位的科学门类里面获取资料以做归纳。只要科学各门类以这样的尺度进行排序，那么这些关系就能成立。如果某种东西之于对象的整个属都能成立的话，那么对于该属的所有种的研究，这一真理同样可以视为原则。如果关于种是成立的话，那么将构成对于整个属的发现也是真理的资料。"①

从皮尔士的经典表述里可以发现：对于符号问题的研究，属于整个科学体系的内部有机成分，不能仅就符号而研究符号。相反，正是由于对符号问题的解释构成了整个科学体系的重要脉络，因此，从上位的符号门类来观照下位的符号现象，可以指向符号在整个科学体系里的地位。同样，从下位的符号现象来解释上位的科学门类，又恰恰可以解释符号脉络下面隐藏的科学体系的内在制约。正是由于整个科学体系对符号问题的这种制约和影响，因此研究符号问题指向了对于整个科学体系的贡献。

从符号的悖论分析下去，才有可能揭示其背后的整个科学体系成立的理由，也才能揭示符号问题的研究对于整个科学体系发挥着何种作用。如果撇开整个科学体系与符号构成之间的深层关系，那么符号的研究就成为一种单纯经验的描述，而这样的经验描述显然无法和整个科学体系的构建发生联系。从符号理

---

① CP3.427.

论与整个科学体系之间的这种深层关系考察，才能有效解释皮尔士所言的科学体系的内在架构性，以及诸学科之间所确立的内在关系。对于这一重要问题的困惑，直接表现为无法解释如此多的学科门类何以从各个方面涉及符号的多个维度，也无法回答从符号理论的角度看，这些表面缺少直接关联的学科门类为什么要处于皮尔士的符号分类体系之中。当然，这种困惑属于对皮尔士经典符号学思想不知所云而生的困惑，是研究皮尔士符号理论、科学体系理论、实用主义哲学思想必须清除的困惑。

符号的悖论不仅仅指涉这两条重要线索，而且更加关键的是，为提高两条线索的逻辑性，皮尔士致力于通过符号来确立多个学科之间的联系，并通过符号的体系性去建立整个科学的体系性，从而确立符号作为整个科学体系的基础性力量。例如，在皮尔士看来，两个数学等式实质上处于一种"相似"的符号关系，这种符号关系的视角，确立了数学等式的成立理由。一种与符号问题似乎无甚关联的学科，从对符号的思考中发现了自身的成立理由，也以对可能性探究为目标的数学构成了通向皮尔士实用主义的基本法则——既是非时间，又是超越情境，具有普遍实用效果的学术路径。从这样的角度看，作为整个科学体系的最高学科数学在其符号体系中处于何种位置，如何支配其符号体系的构建，似乎获得了新的解答。

二、思想与符号

论及皮尔士的符号悖论，正如上文所述，离不开对符号和思想关系的考察。实质上，符号与思想的关系，在皮尔士的哲学理论里可以追溯至对七类认识能力的考察，而在清除七类认识能力假象的基础上，皮尔士抓住了"符号"这一概念，以此展开关于符号与思想关系的哲学论述。皮尔士在《人的若干能力问题》一文中所分析的七种认识能力假象包括："问题一，是否存在独立于此前知识，并且不通过符号进行推理的认识？问题二，我们是否具有直觉性的自我意识？问题三，我们是否具有能区别开不同认知主体要素的直觉能力？问题四，我们是否具有内省能力,或者我们对于内部世界的知识是否来自对外部事实的观察?问题五,我们是否不借助符号进行思维?问题六,如果表示绝对不可认知的东西的话,那么符号是否有意义?问题七,是否有认知不由先前认知所决定?"①在皮尔士看来,符号的出现是认识的起点,只有借助符号进行思维、推理,才可能形成认知能力。撇开符号,单纯依赖直觉或观察,无法形成可以传达的认知结果,也无法获得来自他者的认知补充,并从"整体性"转向"无限性"②,实现认知的进步。思想从某种意义上说,就是一种认知,并且必须借助符号手段整理、丰富已有的认知结果,转化为思想的结晶。"当我们思考时,我们就在向意识呈现感觉、形象、概念,或者说其他表现,而这些就是符号。"③正是由于符号的诞生和流转,及其逻辑功能,先前的感觉、直觉、内省才转化为可以用符号传达的思想,积累为经验,并成为后续思想的基础。也就是说,符号的出现推动了认知能力的形成和发展。从这一角度说,皮尔士以符号实现了和思想的内在关联,清除了七种能力的假象,同时也以符号撬开了认识的端口和思想的源泉。

值得注意的是,皮尔士把符号学(Semeotic)列为逻辑学的代名词——"所有的思想都是通过符号运行的,而逻辑学则是关于一般符号规则的科学"④,这体现出在符号与思想二者上的深度等同意识。这样的理论等同,是皮尔士符号学哲学思想的独特性所在,但同时符号外显与思想的内隐又使这样的等同具有悖论之外的深远含义。其深刻意义在于从符号启动认知和思想,上升为符号和思想的内在等同。当然,就经验而言,符号总是需要外显依托,而思想则更多表现出内在性。因而,思想需要确证,确证需要外显的证据。从思想转变为符号,似乎解决了由内而外、由思想之流向确证之据的转化,而以实用主义的视角,将思想落实到效果和习惯,又离不开外显的符号之路。皮尔士将这样的思路界定为实用主义的信条:"考虑所思考的对象具有什么实际效果。因此,对这些效果的

---

① CP5. 213 - 63.
② Emmanuel Levinas, *Totality and Infinity*, Trans. Alphonso Lingis. Pittsburgh: Duquesne University Press, 1969, p. 11.
③ CP5. 284.
④ CP1. 191.

思考，就是对该对象思考的全部。"①

思想与符号，在皮尔士的笔下常以合成词"思想-符号"的方式出现，在理论解释之后，词语的这种创新彰显出皮尔士执着于思想和符号内在联系的哲学偏向。在皮尔士看来，符号的外显性为思想的运行提供了条件，而当思想的生成、转移、解释完全以符号为载体时，符号与思想之间的隔膜就获得消解，形成了最典型的语言符号的交流常态。也就是说，符号的交流就是思想的交流，从符号到思想的过渡成为没有时间概念的瞬间事件，成为二而为一的一体化结果。"最佳的符号（symbol）是能表示思想生长或发展的符号。"②在将符号和思想等同之后，实际上思想的演进，即由后来的思想解释先前的思想，或成为先前思想的元思想之时，恰恰在符号的演进之中获得同样的说明："可以通过外部表达媒介诉诸另一人的思想，但这又是经过大量内在发展之后才能实现的。不管发生与否，这种思想是借助我们后来的思想加以解释的。"③作为思想的科学，逻辑学将符号关系赋予论据、前提、结论等命题变项，显示了思想可以把握的轨迹，实现了与思想的符号化也是形式化的对应："在论据里，前提构成对结论的表现，因为前提指明了论据的解释项，或者说是对所反映对象的表现。"④

当然，就思想之流而言，保持其个体的内在性并无不可，即或论及符号，也属于"内在言语"的性质，和符号的外显性尚未勾连。所谓个体性质的思想，无非是两种自我之间的思考、反复思考、再思考，"其思想就是'向自己言说'的东西，这个自己是另一个自我，诞生于时间之流中。当一个人推理时，竭力说服的就是这个关键的自我"⑤。问题在于，"两种自我"是发展意义上的"两种自我"，正如米德所言，从一种自我（I）向另一种自我（me）的演进，不能脱离社会因素，是社会性反应的结果。⑥ 同时，思想的传递、解释，甚至匡正，恰恰不是发生在个体的内

---

① CP5. 438.
② CP4. 9.
③ CP5. 284.
④ CP5. 284.
⑤ CP5. 421.
⑥ George Mead, *Mind*, *Self and Society*, Chicago：The University of Chicago Press，1972，p. 192.

心,而是不可避免地发生于人与人之间,也即皮尔士所说的"人的社会圈子(不管广义还是狭义理解),就是一种松散压缩的人,在位阶上高于个体生物体本身。①就思想的本质而言,不能脱离交流,而交流的他者性或社会性恰恰规定了外显载体的必要性,导致符号出场。可以看出,符号与思想二而为一所显示的悖论表象,其外显和内隐的差异不过是表象,其真相在于:交流中的思想必须以符号的方式进行,也即思想的交流性决定了思想进步的条件,而思想交流性的实现是社会性符号。

但是,人们能运用语言符号,又未必都能以逻辑的清晰方式运用语言符号,形成了语言符号使用上所谓的"局限语码"和"复杂语码"的区分②。"局限语码"的习惯性使用,妨碍了思想的逻辑运行和发展,而"复杂语码"则以逻辑的方式呈现了思想的规律,促进了思想的演进。符号以逻辑的方式运行,才得以承载、传递思想,恰恰也是对逻辑运行方式的选择,语言符号构造并表达着思想。在这一过程中,对于先前思想的元思想解释实质上转化为递进性元语言说明,"符号在任何情况下不确定时,就是客观'含混',需要通过其他可理解的符号进一步加以确定"③,"就不确定而言,符号就是含混的,除非通过明确或公认的规范使之变得普遍"④。换言之,思想的丰富和清晰化,转化为语言符号的递进性和清晰化。由此,思想和符号获得了同构一致性,成为内在合一或二而不分的整体。

正是在这样的同构规律下,探寻思想普遍性,在很大程度上转变为对语言普遍性的探寻:符号"既可以是外在的,也可以是内在的,介于对象和解释性思想之间。因为思想是普遍的,因此不是什么特定的事实;因为思想是鲜活的,因此不能等同于特定的法则"⑤。皮尔士实用主义理论就是从符号和思想的这种同构关系中获得启发。思想产生于基本的认知阶段,但思想需要确证,确证既是外

---

① CP5. 421.
② Basil Bernstein, *Class*, *Codes and Control*. Vol IV, London: Routledge, 2003, pp. 81 - 112.
③ CP5. 447.
④ CP5. 447.
⑤ CP1. 480.

在的，又是普遍的："在想象和知觉中，思想运作涌现，而只有在此后变得有用时才获得论证。"①"理解，可以视为表现，其对象则是符号，也即具有潜在普遍性的符号。"②"普遍性是语词或符号的本质……语词或有意义的对象的意义，就是所表示实在的本质所在。"③在皮尔士看来，语言符号的普遍性，为探寻思想、演进思想、构建绵延不断的思想链提供了基础。为迈向普遍性，探寻的道路是漫长的，思想总是在不断呼唤新思想的解释，除旧布新，和人类发展形成同步、同构的关系。思想演进的这种规律，以及和语言符号的内在性交织，折射出皮尔士符号学说最重要的概念"解释项"的深刻意义："相对于产生或调整的观念，符号是对某物的代替。或者说，是从外面向心灵运载东西的手段。所代替的是对象，所运载的是意义，而产生的观念则是解释项。"④

从这个角度理解，作为思维科学的逻辑学成为研究符号规律的符号学（Semeotic）的同义词，二者之间体现出思想和符号所具有的那种二而一的关系："广义而言，[逻辑学]是研究思维必然法则的科学，或者更妥当地说（思维借助符号发生）是一般符号学，不仅探讨真理问题，而且探讨符号作为符号成立的一般条件。同时探讨思维进步的法则，相当于研究符号在心灵之间传递意义的必要条件……"⑤"我将各种思想放在'符号'这一名称下，而非单纯将外在的符号搁置其下。"⑥这样，思想和符号的悖论通过厘定学科边界而获得了解释。

三、符号规则

沿着思想和符号关系延续而来的各种符号悖论，既有与多种学科的交叉关系，又有值得研究的统一理由，这个统一的理由至少包括以下两点：

---

① CP1. 538.
② CP1. 559.
③ CP5. 429.
④ CP1. 339.
⑤ CP1. 444.
⑥ CP5. 447.

第一,皮尔士基于认识论的理解,提出范畴化体系,并命名为第一性、第二性、第三性,而这三"性"植根于认识论的基础:人们"对事物有三种兴趣。第一种表现为对事物本身的基本兴趣。第二种表现为对该事物和其他事物之间作用的兴趣。第三种表现为对该事物的中介性兴趣,即向心灵传达了关于某物的观念。就此功能而言,属于符号或表现"①。在此基础上,将符号的三种基础形态,即"象似符""索引符""抽象符"囊括其中,使之获得统一。与此同时,皮尔士又提出"习惯"(habit)或具有普遍性、概括性、可能性特征的法则,作为符号的深层规则,使各种符号获得了内在的统一。这种内在的统一,表现为不可更改的基础法则,属于看不见、摸不着的内在法则,实质上决定着符号内外结合的基本规则。作为皮尔士实用主义思想核心概念的"习惯",代表了支配着意愿、心理状态、偏好,乃至日常行为的普遍性法则,为符号在表面悖论之后如何获得内在统一奠定了重要基础。

第二,上述三元论尽管其来源并非符号本身,而是关于符号的形而上学思考,但皮尔士的这种论述方式实际上又给符号的悖论表象赋予一种统一的视角。依据这种视角,符号论、认识论、逻辑学获得了高度一致,促成了以三元基础分类法为出发点的多重符号分类结果。符号论从"象似符"到"索引符"再到"抽象符"的三种基础分类,认识论的第一性、第二性、第三性范畴,外加逻辑学从词项到命题,再到论元的三分法,构成符号悖论中的统一链,奠定了符号论悖论表象背后的统一规则。这种悖论背后的统一规则,揭示了皮尔士符号理论的精髓,将其表面貌似悖论的符号界定指向一种内在的统一,并由此实现与科学体系的汇通。从这一角度看,皮尔士的符号理论作为一种哲学,甚至大科学体系的必要成分,构成其整个科学体系研究的精华。皮尔士的符号理论远远超出一般符号学意义上的学科界定,成为一种哲学中的哲学,科学中的科学。

当然,就符号的基本构成而言,除了上述宏观原则连贯了多样化的符号形态,符号三分法仍然既有哲学认识论的理论源渊,又植根于符号的基本构成:主体人在表述对象的时候使用着符号,因此符号无疑存在和对象的关系,但主体人

---

① EP2:5.

在使用符号的过程中又不可避免地持有其特有的主张，而这样的主张深刻贯穿符号过程，在对符号进行传播和解读时，为原初的符号增加了一个特有的主体维度。这样，符号既是关于对象的命名，又是关于对象状况或特征的逻辑判断，只不过这种判断作为逻辑学命题存在真或假的问题。同时，主体在形成符号、传播符号并使之获得未来解释的时候，主体的独特解释这一容易忽视的维度又不断呈现出来。但是，主体的维度又和符号意义的形成和传递过程紧密结合在一起。因此，无论从符号的解读，还是从符号的形成方面考察，实质上存在着主体人对符号所投射的情感、意愿、动机等难以看见的维度，由此构成符号三分法的又一个理论深度。

如果没有这个三分法，特别是缺乏主体人对符号的情感、动机、意愿的投射，而仅仅成为机械转述一种和人没有直接关系，也不可能由人去自由转述的符号的话，符号将脱离人的研究领域。三分法的提出，解决了符号在传递的过程中存在的时间向度问题，蕴含着符号本身发展的维度。正是这样的理论独特性，使皮尔士的符号学说在理论深度上实现了罕见的超越，奠定了其经典符号学的地位。①

皮尔士符号理论中的上述规则及其构成，恰恰是其符号学体系的内在要义。只有把这种规则系统重新整理和表述出来，才有可能深入揭示符号悖论及其统一问题。在探讨这一问题之前，我们需要记住：皮尔士早在《如何使我们的观念清楚明白》和《信念的确立》二文中就明确提出，我们所有哲理探究的目的在于确立所要探讨的真理，以及为此而确立的信念，而质疑则是不断破除探究障碍的需要，只有在不断质疑下，我们对真理的探究才能永远持续下去。② 但是，问题并不停留于此。这个质疑的破除，实际上标志着符号学的目标所在。在皮尔士看来，质疑的提出和破除总是基于一定的最终共同体（final community）的共识，而这个最终共同体不过是一些共享探索精神，以信念的确立为探索目标的人们的

---

① 卢德平. 实用主义哲学与皮尔士经典符号学说的确立[J]. 北京师范大学学报，2016（03）：114 – 120.

② Charles S. Peirce，*Philosophical Writings of Peirce*. ed. Justus Buchler. New York：Dover Publications，1955，pp. 5 – 41.

社会聚集。从比较宽泛的意义上说,社会成员正是基于相对广义的消除质疑的可行性,而在部分维度上共享最终社会共同体,从而使符号的存在和通行主要位于一定的社会共同体内部。在此意义上,处于这一最终共同体内部的社会成员之间容易确立符号的联系。正是上述共同体精神构成符号探索过程中的质疑,解除质疑,形成并巩固信念,从而确立真理这一过程。

在此基础上,各学科之间呈现出符号所展示的层次性和结构性关系。正如皮尔士所说的,"美学是理想的科学,或者说没有任何更深的理由,仍可标榜为客观可钦佩的理想的科学。我对此学科并不熟悉,但美学应该以现象学为基础。伦理学,或名之为好与坏的科学,必须诉诸美学,以确定最高点或最佳点。伦理学是一种有关自我控制或审慎权宜之行为的理论。逻辑学则是有关自我控制或审慎权宜思想的理论,因此必须诉诸伦理学作为其原则。它又同时依据现象学和数学。所有的思想都是通过符号运行的,因此逻辑学应该视为关于符号的普遍法则的科学。这种意义上的逻辑学应该包括三个分支:(1)思辨语法,或者关于符号的本质和意义的一般理论,无论这些符号是象似符、索引符,还是抽象符。(2)批评学科,对各种论元进行分类,确定每一种力量的论证性和程度。(3)方法论,主要研究关于真理的探究、阐释及应用过程中应该追寻的方法。上述每一分支又依据前一分支来确立自身"①。

皮尔士的这一鲜明断言解释了这样几个问题:(1)符号探究的原则如何才能服务于更高的目标,同时作为其直接隶属的逻辑学学科又是如何从外部来规范和调整符号的基本研究的。(2)作为逻辑学的三个基本分支,都牵涉到符号的探究。当然其中第一项涉及的符号问题更直接,但其他两个逻辑学的分支并非毫无关系,而是从另外的角度来解释符号的本体意义。简言之,首先,符号之所以成立和持续,从根本上是因为人们需要探究真理,这是逻辑学的方法论维度;其次,符号的成立和持续过程,需要求诸逻辑学的思辨能力,对其进行必要的分类,当然这个过程需要论证和推理,这又和逻辑学的基本操作程序发生耦合。

同时值得注意的是,在皮尔士关于符号的分类之中,从最基本的三分法发展

---

① CP1. 191.

到近六万种，这种近乎几何推断结果的数量并非是基于符号实际状态的任何现实或现象分类。但是，这种分类的必要性又取决于诸多繁复现象背后的某种"价"（valence），正是这种统一的符号"价"使得诸多繁复的符号现象获得了背后整合的力量。皮尔士指出："首先，让我们质问一下，是否有某种'价'属于现象诸要素变化的唯一形式维度？但是，让我们审视一下，这种分类的可能性取决于'多价'的可能性，而同时依据'价'而获得分类可能性并非是其间关系促成的结果。由此可以看出，依据这类关系'价'而促成的分类应该视为隶属于上述'价'而形成的分类，当然我们应该视这种'价'为理所当然。"①

皮尔士提出的"价"学说很少获得关注，但其符号类别和符号界定的悖论表象背后存在着这种"价"的不可见的核心元素，支撑着符号的多重表面现象，并且以一种背后的价值性规律左右着表象的多种形态。如果要说皮尔士的符号悖论表象背后存在一种规律性的要素，制约着符号的纷繁表象，那么这种从逻辑学透露出来的背后隐藏着的规则恰恰是推动符号悖论成立的理由，只不过这种理由和科学体系的全面宏观诉求相比，更加直接，也更接近于符号表象。

从对"价"的思考到逻辑学的思考，显示了皮尔士在辨识符号悖论的过程中所坚持的从抽象到具体的又一哲学思辨方法。皮尔士认为，逻辑学不过是符号学的另一代名词，是关于符号的准必然的形式学说。按照皮尔士的阐释，"逻辑学之所以被视为'准必然'或形式的，其理由主要在于：我们观察到符号的本质，而且通过这样的观察，借助不妨称之为抽象的过程，我们到达一些尽管有谬误，却能成立的说明，因此关于'科学'理性所断言的符号本质，很难说它是必然的。就抽象过程而言，它本身无非一种观察。我称之为抽象的观察的能力，属于一般人完全承认的，但对此哲学理论似乎没有留下太多空间。对于每一个人来讲，熟悉的经验在于，人们总是期待一种完全超越目前手段的东西，并且试图通过这样的问题来实现这种愿望：'通过同样的方法，也就是说如果我有充分的手段来满足的话，我是否能实现这一东西呢？'要回答这样的问题，他总是搜刮内心，并由此形成我称之为'抽象的观察'的东西"②。皮尔士所提出的"抽象的观察"这一

① CP1. 291.
② CP1. 227.

重要议题,阐释了符号构成的两个侧面,只是观察侧面容易获得注视,而抽象侧面似乎遭到忽视。正是从这一"抽象的观察"的双重侧面,我们发现皮尔士所说的"型"(type)与"例"(token)的语言符号就是这种抽象的观察的典型表现。[①] 同时,皮尔士所说的符号就其属性而言需要具象化,但具象化的特征又不是符号的属性,说的恰恰是这种抽象的观察原则所体现的符号哲学元素。[②]

从这一角度看,不仅符号学理论如此,就连构成皮尔士实用主义原则的普遍、可能、未来效果的重要主张,也是皮尔士这种思想脉络的体现。与詹姆士不同的是,皮尔士的实用主义哲学主张的正是"抽象的观察"内外结合的效果,并且指向整个科学体系的构成。核心内容是皮尔士所说的普遍性和可能性,但这种普遍性和可能性又需要语境化的具象,绝非唯名论所坚持的任何意义都来自观察,而非抽象。简言之,皮尔士的实用主义哲学思想,绝非属于抽象和具体的区分问题。

四、余论

以上我们从皮尔士的整个科学体系的谱系结构,以及符号与思想、规则内涵、抽象和观察互渗三个方面,确证了皮尔士如何通过这些宏观、内在的原则来奠定多元化的符号构成的基础,从而破除了符号悖论的假象,并以对符号的系统探讨来指向更宏观、更深层的理论目标。

对于皮尔士的符号学说,在评价和理解上产生多重分歧,而这种分歧除后来的解释者对皮尔士的符号理论存在诸多认识的分歧外,从根本上来自于对皮尔士符号学说存在一些认识的误区。皮尔士的符号学说的理论包容性来自对整个科学体系的巨大包容,并试图通过对科学体系的解释和说明来揭示符号所凝聚

---

① Charles S. Peirce, *Philosophical Writings of Peirce*. ed. Justus Buchler. New York: Dover Publications, 1955, pp. 113 - 4.
② Charles S. Peirce, *Philosophical Writings of Peirce*. ed. Justus Buchler. New York: Dover Publications, 1955, p. 101.

的延伸价值，以及反过来，阐释从自然科学到人文社科之于符号的支撑作用。对符号的研究，为整个科学体系的解释提供了更有说服力的贡献，而符号与整个科学体系结合本身才是皮尔士符号学说的理论指向。

［本文系教育部人文社科重点研究基地重大项目"'一带一路'关联国主要社会场域汉语传播的推拉因素及其对传播过程影响的研究"的阶段性成果（15JJD740005）。本文曾以"符号的悖论与皮尔士的教义"为题发表于《世界哲学》2017 年第 3 期，收入本书时作者增补了《思想与符号》一节，并对其他部分进行了较多修改］

再论逻辑常项的归约

刘新文　中国社会科学院哲学研究所

逻辑常项的归约涉及逻辑基础问题①,最早可以追溯到查尔斯·皮尔士1880 年撰写的一篇未刊稿,直到 1933 年,该文稿才被编入《皮尔士文集》第四卷发表,编者添加了标题"带一个常项的布尔代数",其中所说的"一个常项"就是数理逻辑教材中的"合舍联结词",也称"谢弗箭头"或"皮尔士-奎因箭头"。② 1989年该文稿编入《皮尔士著作:编年版》第四卷。③ 我在 2011 年的论文《论逻辑常项的归约》④中梳理了这个归约问题的基本历史材料,就函项完备性、肖菲克尔(型)算子的公理化等问题提出过一些初步的哲学讨论。本文继续这一方面的工作,在具体研究皮尔士前述文稿的基础上,为 2010 年提出的"逻辑常项的镜像性问题"给出一个初步的回答:这个问题的重要性在于,"逻辑常项的刻画蕴涵着逻辑作为整体的刻画"⑤。

我把皮尔士的文稿划分为四个部分,前四节分别对每一部分内容做一些初

---

① 参见 Vladimir. I. Shalack, "Semiotic Foundations of Logic," *Logical Investigations*, 2013(19)（Special issue）；Francesco Bellucci, A. Moktefi and A. V. Pietarinen, "Simplex sigillum veri: Peano, Frege, and Peirce on the Primitives of Logic," *History and Philosophy of Logic*, 2018, 39（1）: 80 – 95。

② Dov M. Gabbay, *Meta-Logical Investigations in Argumentation Networks*. London: College Publications, 2013, p. 389.

③ W4: 218 - 21.

④ 参见刘新文. 论逻辑常项的归约[J]. 哲学研究, 2011(06): 115 - 122.

⑤ Alexander S. Karpenko, "Philosophical Problems of Foundations of Logic," *Studia Humana*, 2014, 3（1）: 16.

步的解释。由于这是皮尔士的一篇未刊稿,我们对他提出的形式推演系统中可能存在的错误也做了一些评论,在此基础上准备改进皮尔士的研究工作。

一、逻辑常项的归约

皮尔士在《带一个常项的布尔代数》的开头就明确了要把"逻辑记法"中的符号数目归约到最小限度,逻辑常项的这种归约是通过定义来达到的:

> 迄今为止提出的每一个逻辑记法中都包含着不必要的指号数目。正是这种过剩使得演算易于使用,也使得这门学科的对称发展成为可能;与此同时,初始公式的数目大为增加,表示逻辑的事实的公式与仅仅定义这一记法的公式相比则非常少。我想过,把记法中的指号数目归约到最小限度也许会引起某种好奇心;我建立的下述工作即由此而来。布尔演算的装置包括以下指号:=、>(布尔并没有用这个指号,但是需要用来表达特称命题)、+、-、×、1、0。我提议仅用一个指号来代替它们。[1]

在数学和数理逻辑中,"布尔代数"(Boolean algebra)指的是代数的一个分支,其中变元的值都取真或假这两个真值(通常用"1"和"0"来分别指称),主要运算是两个二元运算"+""×"和一个一元运算"-"。亨廷顿在 1933 年发表的一篇论文的脚注中说,这个名称首先是由谢弗在 1913 年的论文中提议的。[2] 巧合的是,《皮尔士文集》第四卷也是 1933 年出版的,编者所加的题目正是这个名称,即"布尔代数"(Boolean algebra)。皮尔士在文中使用的词"布尔演算"就是现代

---

[1] W4:218.

[2] Edward V. Huntington, "New Sets of Independent Postulates for the Algebra of Logic, with Special Reference to Whitehead and Russell's Principia Mathematica," *Transactions of American Mathematical Society*, 1933(35):278.

逻辑中的经典命题演算,这里提到的其"装置"中的指号见于《思维规律》。①

数理逻辑在 20 世纪 30 年代达到黄金时期,因此,一般认为,皮尔士的这篇文献在现代逻辑发展史上并没有产生影响,研究者们在提到它时也只是说它第一次提出了"合舍联结词"。但是,这篇短文还包含着丰富的逻辑哲学思想和逻辑演算技术,而且逻辑常项问题是逻辑基础问题中的重要内容:在 19 世纪末 20 世纪初的现代逻辑诞生时期,皮尔士、谢弗、肖菲克尔、维特根斯坦等现代逻辑先驱对逻辑常项的归约则是对这个问题的一个探索方向,谢弗的工作甚至已经触及塔尔斯基在近半个世纪之后才为逻辑常项提出的"排列不变性"标准②;进入新世纪以来,逻辑哲学领域也开始重视逻辑基础问题。

二、句法和语义

逻辑研究推理以得到逻辑上的真理,现代逻辑用"逻辑后承"这个概念来研究推理,而逻辑常项是逻辑真和逻辑后承的"引擎"。③ 在现代逻辑诞生时期,逻辑常项有各种不同的逻辑指号系统,产生了很多记法。皮尔士在《带一个常项的布尔代数》中第一次建立了只带一个命题联结词的形式推演系统。逻辑系统由句法、语义、推理规则以及元理论几个部分组成;句法部分由初始符号和合式公式组成,语义部分则对初始符号和公式进行解释。下面这段话可以视为这个逻辑系统的句法和语义部分。皮尔士说:

> 我从描述条件句命题或称"次级"(secondary)命题的记法开始。字母用来指称命题。任何一个写下的命题都被认为是得到了断定。因此,A 指

---

① George Boole, *The Laws of Thought*, facsimile of 1854 edition, with an introduction by J. Corcoran, Amherst. N. Y.: Prometheus Books, 2003, p. 19.

② Alasdair Urquhart, "Henry M. Sheffer and Notational Relativity," *History and Philosophy of Logic*, 2012, 33 (1): 39 - 40.

③ 谢尔. 逻辑基础问题(中)[J]. 刘新文,译. 世界哲学,2017(05): 22。

的是命题 A 为真。两个成对写下的命题被认为是二者都被否定。因此，AB 指的是命题 A 和 B 都为假，而 AA 指的是 A 为假。我们允许命题成对地出现以及以比这更为复杂的情形出现。在这种情况下，我们将使用逗号、分号、冒号、句号和括号，就像是化学记法中把本身成对者再组合成对。就像普通记法中的括号一样，这些辅助标记不再算作不同的代数指号。①

在这段话中，初始符号是字母和作为辅助符号的标点符号（用来标示联结词的辖域，类似于目前流行记法中各种括号的作用），命题联结词没有书写方式。字母都是（原子）命题；如果 A 和 B 都是命题，那么 AB 也是命题（写成当前的流行记法，命题 A 和 B 的并置 AB 就是合舍公式 A ↓ B，语义上等值于 ¬A∧¬B）。其他联结词通过定义引入。定义命题 A 的否定为 AA，这相当于 ¬A∧¬A（语义上等值于 ¬A）。

至于蕴涵联结词的定义，皮尔士给出了以下过程：

为了表达命题"如果 S 那么 P"，首先写下 A 作为这个命题。但这个命题的意思是说，某个可能的事物状态不在可能性论域之中。所以，把 A 替换成 BB。这样一来，B 表达的是 S 为真而 P 为假这一可能性。所以，由于 SS 否定了 S，可以得到 (SS,P) 表达了 B。因此，我们写下"SS,P;SS,P"。②

这段话的背景是菲罗条件句理论：一个蕴涵式为真，当且仅当不可能出现前件为真而后件为假这种"可能的事物状态"。皮尔士把这种状态称为 B；根据前面关于否定的定义，这种"不在可能性论域之中"的状态就是 BB（即 B 的否定），因此可以用来（等值）替换原来的命题 A。而 B 表达的是 S 为真且 P 为假（其中 S 为真意味着 SS 为假），所以写成 (SS,P)，即 SS 为假并且 P 为假。后者的否定就是把它并置起来，得到"SS,P;SS,P"，是"(SS,P)(SS,P)"的缩写，后者又是"((SS)P)((SS)P)"的缩写，逗号、分号起到了我们流行记法中各种括号的作

---

① W4：218 - 9.
② W4：219.

用,按照标准教材中的写法,一般写成:

$$\neg\{\neg[\neg S\wedge\neg S]\wedge\neg P\}\wedge\neg\{\neg[\neg S\wedge\neg S]\wedge\neg P\}$$

它定义了 S → P。

皮尔士接着定义了合取联结词,他对合取词的定义用到了前面对否定的定义:

> 需要表达两个前提"如果S那么M"和"如果M,那么P",首先令A是这两个前提。令B是第一个前提的否定,C是第二个前提的否定;那么我们把A替换成BC。但是,我们刚才已经看到B是(SS,M),C是(MM,P);所以,我们写成"SS,M;MM,P"。①

换句话说,"如果 S 那么 M"为真并且"如果 M,那么 P"为真,写成 A,则意味着"如果 S 那么 M"为假(= B)是假的并且"如果 M,那么 P"为假(= C)是假的,也就是说,A 替换为 BC(即"B 是假的并且 C 是假的"),而 B 为(SS,M),C 为(MM,P),所以这两个前提的合取就是"SS,M;MM,P"。标准写法为:

$$\neg\{\neg[\neg S\wedge\neg S]\wedge\neg M\}\wedge\neg\{\neg[\neg M\wedge\neg M]\wedge\neg P\}$$

并置运算既然定义出了否定和蕴涵这两种运算,就足以表明它是一个完备的联结词集合。从这种意义上说,皮尔士在 1880 年而非 1902 年②就已经证明了经典命题逻辑的函项完备性定理。

三、推理系统

逻辑的主要内容是推理。皮尔士在这篇文稿中不仅实现了逻辑常项通过定

---

① W4:219.
② Katalin Bimbó, "Schönfinkel-type Operators for Classical Logic," *Studia Logica*, 2010 (95):357.

义的归约,而且提出了一个逻辑推理系统。这个系统由两条规则组成,每条规则都涉及符号的删除和写入,因为在皮尔士看来,理想上的逻辑是这样一个符号系统,就可能性而言,它必须以一种实际上一致的镜像方式来展示推理的元素,为必然性演绎推理提供一个适当的表征,而适当性的标准就是镜像性。① 用他的话来说,"符号仅以那种方式就可以显示出如何确定其解释。为了这些运算可以被尽可能分析地表达出来,每一个基本运算都必须是一次写入或是一次删除"②。

本演算中的所有公式都可以通过发展或消除来得到。发展或消除需要两个过程,比如针对 X 时,指的就是单个 X 的消除和成对 X 的消除。X 的消除进行如下:删除所有的 X,然后在留下的每一个空白处都填上与其成对者。但是在成对 X 出现的时候,就不能这样做了;在这种情况下,删除以成对 X 作为其部分的整个对,然后在留下的空白处填上与其成对者。根据这些规则,依次进行下去。两个成员都被删除的对被叫做双重删除。其中一个成员被双重删除的对可以被叫做只是单个删除,无须考虑另外一个成员的条件。被单个删除者都被替换为与其成对者的副本。为了删除成对 X,复制每一个 X,然后删除这些 X。③

皮尔士在这段话中所说的"演算"指的是"布尔演算",也就是经典命题演算。实际上,他的"发展或消除"既是定义命题联结词的过程,也是一种经典命题逻辑的演算规则,根据它们而来的逻辑推演是一种带前提的推演。系统中仅有的二元运算是并置,因此一个字母(比如 X)的出现只能是两种情形中的一种:与其他字母(的可空序列)并置出现,此时 X 为单独出现;与自身并置而成对出现(即 ¬X 的出现)。那么,命题中某个字母被消除之后,与原来的命题是什么关系呢?

---

① Jay Zeman, "Peirce and Philo," *Studies in the Logic of Charles S. Peirce*. Indianapolis: Indiana University Press, 1996, p. 408.
② CP4. 374.
③ W4: 219—20.

皮尔士为这一关系提出了两个一般性描述(分别表述为两个条件句):

> 如果 φ 是任意的表达式,φ/x 是删除其中 x 之后的结果,φ/xx 是删除其中成对 x 之后的结果,那么
>
> $\varphi = \varphi/x\,x;\varphi/xx,xx$。
>
> 如果 φ 被肯定,那么
>
> $\varphi/x\ \varphi/xx,\varphi/x\ \varphi/xx$
>
> 可以被肯定。①

在皮尔士的这段话中,第一个描述其实就是:

$$\varphi = (\varphi/x \vee x)\wedge(\varphi/xx \vee \neg x) = (\neg x \to \varphi/x)\wedge(x \to \varphi/xx)$$

可能他想说:φ 在语义上等值于"如果 x 为假那么从 φ 中删除 x,并且,如果 x 为真那么从 φ 中删除 x 的否定(即 xx)"。而第二个描述可能是想说:如果 φ 被肯定,那么($\varphi/x \vee \varphi/xx$)可以被肯定,即"从 φ 中消除 x 或者从 φ 中消除 x 的否定"可以被肯定。为了具体说明这些规则的使用,皮尔士连续给出了六个例子,其中针对"发展"的第一、第四个例子用了第一个描述,其余四个例子针对"消除",用的是第二个描述。我们先简要讨论前面的五个例子,第六个由于其特殊性而将在下一节讨论;它们在使用上前后相续。第一个例子说:

> 要求用 x 发展出 x。删除了这个 x 之后,整个就被删除了,并且有
>
> $\varphi/x\ x = xx$
>
> 删除这个成对的 x,整个就被双重删除了,并且 $\varphi/xx\ xx$ 也被删除,并且有
>
> $\varphi = \varphi/x\,x;\varphi/xx,xx = xx,xx$
>
> 所以,$x = xx,xx$。②

---

① W4:219 - 20.
② W4:219 - 20.

　　根据定义,xx 定义 x 的否定;很明显,这个例子是从 x 推演出其双重否定 $\neg \neg x$。所以,这里的等值关系($=$)是成立的。第二个例子为:

　　　　要求从($xx,x;a$)中消除 x:

　　　　$\varphi / x = 00,0;a = aa$

　　　　$\varphi / xx = 00,00;00:a = aa$

　　　　$\therefore \varphi = \varphi / x \varphi / xx, \varphi / x \varphi / xx = aa,aa;aa,aa = aa$。①

　　这里涉及 0(矛盾式)的定义:(xx,x)。上面最后一个等值关系应用了第一个例子的结果。现在来看第三个,也是有问题的例子:

　　　　要求从(xa,a)中消除 x:

　　　　$\varphi / x = 0a,a = aa,a$

　　　　$\varphi / xx = 00,a;a = aa$

　　　　$\therefore \varphi = aa,a;aa:aa,a;aa = aa,aa = a$。②

　　皮尔士这个例子中的出发命题(xa,a)可以推出 $\neg a$ 但不是 a,所以,皮尔士的结果是不正确的。错误在于最后一行中第二个等值关系其实不成立:根据皮尔士前一个例子的结果以及矛盾式的定义,($aa,a;aa$)应该归约成(aa,aa),而非 aa,再根据第二个例子中的最后一个等值关系,其并置等值于 aa。第四个例子也有问题,内容如下:

　　　　要求根据 x 发展出($ax;b,xx:ab$):

　　　　$\varphi / x = a0;b,00:ab = aa,aa;ab = a,ab = a$

　　　　$\varphi / xx = a00;b,0:ab = bb,bb;ab = b,ab = b$

---

① W4:219-20.

② W4:219-20.

$$\therefore\ \varphi = \varphi/x\,x\,;\varphi/xx\,,xx\ =\ ax\,;b\,,xx\,。①$$

这个例子用意不详，但是结果明显不成立。第五个例子涉及假言三段论推理，在这个三段论中，前提分别为"如果 S 那么 M"和"如果 M 那么 P"，推出结论"如果 S 那么 P"。这里用到了前面定义的合取运算。步骤如下：

要求从 $(SS,M;MM,P)$ 中消除 M：

$\varphi/M\ =\ SS,0;00,P\ =\ SS,SS;SS,SS\ =\ SS$

$\varphi/MM\ =\ SS,00;0,P\ =\ P,P;P,P\ =\ P$

$\therefore\ SS,M;MM,P\ =\ SS,P;SS,P$

这正是这个三段论的结论。②

皮尔士建立起来的这个系统具有自然推演系统的"自然性"，但与近年来在结构证明论领域中发展起来的"深度推理"③可能更加接近。另外，笔者还没有见过有人对这两条规则加以形式化并证明系统的完全性定理是否成立，我们将在后续论文中研究这个问题。

四、肖菲克尔(型)算子

我们在皮尔士的这个工作中找到两个用自然语言表述的肖菲克尔(型)算子。肖菲克尔算子"$f(x)\ |^x\ g(x)$"组合的是析舍联结词和全称量词，意即"$\forall x(f(x)\mid g(x))$"，由肖菲克尔在 1920 年的一份报告中提出。在此基础上，

① W4：221.

② W4：221.

③ Kai Brünnler，*Deep Inference and Symmetry in Classical Proofs*［D］. PhD Thesis. Dresden：Technische Universität Dresden，2003.

"肖菲克尔(型)算子"这个概念在 2010 年被提出①,用来指析舍联结词、合舍联结词分别与经典量词组合而成的逻辑常项。

皮尔士的最后一个例子考虑到了量词,和之前几个例子是有所区别的。他说:

> 我们现在可以来看直言命题的例子。给定前提"有的东西不是 S 和 M"和"没有东西不是 M 和 P",请找到结论。由于前提的组合说的是非 S 非 M 的存在性和 MP 的非存在性,它们表达如下:SM,SM;MP。为了消除 M,我们有:
>
> $\varphi/M = S0,S0;0P = SS,SS;PP = S,PP$
>
> $\varphi/MM = S,00;S,00;00,P = $ 被删除
>
> $\therefore \varphi/M \ \varphi/MM, \varphi/M \ \varphi/MM = S,PP;0;S,PP;0$
>
> $= S,PP;S,PP;S,PP;S,PP$
>
> $= S,PP$
>
> 所以,这个结论是说,"有的东西不是 S 却是 P"。②

经典命题逻辑或者一元一阶逻辑的简单演算就可以验证这个推演过程。但是,这里有一个非常值得注意的事实:出现了两个肖菲克尔(型)算子的自然语言表达式"非 S 非 M 的存在性"和"MP 的非存在性";使用标准一阶逻辑的符号,它们分别写成"$\exists x(\neg Sx \wedge \neg Mx)$"和"$\neg \exists x(Mx \wedge Px)$"。前者是肖菲克尔(型)算子 *nallor*(*not-all-or* 的缩写)"$\downarrow_x$"的意义"$\neg \forall x(Sx \vee Mx)$",而后者正好就是肖菲克尔算子 *nexand*(*not-exists-and* 的缩写)"$|^x$"。皮尔士在命题逻辑中处理了这些命题,用到了空量化和一元一阶逻辑的相关原理。换句话说,皮尔士在这篇文稿中不仅第一次提出了合舍联结词,还第一次提出了一阶逻辑常项的归约问

---

① Katalin Bimbó, "Schönfinkel-type Operators for Classical Logic," *Studia Logica*, 2010 (95): 355 - 78.

② W4: 221.

题,文稿的最后一段已经明确表达了这个思想——就我所知,迄今为止的皮尔士研究文献还没有注意到这个问题①:

> 当然,这并不是说,这个记法是便利的;这里只是说,它第一次证明了只用一个系词就可以写出全称命题和特称命题的可能性,这个系词同时充当了用作组合的唯一指号,无须特殊指号来表示否定、"什么都是"(what is)和"什么都不是"(nothing)。虽然用到了一个0,但它只是被用作消除的指号。②

组合子逻辑起源于"经典逻辑中把逻辑常项集归约为单元素集的延伸"③,即肖菲克尔在 20 世纪 20 年代对逻辑常项的归约工作。从这种意义上说,组合子逻辑的历史能不能再往前追溯到皮尔士的这项工作?

五、逻辑常项的镜像性问题

逻辑常项在句法上的归约能否启发逻辑常项的意义?这个问题就是皮尔塔瑞南(Pietarinen)在 2010 年提出的"挑战 A:从图式-镜像方法的角度如何处理当前关于逻辑常项的意义以统一逻辑指号"④。研究逻辑常项的意义涉及"逻辑

---

① 参见 Katalin Bimbó, "Schönfinkel-type Operators for Classical Logic," *Studia Logica*, 2010 (95): 355 - 78. Vladimir. I. Shalack, "Semiotic Foundations of Logic," *Logical Investigations*, 2013 (19) (Special Issue); Francesco Bellucci, A. Moktefi and A. V. Pietarinen, "Simplex Sigillum Veri: Peano, Frege, and Peirce on the Primitives of Logic," *History and Philosophy of Logic*, 2018, 39 (1): 80 - 95.

② W4: 221.

③ Katalin Bimbó, "Combinatory Logic," *The Stanford Encyclopedia of Philosophy* (Winter 2020 Edition), ed. Edward N. Zalta, (2020 - 11 - 16) [2021 - 01 - 01]. https://plato.stanford.edu/archives/win2020/entries/logic-combinatory/>.

④ Ahti-Veikko Pietarinen, "Challenges and Opportunities for Existential Graphs," in *Ideas in Action: Proceedings of the Applying Peirce Conference*, Nordic Pragmatism Network, eds. M. Bergman, et al, 2010, p. 293.

常项问题",逻辑常项问题正好在逻辑常项划界过程中出现。虽然对逻辑常项已有各种定义,但究竟是什么使得一个名词成为逻辑常项以及一个好的逻辑常项理论是什么,并没有得到普遍认同的说明。

出于简明性目的,皮尔士在历史上首次只用"既非……也非……"来定义所有逻辑联结词。一个系统的初始符号越少,公理也就越少;而符号和公理越少,这个系统也就更具分析性。但是,从另一个方面来说,逻辑初始词越多,表达相同事物的方式越多,用作捷径的经验法则越多,在这样的演算中推理的速度才会越快。所以,皮尔士自己也提到"这并不是说,这个记法是便利的"。[①] 他写于1880 年的这项工作在其 1902 年的《逻辑笔记》中有进一步的发展:他为并置记法提出一个名称"Ampheck"和一个新的指号。但是,既然皮尔士认为理想上的逻辑是一个镜像性指号系统,"也许是因为要为'既非……也非……'给出一个简单的镜像性指号并不是那么容易,他偏爱有两个联结词的 Alpha 存在图"[②],后者使用(一条封闭曲线来表示的镜像性)否定和(以两个命题并置的方式表示它们的镜像性)合取作为初始联结词。无独有偶,维特根斯坦在《逻辑哲学论》中认为"真值函项的一般形式是:$[\bar{p}, \bar{\xi}, N(\bar{\xi})]$。这也是命题的一般形式,它只是说明:每个命题都是连续应用算子 $N(\bar{\xi})$ 于基本命题的结果",而"$N(\bar{\xi})$ 是对命题变项 ξ 所有的值的否定","如果 ξ 只有一个值,则 $N(\bar{\xi}) = \sim p$(非 p);如果它有两个值,则 $N(\bar{\xi}) = \sim p \cdot \sim q$(既非 p 也非 q)"。[③] 也就是说,他的(多级联结词)N算子(限制到二元情形时)就是一个合舍联结词。[④]

镜像来自皮尔士关于指号的一种三分法:象似符(icon)、索引符(index)和抽象符(symbol),"镜像性和镜像的角色是皮尔士关于语言和逻辑的思想中最具特色的地方之一"[⑤]。他认为,镜像通过与其所表征者相似来表征后者,这种相

① W4:221.
② Frederik Stjernfelt, "Iconicity of Logic-and the Roots of the 'Iconicity' Concept," in *Conicity: East Meets West*. eds M. Hiraga et al. Amsterdam, Philadelphia: John Benjamins Publishing Company, 2015, p. 43.
③ 维特根斯坦. 逻辑哲学论[M]. 贺绍甲,译. 北京:商务印书馆, 1996:87, 76, 76.
④ 参见刘新文. 谢弗函数的概念分析[J]. 世界哲学, 2011(04):143-149.
⑤ Jaakko Hintikka, *Lingua Universalis vs Calculus Ratiocinator*. Netherlands: Kluwer Academic Publishers, 1997, p. 151.

似并不一定意味着通常对相似性所理解的那样是看起来很像，它在本质上是一种结构相似性。镜像的元素之间通过某种方式相互联系，这种方式类似于它所表征的相应成分之间相互联系的方式。用维特根斯坦的话说，"它们的逻辑结构都是共同的"①。

因此，作为对前述"挑战 A"的部分回答，本文的初步结论是：镜像性是逻辑常项性的必要条件。逻辑常项的镜像性使得"否定、合取、蕴涵和量化都是镜像指号，因此能够表达它们自己的意义"②，因为作为一门基础学科，"逻辑必须照顾自己"③。

［本文系国家社科基金一般项目"逻辑基础问题研究"（项目编号：16BZX079)的阶段性成果。发表于《世界哲学》2018 年第 6 期］

---

① 维特根斯坦. 逻辑哲学论［M］. 贺绍甲，译. 北京：商务印书馆，1996：42.
② 阿赫提-维科·皮尔塔瑞南. 存在图：逻辑和认知［J］. 刘新文，译. 哲学分析，2014，5(01)：15 – 36 + 197.
③ 维特根斯坦. 逻辑哲学论［M］. 贺绍甲，译. 北京：商务印书馆，1996：74.

皮尔士研究在中国(1919—2019 年)

朱进东　南京航空航天大学教授

蒲力戈　南京航空航天大学马克思主义学院博士研究生

　　本文是一篇学术史论文,叙述了从 1919 年胡适发表《实验主义》一文到 2019 年韩露出版实用主义鼻祖麻省康桥人皮尔士①著作《如何使我们的观念清楚明白》中译本这一百年间中国学人在皮尔士研究方面的发展脉络和主要成就,并首次将我国学者百年皮尔士思想研究分为七个历史时期。之前,曾有学者,如林建武、江怡、陈亚军、季海宏对这段学术史做过部分研究,②而黄见德、杨寿堪、王成兵有关著述未见对此做专门叙述。③

　　中国人研究皮尔士,先后出现过两次高潮。五四前后出现的第一次高潮,以胡适 1919 年响应蔡元培号召在北京所做的"实验主义"(胡适称其为"七篇")演讲为重要标志。第二次高潮的标志:一是出版了一批著译,例如陈亚军的《实用主义:从皮尔士到普特南》(1999 年)、涂纪亮和周兆平的《皮尔斯文选》(2006

---

① 　一百年来,Peirce 这一姓氏呈现出多种译法,有"皮耳士""潘士""皮尔士""皮尔斯""珀尔斯""普尔斯""珀斯""朴斯"(笔者试译)等不同译名行世。除引文、书名、文章名外,拙文一律以"皮尔士"行文。

② 　林建武. 近年来国内皮尔士研究概述[J]. 哲学动态,2005(08):57－62;Yi Jiang and Binmin Zhong, "Peirce Study in China in the 21th Century," *European Journal of Pragmatism and American Philosophy*, 2014 (02):252－63;陈亚军. 实用主义研究四十年——基于个人经历的回顾与展望[J]. 天津社会科学,2017(05):33－39;季海宏. 皮尔斯符号学和国内外研究现状[J]. 俄罗斯文艺,2014(02):85－90.

③ 　杨寿堪,王成兵. 实用主义在中国[M]. 北京:首都师范大学出版社,2002;黄见德. 20 世纪西方哲学东渐史导论[M]. 北京:首都师范大学出版社,2007.

年)、徐鹏的《皮尔士论符号》(2016 年)等;二是做出了十多篇博士论文,譬如复旦大学汪胤的《时间、现实和历史》(1996 年)、武汉大学潘磊的《皮尔士符号学研究》(2007 年)、华东师范大学张留华的《数学、指号学与实用主义——皮尔士哲学的逻辑面向》(2011 年)、北京大学邱忠善的《皮尔士的实在理论研究》(2012 年)等;三是发表了二百多篇期刊论文,如葛力的《皮尔士的实用主义思想》(1981 年)、刘放桐的《重新评价实用主义》(1987 年)、朱志方的《皮尔士的科学哲学:反基础主义和可误论》(1998 年)、陈亚军的《皮尔士对于心理主义的符号学批判及其实用主义效应》(2008 年)、江怡的《论珀斯与分析哲学之关系》(2015 年)等。今年适逢皮尔士诞生 180 周年,回望国内过往一百年皮尔士研究,既有纪念的意义,也意味着谨以本文为那些在百年皮尔士研究历程中孜孜矻矻的学者们树立传记。

第一个时期(1919—1929 年):皮尔士实用主义思想初登中国

在对五四前后相关文献的潜心考察过程中,我们不无惊奇地发现,在《实验主义》一文里,胡适对皮尔士的绍述被后世学者奉作圭臬,但掩映在他遗稿中的《实验主义》这篇残稿,关于皮尔士首倡的哲学 Pragmatism 有着更为详细的论述;"实用主义"的译名因被一些名人(如梁启超、黄忏华、谢晋春、李达、李石岑、冯友兰、艾思奇、刘放桐等先生)所使用而大行其道。(80 年代伊始,借教科书为载体,刘放桐首次让皮尔士哲学走进中国高校课堂;而中国对实用主义哲学的"批判"时期,致使实用主义踏入日常生活领域并溢出学术边界而成为大众化用语。)

1919 年,在实用主义初传中国时期,治学上提倡"大胆的假设,小心的求证"这一方法的现代著名思想家、哲学家、徽州绩溪人胡适于《新青年》杂志第六卷第四号上发表《实验主义》一文,同年以这篇文章名为题出版《实验主义》一书。[①]

———————————

① 胡适. 实验主义[M]. 北京:北京大学学术讲演会编印,1919.

该文是他当时为响应北京大学校长蔡元培的号召而撰写的一篇讲演稿,其中"引论"和"皮耳士"这两个部分涉及或专门研究了皮尔士。

> 现今欧美很有势力的一派哲学,英文叫做 Pragmatism,日本人译为"实际主义"。这个名称本来也还可用。但这一派哲学里面,还有许多大同小异的区别,"实际主义"一个名目不能包括一切支派。英文原名 Pragmatism 本来是皮耳士(C. S. Peirce)提出的。后来詹姆士(William James)把这个主义应用到宗教经验上去,皮耳士觉得这种用法不狠妥当,所以他想把他原来的主义改称为 Pragmaticism,以别于詹姆士的 Pragmatism。英国失勒(F. C. S. Schiller)一派把这个主义的范围更扩充了,本来不过是一种辩论的方法,竟变成一种真理论和实在论了,(看詹姆士的 Meaning of Truth,页五十一)所以失勒提议改用"人本主义"(Humanism)的名称。美国杜威(John Dewey)一派,仍旧回到皮耳士所用的原意,注重方法论一方面;他又嫌詹姆士和失勒一般人太偏重个体事物和"意志"(Will)的方面,所以他也不愿用 Pragmatism 的名称,他这一派自称为"工具主义"(Instrumentalism),又可译为"应用主义"或"器用主义"。①

在这里,胡适对皮尔士所创立的哲学 Pragmatism 这一名称述道,日本人将其译为"实际主义",而相对于皮尔士、詹姆士、杜威、席勒哲学,分别使用 Pragmaticism、Pragmatism、Instrumentalism、Humanism,可见 Pragmatism 这一名称无法包含这四位哲学家的哲学的含义。诸家对 Pragmatism 的不同理解,致使后来实用主义哲学内部形成分别以皮尔士和詹姆士为开路者的两大分支。此时胡适对如何称谓皮尔士创立的这派哲学有着其独树一帜的见解。

> 因为这一派里面有这许多区别,所以不能不用一个涵义最广的总名称。"实际主义"四个字可让给詹姆士独占。我们另用"实验主义"的名目来做这

---

① 胡适. 实验主义[J]. 新青年,1919,6(04):4-20.

一派哲学的总名。就这两个名词的本义看来，"实际主义"（Pragmatism）注重实际的效果；"实验主义"（Experimentalism）虽然也注重实际的效果，但他更能点出这种哲学所最注意的是实验的方法。实验的方法就是科学家在试验室里用的方法。这一派哲学的始祖皮耳士常说他的新哲学不是别的，就是"科学试验室的态度"（The Laboratory attitude of mind）。这种态度是这种哲学的各派所公认的，所以我们可用来做一个"类名"。①

由皮尔士要区别于 Pragmatism 而用 Pragmaticism 取代 Pragmatism，胡适想到启用 Experimentalism（"实验主义"）作为皮尔士创立的哲学"类名"。胡适的意思是，既然这一派哲学都主张"科学试验室的态度"，就可用"实验主义"涵盖这一派哲学各个支脉的全部内容。其实早在 1915 年他尚在美留学时就使用"实验主义"这一名称，言称正是从这年之后，"实验主义成了我的生活和思想的一个向导，成了我自己的哲学基础"②。

我们发现，Pragmatism 这一名称及其在各个支派那里的呈现，胡适在遗稿《实验主义》这篇残稿中有着更加细腻而通透的论述。

现今欧美很有势力的一种学说，英文叫做 Pragmatism，近来有人译为"实际主义"。这种译名固然可用，但是这一学说里面还有许多大同小异的区别，不是"实际主义"一个名词所能包括。如 William James 一系的学说自称为 Pragmatism，可译为"实际主义"。但是 C. S. Peirce 虽是这一学说的始祖，后来颇不满意于 James 的说法，故把自己的学说叫做"Pragmaticism"，以别于 James 的 Pragmatism，还有 John Deweg 一系的学说，也不满意于这个名词，故另取一个名目，叫做"Instrumentalism"，译出来便是"工具主义"，又有人译为"器用主义"。还有英国的 F. S. C. Schiller 一系的学者，也另立名目，叫做"Humanism"，可译为"人生主义"。这一系有时候又自为"Personal Idealism"，可译为"人的唯心主义"。——总而言之，

① 胡适.实验主义[J].新青年.1919,6(04)：4－20.
② 胡适.胡适留学日记：第一册[M].上海：商务印书馆,1947：5.

这一派学说有许多支流派别,不是 James 一系的实际主义所能包括,故我现今用这个"实验主义"的名称来做一个总名,包括那些"实际主义"、"工具主义"、"人生主义"等等大同小异的各系支派。"实验主义"这四个字,严格说来,应该是英文"Experimentalism"的译名,所说的"实验"就是化学物理学等等试验室里所做的实验。上文所说的许多宗派,根本上都有一个相同的态度,这个相同的态度就是这一派始祖 Peirce 说的"科学试验室的态度"(the laboratory attitude of mind)。因为他们同有这个根本相同的态度,故我们可以用"实验主义"做他们的总名。①

胡适在这篇残稿中的论述,有下列三点值得注意。其一,这篇残稿对实用主义总名称及其各支派的论述显得更为圆熟和通透。其二,他那时提出的"类名"问题,看得出他自己也不是吃得很准。其三,他从杜威的一篇文章②和拉德-富兰克林(Christine Ladd-Franklin)的一篇文章③中转引了皮尔士两篇文章的内容。④ 公正地说,胡适的《实验主义》一文,对"实用主义"所做的经典阐述,起到为后来研究者对实用主义的研究起头定调的作用。

1924 年,商务印书馆出版中国现代著名教育家、江苏武进人孟宪承的译著《实用主义》⑤(现收入十二卷《孟宪承文集》中的第五卷)。1926 年,中国近代著名哲学家、民国精英,湖南醴陵人李石岑在其 512 页巨著《人生哲学》中,对实用

① 耿云志. 胡适遗稿及秘藏书信:第 9 册[M].济南:黄山书社,1994:354 - 355.
② John Dewey, "The Pragmatism of Peirce," *Journal of Philosophy*, *Psychology and Scientific Methods*, 1916, 13(26):709 - 15.
③ Christine Ladd-Franklin, "Charles S. Peirce at the Johns Hopkins," *Journal of Philosophy*, *Psychology and Scientific Methods*, 1916, 13 (26):715 - 22.
④ 2013 年,美国德堡(DePauw)大学历史系江勇振教授曾指出,胡适写"实验主义"一文时,"讲述皮耳士的学说"但引用的是"杜威",而且"明明"引用一篇文章,却给人引用两篇文章之感。(江勇振. 舍我其谁:胡适(第 2 部:日正当中:1917 - 1927. 上)[M].杭州:浙江人民出版社,2013:116)我们认为,江勇振的说法是错的。实际上,胡适是分别从杜威的《皮尔士的实用主义》和拉德-富兰克林的《查尔斯·S. 皮尔士在霍普金斯大学》这两篇文章中,转引了皮尔士的原话。杜氏和拉氏这两篇文章,同时发表在《哲学、心理学和科学方法杂志》(*The Journal of Philosophy*, *Psychology and Scientific Methods*),1916 年第 13 卷第 26 期纪念皮尔士专刊上。
⑤ 詹姆士. 实用主义[M]. 孟宪承,译. 北京:商务印书馆,1924.

主义内部各派及总名称也做了类似胡适的仔细辨析,但李氏通过一番论述而得出的总名称却与胡适的不同。

一言以蔽之,皮尔士在中国初登场这十年,胡适对实用主义的研究堪称一枝独秀,尤其是对皮尔士的绍述,被后来研究者奉为神明。通过对"五四"前后皮尔士哲学东渐的考察,我们认为有下列几点颇值得关注。甲、早在胡适1919年发表《实验主义》一文之前六年,朱元善就编辑了《实用主义问题》一书。乙、"实用主义"译名因一些名流(例如中国近代著名思想家、广东新会人梁启超在其《中国近三百年学术史》一书中使用"实践实用主义")而广为流传。丙、胡适彼时指出的分别以皮尔士和詹姆士各自代表的实用主义思潮两大走向,从古典实用主义到新实用主义一直生长着这两条风格迥异的流变脉络。

第二个时期(1930—1949年):战时皮尔士研究

从1930年至1949年,中国至少经历了中日战争即抗日战争和解放战争。在这一战火不断、血雨腥风时期,中国有一批学者仍然在坚持对皮尔士哲学进行研究。该时期诞生了中国实用主义研究史上第一本研究实用主义的专著;而受到文献资料的限制,彼时中国学人未能对皮氏思想进行专门研究。

在40年代之前,"实验主义"与"实用主义"这两种译名,前者的流行占据上风(同时也有其他一些小众译名,如"实际主义""唯用论"),但自50年代以降,"实验主义"这一译名逐渐让位于"实用主义"译名。虽然仅一字之差,但前者强调的是"验",而后者着眼于的是"用"。这绝非简单的译名之争,其实透射出的是Pragmatism的实质归旨。今日观之,"实用主义"这一译名的流行,既受到政治因素、名人因素的影响,也深受国人文化认同因素的左右。必须看到,五四以后,胡适已逐渐丧失在思想界执牛耳的地位。中国近代思想家、河北大名人郭湛波评论说:

> 胡先生在近五十年中国思想史上是最有贡献之人,一方介绍欧美的思

想，一方用西洋的思想方法，来整理中国古代思想。且著作丰富，文字清晰，故影响最大。胡先生不只在思想方面影响最大，而在中国近五十年学术史上，文学史上也是最有贡献之人。不过中国瞬息万变，思想随时代而急转直下，而胡先生的思想，成熟于"五四"，至今如故；故失掉今日思想界领导的地位；望胡先生抛弃成见，仍作我们文明今日思想界的领导者。①

郭湛波一方面肯定胡适思想的崇高，另一面指出胡适因"成见"而逐渐丧失在思想界领袖的地位。

1931 年，李石岑在其《现代哲学小引》一书中阐述实用主义语义与皮尔士哲学和康德哲学之间的关系。

> 他从康德哲学之用语中，发现"实际的"（Praktisch）与"实用的"（Pragmatisch）二语之区别。"实际的"含有实际的技能之意，"实用的"则含有实际的幸福之意。②

1933 年，近现代著名翻译家、湖南平江人李季在其《辩证法还是实验主义？》一书中，较早地详细阐述了马克思主义辩证法与皮尔士开创的"市侩哲学"实用主义（即实验主义）之间的对立，同时对胡适的实用主义思想做出了较为全面的批判。笔者认为，这样的批判之所以在史上留下浓重的一笔，是因为他为 20 多年后那场声势浩大、席卷全国的"批胡批杜"开出了路径。李季在该书"序言"中引用了皮尔士的一段话：

> 一个观念的意义完全在于那观念在人生行为上所发生的效果。凡试验不出什么效果来的东西，必定不能影响人生的行为。所以我们如果能完全求出承认某种观念时有那么些效果，不承认它时又有那么些效果，如此我们就有这个观念的完全意义了。除掉这些效果之外，更无别种意义。这就是

---

① 郭湛波. 近五十年中国思想史［M］. 北平：人文书店，1936：141.
② 李石岑. 现代哲学小引［M］. 北京：商务印书馆，1931：147.

我所主张的实验主义。①

在这里，李季采用的是胡适博士的"实验主义"这一译名。不过，在这段话之前，李季还写有一段，堪为一则珍贵的史料。兹援引如次：

我们在本书中曾说，世界资产阶级自黑格尔以后即无哲学可言，这并不是指真正没有继起的哲学，而是指没有成形的哲学。即如实验主义虽号称为欧美资产阶级民主的和急进的哲学，然其浅薄与庸劣，实在出人意料之外。我们且先从译名说起。孟宪承君翻译詹姆士的 Pragmatism，叫做实用主义（商务印书馆出版），可称名副其实，因为 Pragmatism 根本的和唯一的原则是实际的效用。可是胡适博士为使这种主义极力接近科学，沾点科学的气味起见，特附会皮耳士什么"科学试验室的态度"，把它译作实验主义，到处宣传；于是实验主义的声名"洋溢乎中国"，而实用主义的名字却湮没不彰，一经提及，大家都觉得非常生疏，不知闷葫芦里又卖得什么药。这种主义如果说得上实验，那就不是实验别的东西，而是实验它的唯一原则的实际效用或效果。②

这段引文中，有两点值得注意。第一，李季对孟宪承将 Pragmatism 翻译为"实用主义"表示赞同。第二，胡适的"实验主义"译名压倒了"实用主义"译名。胡适自述其书的发行量也证明了这一点。1930 年，胡适在《胡适文存》第十三版"自序"中写道：

《胡适文存》初集是民国十年十二月出版的，八年之中，印了十二版，共计四万七千部。现在纸板损坏稍多，故亚东图书馆今年重排一遍，是为第十三版。③

① 李季. 辩证法还是实验主义？［M］. 上海：神州国光社，1933：9.
② 李季. 辩证法还是实验主义？［M］. 上海：神州国光社，1933：8 - 9.
③ 胡适. 胡适文存：第一集［M］. 上海：亚东图书馆，1930：1.

可以想见那时胡适大著形成的一时间洛阳纸贵之情形。但笔者认为,"实用主义"这一译名当时亦被学界广为采用,而"湮没不彰"之说显系过于夸张。不得不说的是,从李季的这段话中见出其对实用主义的误读误解。一是对"实验主义"的误读,认为其"浅薄与庸劣",乃"没有形成哲学";二是对胡适的误读,声称胡适"特附会皮耳士什么'科学试验室的态度',把它译作实验主义"。这是中国实用主义解读史上对"实验主义"和胡适的较早的误会曲解。(后来有学者,如顾红亮,所考察的中国哲学家对实用主义的误解,仅限于论述对杜威的"误读"①。)

李季还解释,书中没有采用孟宪承的"实用主义"译名,而采用"实验主义"译名,实属迫不得已而为之。

> 本书批评 Pragmatism 所引用的材料,以胡博士的说法为最多,我们为避免窜改原文或注释原文,兼使国人容易知道本书是对他作战起见,不得不袭用实验主义的名称。不过这种译文的欠正确或有意鱼目混珠,应当先在此声明一下,这是第二点。②

最后,李季在"序言"中称皮尔士的"实验主义"是一种"市侩哲学",后来学界沿用这一定位,至少可以追溯到他这里。

> 实验主义固然是一种方法,但同时也是一种哲学。如果客气一点说,我们可和塔尔海玛一样,称之为一种"商业哲学"(Philosophie des Handelns),如果不客气的话,简直可称之为一种"市侩哲学"。这不是我故意加以谩骂,它的本质确实是如此。不独因它是美国资产阶级企业精神——即唯利是视,即效用或效果为真理唯一的标准——的充分表现,取得这个尊号,毫无愧色,而它对于一切问题的态度无不显出这种面目。③

---

① 顾红亮. 实用主义的误读:杜威哲学对中国现代哲学的影响[M]. 桂林:广西师范大学出版社,2015.
② 李季. 辩证法还是实验主义?[M]. 上海:神州国光社,1933:9.
③ 李季. 辩证法还是实验主义?[M]. 上海:神州国光社,1933:9-10.

我们还发现,在战时皮尔士研究过程中,Pragmatism 出现多种译法。1932年,中国现代著名哲学家、浙江杭县(今杭州市)人张东荪将 Pragmatism 译作"唯用论",认为"美国的土产可以算唯用论(pragmatism)"①。在《现代西洋各派教育哲学思潮概论》一书中,王慕霄则将 Pragmatism 译为"实利主义派"。中国现代著名理论语言学家和文学翻译家、福建平潭县人高名凯在其编著的《现代哲学》中,将 Pragmatism 译为"实用主义"。王子野亦在其译著《西洋哲学史简编》中将 Pragmatism 译为"实验主义"。

第三个时期(1949—1970 年):中国"批胡批杜"时期之皮尔士研究

五六十年代"批胡批杜"(即批判杜威和胡适)时期,作为实用主义开山鼻祖的皮尔士,被做了一带而过的蜻蜓点水式的批判,主要是因为缺乏关于皮尔士的文献,但研究皮尔士的线索并没有中断,而且这个时期研究者见识了美国人 30年代出版的八卷本《皮尔士文集》(*the Collected Papers of Charles Sanders Peirce*)的部分中译文语段。50 年代关于皮尔士研究成果,大抵上可以用"三文""三书"来概括。它们是李达的、冯友兰和朱伯昆的、艾思奇的"三文"和姚蓬子(姚文元之父)写的,瞿菊农、舒贻上、郭从周、南铣翻译的,葛力、陈修斋、张世英、舒贻上翻译的"三书"。

50 年代皮尔士研究,乃至整个实用主义的研究,是在把实用主义定位为"帝国主义"的哲学这一大的政治文化背景下进行的。(这与列宁 20 世纪初先后发表的《唯物主义和经验批判主义》《帝国主义论》相关。)国人对皮尔士的研究,最早是以批判的形式进行的。一直到 70 年代末,从"批胡批杜"到批判林彪"四人帮"的实用主义,对皮尔士开创的实用主义的研究,都带有这种"浓厚的批判的色彩"。

1955 年,在《实用主义——帝国主义的御用哲学》一文,中国近代著名哲学

① 张东荪. 西洋哲学史 ABC(下)[M]. 上海:ABC 丛书社,1931:99.

学家、湖南零陵人李达有两次提到皮尔士，一次是在"替实用主义做家谱"时说："实用主义这个哲学流派是美国皮尔士首创的。英国的失勒，美国的詹姆士和杜威是这个流派的台柱。"①在批判实用主义诡辩论与实用逻辑时，李达认为：

> 实用主义者进行诡辩时，脸厚心黑，蛮不讲理。实用主义创始人皮尔士说过，谁愿意怎样相信就怎样相信，只要你有足够的靱皮相信你愿意相信的东西，这个东西将为你而存在。②

同一年里，浙江诸暨姚公埠人姚蓬子（姚文元之父）在其《批判胡适实用主义的反动性和反科学性》一书中，有一处提到皮尔士：

> 在 1919 年春天，胡适已开始其题为《实验主义》的讲演，系统底介绍从皮耳士到杜威的反动的实用主义哲学。③

但是，姚蓬子该书是以批胡适为主轴对皮尔士创立的实用主义进行批判的。姚氏批判实用主义真理观，称其为"华尔街式的市侩主义"，典型的"有奶便是娘"④。

在瞿菊农、舒贻上、郭从周和南铣 1955 年翻译的《保卫哲学：反对实证主义和实用主义》一书第七章第二段整段中，通过詹姆士之口，说明皮尔士是实用主义创始人及其核心思想。

> 威廉·詹姆士（William James）在他的"实用主义"一书中，把实用主义之成为一个确定的哲学倾向归功于查理·皮耳士（Charles Peirce）。他说：

---

① 李达. 实用主义——帝国主义的御用哲学[J]. 哲学研究，1955(04)：72 - 82.
② 李达. 实用主义——帝国主义的御用哲学[J]. 哲学研究，1955(04)：72 - 82.
③ 姚蓬子. 批判胡适实用主义的反动性和反科学性[M]. 上海：上海出版公司，1955：2.
④ 姚蓬子. 批判胡适实用主义的反动性和反科学性[M]. 上海：上海出版公司，1955：19.

"实用主义（Pragmatism）这一个名词，与我们的'实践'（practice）和'实际的'（practical）两个字一样，都从希腊字 πράγμα 而来，这个字底意义是'行动'。皮耳士先生在一八七八年开始将这一个名词介绍到哲学上来。在'怎样使我们观念清楚'一文中……皮耳士先生在指出我们的信仰实在是行动的规则之后说，要显出一个思想底意义，我们只要断定这思想适合于产生什么行为；对于我们，那个行为，是它唯一的意义。……对一件事物，要在我们的思想里完全清楚，只要考究它会含有什么样的想得到的一种实际效果——我们期待从它得到什么感觉，我们必须准备什么反应。我们对这些效果的概念，不论是遥远的还是接近的，就是我们对这一事物的整个概念。"（詹姆士："实用主义"，第四六页。）①

葛力、陈修斋、张世英、舒贻上 1955 年翻译出版的《实用主义：帝国主义的哲学》一书第二章写的是皮尔士的"实用主义底三种方法"。

关于形而上学俱乐部会员底思维底特性，皮耳士在若干年后写道："我们思想底类型无疑地是英国式的。我们会员中只有我通过康德底门路来到哲学底门槛里。甚至我底思想也带有英国的韵味。"（威涅尔："进化论与现代实用主义的创始人"，第一九页。）②

该章分别由《皮耳士底真理论》《固执的方法》《权威的方法》《科学的方法》《在皮耳士看来的"实在"和"真理"底意义》这五节构成。这一章所引用的文献，主要是柯恩（Morris R. Cohen）编的《机会、爱情和逻辑》这本皮尔士哲学论文集。

除了上述"三书"之外，50 年代尚有三篇文献值得一提。郭军翻译的《美国

① 康福斯. 保卫哲学：反对实证主义和实用主义[M]. 瞿菊农，舒贻上，郭从周，南铣，译. 北京：生活·读书·新知三联书店，1955：214.
② 哈利·威尔斯. 实用主义：帝国主义的哲学[M]. 葛力，陈修斋，张世英，舒贻上，译. 北京：生活·读书·新知三联书店，1955：23.

实用主义》一书第一章为《查理·皮尔斯和实用主义的创立》,引用了哈佛大学出版社出版的《皮尔士文集》第五卷中二十余段。这可能是中文文献中最早见到的《皮尔士文集》的引文。

60 年代,是中国实用主义研究史上特殊时段,翻译西人的作品,成了彼时研究实用主义,乃至研究整个西方哲学的主要呈现方式。1963 年,中国现代哲学家、江苏无锡人徐崇温发表译文《评摩尔的〈美国实用主义:皮尔士、詹姆士和杜威〉》①,原文作者为美国哲学家伯恩斯坦(Richard J. Bernstein)。1964 年,张继安译出了巴尼斯(W. H. F. Barnes)撰写的《评麦菲的〈皮尔士哲学的发展〉》这篇书评,该书旨在回答皮尔士哲学是否存在一个完整的体系,同时"麦菲不仅使用了已出版的几卷《皮尔士文集》,并且也广泛地使用了哈佛大学航通图书馆里未出版的皮尔士手稿"②。

张继安译的这篇书评揭橥,皮尔士最早的两个体系为 1859 年至 1861 年的体系和 1862 年至 1867 年的体系。"第一个体系"为皮尔士尝试依据自己早期对康德的研究而设计出一组范畴。"第二个体系"揭橥,因怀疑康德范畴学说而转向经院派的逻辑。自 1887 年以后,皮尔士进入末期哲学活动,"随心所欲地思考哲学问题",大有半狂避世而放浪形骸之势,此时的范畴,在皮尔士手里表现为"一元的、二元的、三元的"这三种逻辑关系;而"创立一个伟大体系的耀人眼目的想象总是成为空中楼阁"。张继安的这篇译文,应该成为我国皮尔士研究者的珍贵的参考文献。③

1964 年,皮尔士文本中译方面的重要事件,是徐崇温翻译的《分析的时代》一书中的第九章《实用主义与意义:查理·山德尔斯·皮尔士》。该章含有皮尔士的《怎样使我们的观念清楚明白》一文的多半内容。这就为后来全文的完整翻

---

① 伯恩斯坦. 评摩尔的《美国实用主义:皮耳士、詹姆士和杜威》[J]. 徐崇温,译. 亚非译丛,1963(09):93 - 95.
② 巴尼斯. 评麦菲的《皮尔士哲学的发展》[J]. 张继安,译. 哲学译丛,1964(03):89 - 92.
③ 巴尼斯. 评麦菲的《皮尔士哲学的发展》[J]. 张继安,译. 哲学译丛,1964(03):89 - 92.

译奠定了基础。① 还是在 1964 年,古典实用主义者的著作出现在洪谦主编的《西方现代资产阶级哲学论著选辑》这本高等院校教材中。这标志着实用主义者的著作堂堂正正地走进了大学课堂。而皮尔士哲学思想进课堂,还要等到 17 年后的 1981 年刘放桐等著的紫罗兰色封面《现代西方哲学》这本受教育部委托而撰写的教材的出版。

第四个时期(1971—1979 年):作为"'四人帮'的哲学基础"

70 年代中后期,我国把包括皮尔士在内的实用主义当作"'四人帮'的哲学基础"加以批判。在这一时期,当代中国著名哲学家安徽歙县人洪谦(又名洪潜)翻译的《当前的实用主义》与中国现代著名作家、文学研究家,江苏无锡人钱锺书(号槐聚)对三价符号说和"文意物"的比较研究,成为国人在皮尔士研究领域取得的首要成果。

从洪谦的这篇译品中可以看出,古典实用主义者皮尔士、詹姆士、米德、杜威之间的众多观点是一致的,尽管美国实用主义不是一种具有严密而完整的体系的哲学。然而,符号学(semiotic)是美国实用主义哲学运动的最大公约数,被用作"工具"。

三十年代是美国实用主义哲学历史特别重要的时期,在这个年代的末期,这个运动的主要创始人的著作都出版了。共有皮尔士的 6 卷《论文集》;米德的 4 卷《哲学资料》;还有杜威的《作为经验的艺术》、《价值论》、《逻辑学》、《公共信仰》和《自由与文化》。这些东西都在几年之内就完成,这是令人感到惊奇的。

但到了 1939 年,第二次世界大战开始了。这次战争标志了美国文化的

---

① M. 怀特. 分析的时代:二十世纪的哲学家[M]. 杜任之,等,译. 北京:商务印书馆,1964:135 - 155.

一个新时代。在这苦恼的期间，要想把 30 年代刚刚得到的关于皮尔士、米德和杜威的丰富资料进行深入的研究，是不可能的。①

可见，这种情况与我国三四十年代战时皮尔士研究状况颇为类似。这篇译品这样谈到"今日美国的实用主义"：

> 现在美国研究实用主义的主要工作（虽然不排除其他方面）是对有关它的资料的注释和鉴定工作，无疑的，主要的活动是搜集皮尔士的遗稿。1958 年他的《论文集》新加了两卷，一共八卷，是由 A. 布克主编的。皮尔士的手稿已经摄制出来，而且最近在哈佛大学图书馆中已经能见到。查理·S. 皮尔士学会的会报提供了一个这方面的重要的讨论园地。关于皮尔士的著作最近出版了不少。M. H. 费希现时正在完成一部期待已久的皮尔士传记。②

这段文字勾勒出了 30 至 60 年代美国皮尔士研究的轮廓。据笔者统计，此处所说的"关于皮尔士的著作最近出版了不少"，应该包括下列著作：费布尔曼（James Kern Feibleman）的《查尔斯·S. 皮尔士哲学引论》（*An Introduction to the Philosophy of Charles S. Peirce*）、肯普斯基（Jürgen von Kempski）的《查尔斯·桑德斯·皮尔士与实用主义》（*Charles Sanders Peirce und der Pragmatismus*）、墨菲（Murray G. Murphey）的《皮尔士哲学的发展》（*The Development of Peirce's Philosophy*）、博勒（John F. Boler）的《查尔斯·皮尔士与经院实在论》（*Charles Peirce and Scholastic Realism*）、摩尔（Edward C. Moore）的《查尔斯·桑德斯·皮尔士的哲学研究》（*Studies in the Philosophy of Charles Sanders Peirce*）、奈特（Thomas Stanley Knight）的《查尔斯·皮尔士》（*Charles Peirce*）、波特（Vincent

---

① 莫利斯. 当前的实用主义［C］//北京大学外国哲学研究所编译. 外国哲学资料：第 3 辑. 洪谦，译. 陈启伟，校. 北京：商务印书馆，1977：118‒130.
② 莫利斯. 当前的实用主义［C］//北京大学外国哲学研究所编译. 外国哲学资料：第 3 辑. 洪谦，译. 陈启伟，校. 北京：商务印书馆，1977：118‒130.

G. Potter)的《查尔斯·S. 皮尔士论规范与理想》(*Charles S. Peirce on Norms & Ideals*)、艾耶尔(A. J. Ayer)的《实用主义的起源：查尔斯·桑德斯·皮尔士和威廉·詹姆士的哲学研究》(*The Origins of Pragmatism: Studies in the Philosophy of Charles Sanders Peirce and William James*)。

在洪谦的这篇译文中,我们还看到莫里斯把实用主义看作表现着美国文化。他明确指出：

> 实用主义对美国文化的表现可以从两个方面来看：一是它对这种文化的某些方面的支持,一是它对这种文化的其他一些方面的尖锐的批判。这一点对于所有实用主义创始人来说,的确是如此的。
>
> 皮尔士深信美国政治上的成就归功于它的自愿的统一,而且还认为这种统一可能是人类社会继续发展的一种样板。但是,他对给美国带来危险的"贪婪主义"尖锐地加以谴责,并提出"博爱主义"和它对立起来。①

皮尔士对美国实用主义的这种看法,至今看来依然是发人深省的。完全可以说,它从根本上对今日世界范围内皮尔士研究热做出了一种完美的诠释。

70年代末,钱锺书将陆机《文赋》中的"文意物"与皮尔士和奥格登的"符号三角"理论做了极其宝贵的比较研究。1979年,钱锺书在《管锥编》之《全晋文》九七中,对皮尔士的三价符号说与陆机《文赋》的"文意物"论做出了对比,并征引了中国古代哲学及艺术中的三分现象,与皮尔士和奥格登的"符号三角"理论。

> "恒患意不称物,文不逮意。"按"意"内而"物"外,"文"者,发乎内而著乎外；能"逮意"即能"称物",内外通而意物合矣。"意"、"文"、"物"三者析言之,其理犹墨子之以"举"、"名"、"实"三事并列而共贯也。《墨子·经》上："举、拟实也"；《经说》上："告、以之名举彼实也"；《小取》："以名举实,以词抒

---

① 莫利斯. 当前的实用主义[C]//北京大学外国哲学研究所编译. 外国哲学资料：第三辑. 洪谦,译. 陈启伟,校. 北京：商务印书馆,1977：118-130.

意。"《文心雕龙·镕裁》以"情"、"事"、"辞"为"三准"，《物色》言"情以物迁，辞以情发"；陆贽《奉天论赦书事条状》："言必顾心，心必副事，三者符合，不相越逾"；均同此理。近世西人以表达意旨（semiosis）为三方联系（trirelative），圆解成三角形（the basic triangle）："思想"或"提示"（interpretant，thought or reference）"符号"（sign，symbol）、"所指示之事物"（object，refernt）三事参互而成鼎足（注释 2：C. S. Peirce，Collected Papers，ed. C. Hartshorne and P. Weiss，V，§ 484；C. K. Ogden and I. A. Richards，The Meaning of Meaning，11.）。①

首先，这段话里的"恒患意不称物，文不逮意"这一主题句，实为陆机对"物""意""文"三者不协调弊病的概括。此句在陆氏《文赋》里所处的具体语境如下：

余每观才士之所作，窃有以得其用心。夫放言遣辞，良多变矣，妍蚩好恶，可得而言。每自属文，尤见其情。恒患意不称物，文不逮意。盖非知之难，能之难也。故作《文赋》，以述先士之盛藻，因论作文之利害所由，它日殆可谓曲尽其妙。至于操斧伐柯，虽取则不远，若夫随手之变，良难以辞逮。盖所能言者具于此云。②

可见，意无法跟物相称则患在心粗，无词藻表情达意则患在学问贫乏。照钱锺书说，"意""文""物"三者，相当于《墨经》里的"举""名""实"，相当于《文心雕龙》中所说的"情""事""辞"，相当于陆贽《奉天论赦书事条状》中说的"言必顾心，心必副事"。说到这里，钱氏列举"近西人"的"思想""符号""所指示之事物""三事参互而成鼎足"。这里的"西人"指的是皮尔士和奥格登，钱氏对"表达意旨为三方联系，圆解成三角形"的诠释是："'思想'或'提示'、'举'与'意'也，'符号'、

① 钱锺书. 管锥编：第三册[M]. 北京：中华书局，1979：1177.
② 陆机. 文赋.

'名'与'文'也,而'所指示之事物'则'实'与'物'耳。"①

对于钱锺书把陆机《文赋》中的"文意物"与皮尔士和奥格登的"符号三角"理论作比,还应该注意到几点。第一,钱氏在这里是将皮尔士和奥格登的"符号三角"理论合在一起引用的。钱氏所引用的是 1934 年出版的《皮尔士文集》第五卷(*The Collected Papers of Charles Sanders Peirce,Vol. V: Pragmatism and Pragmaticism*)中的第四八四节。皮尔士的符号理论,早于奥格登和理查兹 1923年合著的《意义的意义》一书。但正是这本跨越了语言学、文学分析、哲学之间界限的著作,引起了世人对韦尔比夫人的"表意学"和皮尔士符号学的关注。第二,钱氏只是将"符号三角"理论作为例子,用以证明在论述"文意物"的关系方面中西是贯通的。这或许可以将其视为学贯中西的钱氏的神来之笔。第三,钱氏对皮氏等"符号学三角"理论的论述,启发了多年后青年学者王俊花用皮尔士符号学理论来诠释中国古典美学。对此,下文将会做出专门论述。

第五个时期(1980—1989 年): 实用主义研究转向

80 年代学术史上,实用主义研究处于复苏或"破冰"阶段。在实用主义总体研究方面,1983 年出版了三本著作,刘放桐的《实用主义述评》、高宣扬的《实用主义概论》、傅佩荣和蔡耀明的译著《目的与思想——实用主义的意义》。最为重要的是刘放桐的《重新评价实用主义》这篇檄文,使含皮尔士哲学在内的实用主义研究发生了转向。刘放桐等著的紫罗兰色封面《现代西方哲学》这本教育部钦定的教科书,使得皮尔士哲学广泛进入高校课堂。

1980 年,在《查尔斯·桑道尔斯·皮尔士》这篇述评中,有两处援引了《皮尔士文集》中语段。在哲学上,皮尔士鼓吹:

> 宇宙的起点、造物的上帝,是绝对第一位的;宇宙精神的终极目的、完全

---

① 钱锺书.管锥编:第三册[M].北京:中华书局,1979:1177.

显现的上帝,是绝对第二位的;宇宙在时间的可量瞬间内的任何状态是第三位的。①

徐崇温引用皮尔士的另一段话时写道:

> 皮尔士的客观唯心主义不仅表现在他的宇宙论中,而且渗透在他的伦理学中。他把伦理学称作"目的哲学",认为"最高的福祉在进化过程本身之中",而这个过程的具体内容则是"实现不朽的、永恒的、有益的思想"。②

就我们所见,直接在文章中引用英文版《皮尔士文集》,这在国内学者中尚属首次,尽管在这篇述评里徐氏仅有两处引用。

1981 年,中国皮尔士研究史上有两件事特别值得一书。一是中国现代著名哲学家、湖南桃江人刘放桐等著的《现代西方哲学》这本国内权威教科书正式出版发行。近四十年来,刘放桐的这本书在我国西方哲学教材领域无出其右者。实用主义哲学为该书中的一章,虽然初版《现代西方哲学》中写皮尔士的只有一页内容③,但标志着继洪谦在 60 年代使实用主义者詹姆士、杜威、席勒进入我国大学课堂之后,刘放桐让皮尔士哲学大张旗鼓地迈进我国高等学府。

1981 年,现代哲学家直隶顺义(今属北京)人葛力发表《皮尔士的实用主义思想》一文,为国内学界第一篇专门研究皮尔士哲学思想的论文,从"形而上学与神学""实在与意义""信念与行动"三方面,较为全面地论述皮尔士的哲学思想;文中有三处征引英文版《皮尔士文集》中的话。④ 在此之后八九年里,先后发表的康博文的《皮尔士真理观评价》、张峰的《皮尔士真理观初探》、刘放桐的《皮尔

---

① 徐崇温. 查尔斯·桑道尔斯·皮尔士[M]//杜任之. 现代西方著名哲学家述评. 北京:生活·读书·新知三联书店,1980:83 - 94.
② 徐崇温. 查尔斯·桑道尔斯·皮尔士[M]//杜任之. 现代西方著名哲学家述评. 北京:生活·读书·新知三联书店,1980:83 - 94.
③ 刘放桐,等. 现代西方哲学[M]. 北京:人民出版社,1981:278.
④ 葛力. 皮尔士的实用主义思想[M]//《外国哲学》编委会. 外国哲学:第一辑. 北京:商务印书馆,1981:257 - 283.

士评传》、钱捷的《关于皮尔士怀疑概念》这"三文一传",也都援引了英文版八卷本《皮尔士文集》。

80年代,我国学者出版了两本实用主义研究专著。一本是1983年刘放桐的《实用主义述评》,另一本是1984年高宣扬的《实用主义概论》。关于皮尔士的真理观的研究,张峰的《皮尔士真理观初探》一文想证明的是,与皮尔士的哲学思想具有多元论的特点一样,皮尔士的真理观也具有多元论的特点,可归为四种有内在联系但又各有所异的真理学说,即符合说、极限说、一致同意说和信仰说。这四种真理学说,除信仰说后来为詹姆士等人所继承而外,其余的学说基本上与之没有多大关联。所以,皮尔士的真理观在整个实用主义哲学中是较为独特的,应当区别对待。①

1986年,吴牟人、张汝伦、黄勇译,李步楼、贺绍甲校的《当代分析哲学》一书出版。该译著重点列出的五位分析哲学家,分别是皮尔士、弗雷格、罗素、维特根斯坦和奎因。第二章《信念、探究和意义》②专门讨论皮尔士的实用主义哲学思想,聚焦于《信仰的确定》和《怎样使我们的观念清楚明白》这两篇体现实用主义基本思想方法的核心论文。该章引用《皮尔士文集》50余处。原书有这样一个注释:

　　我从不急于出版。只是在我对这个问题反复思忖了好几遍,并对此产生了极其清楚的想法,以致似乎不将其记录下来,未免有些可惜的时候,我才会拿出去出版。从我一开始将思想付诸文字到最后出版总有五到二十年不等的时间。当然投给报社的稿件除外,虽然我有时也要让清样睡上几个月后才同意将其发表。这是因为我知道来自自己的严厉的批评。论文一经写出,我自己尽可能地提出各种反对意见。不管是吹毛求疵的,还是击中要害的,结果我发现,对这些论文,别人总是比我自己要满意得多[参见皮尔

① 张峰. 皮尔士真理观初探[J]. 郑州大学学报(哲学社会科学版),1985(03):19-24.
② M.K.穆尼茨. 当代分析哲学[M]. 吴牟人,张汝伦,黄勇,译.李步楼,贺绍甲,校. 上海:复旦大学出版社,1986:13-78.

士：《基础》,3(1)：129 - 130]。①

由此可见,皮尔士在坚持记录和修改自己的思想方面,体现出他那极其严苛的精益求精的治学精神。这本译著中"书目选录"部分所列出的关于皮尔士的文献约有四十条。皮尔士的《机会、爱情和逻辑》《皮尔士文集》《皮尔士哲学选集》《皮尔士致韦尔比夫人的信》均在其列。

1987 年,刘放桐发表《重新评价实用主义》一文,这是一篇致使我国实用主义研究发生转向的里程碑式的雄文。刘氏在这篇学术论文中主张：

> 重评不是企图全盘肯定实用主义,更不是为了宣扬实用主义,而只是主张应当按照马克思主义的实事求是的原则全面地、客观地评价实用主义。②

而且

> 如果在对实用主义的研究中能打破过去"左"的模式,那它将促使对整个现代西方哲学客观的、实事求是的研究。③

对实用主义的评价采取辩证的态度,对其他哲学流派的评价也就能够做到实事求是。可见,刘放桐力主重新评价实用主义,是对包括皮尔士哲学在内的整个实用主义研究的"破冰"之举,促使了我国实用主义研究的转向。

1988 年,刘放桐发表《皮尔士评传》。④ 这是我国学者撰写的第一个皮尔士

---

① 转引自 M. K. 穆尼茨. 当代分析哲学[M]. 吴牟人,张汝伦,黄勇译. 李步楼,贺绍甲校. 上海：复旦大学出版社,1986：23.
② 刘放桐. 重新评价实用主义[M]//汝信. 现代外国哲学. 北京：人民出版社,1987：1 - 23.
③ 刘放桐. 重新评价实用主义[M]//汝信. 现代外国哲学. 北京：人民出版社,1987：1 - 23.
④ 刘放桐. 皮尔士评传[M]//袁澍涓. 现代西方著名哲学家评传(下卷). 成都：四川人民出版社,1988：463 - 505.

213

传记。这篇长达 42 页的《皮尔士评传》征引英文版《皮尔士文集》达 70 余处。刘放桐对皮尔士的实用主义哲学做了精湛的阐述。"从主要方面说,皮尔士哲学属于现代西方实证主义思潮。"①皮尔士实用主义的硬核在于"名词和概念的意义在于它们所蕴含的实际效果"②。他的怀疑-信念的探索理论、意义理论、真理论,揭橥他没有真正摆脱"形而上学问题"。他从三位逻辑范畴出发建立的体系是反辩证法的,但他煞费苦心追寻的是"一种真正的进化哲学"③。这样一种进化哲学是与关于人格创造者的观念连为一体的。

第六个时期(1990—1999 年):皮尔士研究全盘进行

90 年代学术史上,中国皮尔士研究呈现出全面展开的态势。翻译关于皮尔士的作品,撰写出一批研究皮尔士的学术论文(其中包括学位论文),出版多本有关皮尔士研究专著。根据我们的统计,总计发表有关皮尔士的作品达 32 篇(或部)。

1991 年,张锋翻译的《〈皮尔士文集〉述评》④扩大了美国人编辑于 1931 至 1958 年 8 卷本《皮尔士文集》在我国的影响,使得国人第一次见到用中文详细介绍的《皮尔士文集》。该述评指出,皮尔士的哲学思想分为早期思想和后期思想;皮尔士有 7 篇经典论文;后期皮尔士想写一本巨著,但这一宏愿最终落空;皮尔士的出发点是笛卡尔。这种以皮尔士经典文章为轴,论述其哲学思想的做法,一直沿袭至今。但这篇"评述"没有述及《皮尔士著作:编年版》的编撰情况。

同年,钱易、吕昶翻译的《福尔摩斯的符号学——皮尔士和福尔摩斯的对比

① 刘放桐. 皮尔士评传[M]//袁澍涓. 现代西方著名哲学家评传(下卷). 成都:四川人民出版社,1988:463 - 505.
② 刘放桐. 皮尔士评传[M]//袁澍涓. 现代西方著名哲学家评传(下卷). 成都:四川人民出版社,1988:463 - 505.
③ 刘放桐. 皮尔士评传[M]//袁澍涓. 现代西方著名哲学家评传(下卷). 成都:四川人民出版社,1988:463 - 505.
④ 张峰译.《皮尔士文集》述评[M]//麦吉尔. 世界哲学宝库.《世界哲学宝库》编委会,译. 北京:中国广播电视出版社,1991:1027 - 1032.

研究》也应得到皮尔士研究者的关注。原书作者乃美国符号学家西比奥克夫妇，这对伉俪从皮尔士的手稿中发现皮尔士曾经破过案，其破案手法与福尔摩斯的竟有异曲同工之妙（书中有《皮尔士——请教侦探》一节）。①

在知名哲学学者浙江绍兴人孙周兴 1993 年翻译的《从康德到皮尔斯：指号学对先验逻辑的改造》中，阿佩尔称皮尔士为"美国哲学的康德"，并认为皮尔士的"探究逻辑"肇始于对康德的《纯粹理性批判》的批判式重建。② 这篇译文对我国学者研究皮尔士符号学与康德哲学之间的内在逻辑关系，起到了非同小可的借鉴作用。

1994 年，还有两篇译品是必须提及的，这就是我国著名的现代西方哲学研究专家、浙江杭州人夏基松等编译的《世界著名思想家辞典》和孙周兴、陆兴华翻译的《哲学的改造》一书。《世界著名思想家辞典》中的"皮耳士"条目，③提供了很多关于其文献资料篇目。该词条披露，印第安纳大学出版社计划出版 22 卷本《皮尔士著作：编年版》。从孙周兴、陆兴华翻译的阿佩尔《哲学的改造》④一书来看，在阿佩尔眼里，"哲学的转型"一词含糊不清。作为一种历史方法，"哲学的改造"这一书名，凭借突显语言的调解与配置功能，来显示哲学在 20 世纪哲学世界所经历的转型。阿佩尔所专注的必然是维特根斯坦、海德格尔、皮尔士所分别代表的三个主要哲学潮流。

施雁飞、陈道德、毛翊的三篇文章，从不同角度研究皮尔士思想，令人耳目一新。但整个 90 年代，最受青睐的当属皮尔士的符号学思想。1991 年，知名逻辑学学者陈道德根据皮尔士符号思想，研究古代中国人建造的符号宇宙《周易》。

　　　　对于符号，我的意思是指任何一种真实的或复制的东西，它可以具有一

---

① 托马斯·A. 西比奥克，珍妮·伍米克-西比奥克. 福尔摩斯的符号学——皮尔士和福尔摩斯的对比研究[M]. 钱易，吕昶，译. 北京：中国社会科学出版社，1991.

② K‐O. 阿佩尔. 从康德到皮尔斯：指号学对先验逻辑的改造[J]. 孙周兴，译. 哲学译丛，1993(04)：12‐18＋33.

③ 伊丽沙白·迪瓦恩，等. 世界著名思想家辞典[M]. 夏基松，等，编译. 石家庄：河北人民出版社，1994：956‐960.

④ 卡尔-奥托·阿佩尔. 哲学的改造[M]. 孙周兴，陆兴华，译. 上海：上海译文出版社，1994

种感性的形式,可以应用于它之外的另一个已知的东西,并且它可以用另一个我称为解释者的符号去加以解释,以传达可能在此之前尚未知道的关于其对象的某种信息。①

根据《皮尔士手稿》这一论述,陈道德认为,《周易》有两种符号——卦画符号和文字符号。在这两种符号之间有三层意义平面,卦画与它所表示的"物象"是第一意义。他的这一研究,对后来王俊花运用皮尔士符号理论研究中国古典美学,在客观上产生启发作用。

中国现代著名哲学家"醉八仙"朱志方指出,早于逻辑实证主义,皮尔士就较为充分地论述了反基础主义和可误论的科学知识理论。② 纵观近现代哲学史,在发现的逻辑方面,从皮尔士到波普可谓是一脉相承的,只不过相较于波普,皮尔士处于开路者的至尊地位。

90年代,复旦大学汪胤的博士学位论文《时间、现实和历史》,属于国内第一篇研究皮尔士的博士学位论文;③中国学者出版了四本关于皮尔士研究学术著作:美国实用主义研究资深专家、河北怀安人杨文极的《实用主义新论》、朱建民的《探究与真理:珀尔斯探究理论研究》、彭越的《实用主义思潮的演变:从皮尔士到蒯因》、陈亚军的《实用主义:从皮尔士到普特南》。其中,朱建民的《探究与真理:珀尔斯探究理论研究》是中国专门研究皮尔士哲学的第一本学术著作,书中朱氏将皮尔士改译为"珀尔斯"(1991年)或"普尔斯"(1999年)。1990年台湾皮尔士研究专家、江苏宿迁人朱建民先后在《鹅湖月刊》上发表皮尔士研究三文,即《论珀尔斯的真正怀疑与笛卡儿的普遍怀疑》《论珀尔斯的信念说》《珀尔斯科学方法论初探》,还著有《普尔斯》一书。④

90年代,在实用主义思想史研究方面,还出版了两本颇有分量的学术著作:

① 转引自陈道德.《周易》——古代中国的符号宇宙[J]. 湖北大学学报(哲学社会科学版),1991(01):82-87.
② 朱志方. 皮尔士的科学哲学:反基础主义和可误论[J]. 自然辩证法通讯,1998,20(02):8-15.
③ 汪胤. 时间、现实和历史[D]. 上海:复旦大学,1996.
④ 朱建民. 普尔斯[M]. 台北:东大图书公司,1999.

彭越的《实用主义思潮的演变——从皮尔士到蒯因》和陈亚军的《实用主义：从皮尔士到普特南》。前一本书第二章以"理论发展的源头"为标题,由《皮尔士与实用主义的创立》等四节构成。

中国当代著名哲学家、江苏响水人陈亚军在《实用主义：从皮尔士到普特南》①一书中,用了 53 页篇幅评述皮尔士的哲学思想,英文版八卷本《皮尔士文集》共引用近五十处。通过对皮尔士、詹姆士、杜威这三位古典实用主义哲学家的研究,延伸至对奎因、罗蒂、普特南这三位新实用主义哲学家的研究,老新实用主义亦即古典实用主义和新实用主义的研究得以贯通,而且陈亚军后来陆续写出研究普特南、罗蒂以及布兰顿的专著,之前还主编和翻译詹姆士的著作。这就奠定了陈氏在我国哲学界,对从古典实用主义到新实用主义的哲学理路做贯穿探索的第一人的学术地位。

第七个时期(2000—2019 年)：皮尔士研究在中国之昌盛

21 世纪以降,堪称皮尔士研究在中国繁荣时期,主要体现在我国学者取得了前所未有的研究成就。皮尔士的思想内容得到了较为全面的研究,涉及其认识论、科学哲学、逻辑哲学、符号学(或符号理论)、形而上学等。据我们的统计,新世纪 20 年间我国学者在皮尔士研究方面总共发表作品 380 件,具体为期刊论文 278 篇,会议论文 13 篇,学位论文 53 篇(其中博士学位论文 12 篇);出版有关皮尔士著作 36 本,其中译著 9 本(内有皮尔士本人著作 4 本)。

论皮尔士逻辑思想。关于皮尔士心目中的逻辑的面目,国际皮尔士研究知名学者、河南西华人张留华认为："皮尔士试图从科学分类法阐明逻辑学与其他科学之间的诸种关联,从而让我们看到一个既有所主张又有所保留、既充分包容又严格限定的逻辑科学。"②这里从不同层面的阐明,涉及逻辑学与数学、伦理

---

① 陈亚军. 实用主义：从皮尔士到普特南[M]. 长沙：湖南教育出版社,1999.
② 张留华. 皮尔士心中的逻辑学：从科学分类法来看[J]. 昆明学院学报,2011,33
　(01)：34－39＋44.

学、美学之间位置上的存在关系。因此,皮尔士的实效主义特异之处,在于其是一种基于连续统逻辑的联系主义哲学,其中包含了皮尔士逻辑在经院实在论、懊悔的可错论、客观唯心论以及自然主义等方面的深刻内蕴。① 显然存在着两个皮尔士:先验论者和自然主义者。② 笔者认为,皮尔士思想的发展与他哲学思想的发展是两回事。

论皮尔士符号学。就符号的分类,知名语言学学者卢德平指出,从符号分类中可看到"符号现象涉及各种复杂的因素,即使对于同一符号现象,也可以从不同角度加以探讨,从不同方面去透视符号的本质特点"③。现代中国著名哲学家、翻译家、广东廉江人江天骥和潘磊对皮尔士符号学做了两点论证。"第一,在认识论上,皮尔士是一个辩护主义者(justificationist)";"第二,在认识论上,皮尔士又是一个自然主义者"。④ 但皮尔士不把个人意识视为辩护的来源。关于皮尔士对于心理主义的符号学批判,陈亚军认为,皮尔士可归入最早倡导反心理主义之列,他在从符号学视角切入来批判笛卡尔所代表的近世心理主义哲学过程中的主旨在于:

　　　思维不可能从没有前提处开始;内在直观并不是自明的;不存在非符号化的思想等。⑤

皮尔士的这些观点从"语言学转向"开始,在现代哲学中具有广泛的应和。潘磊在其博士论文中强调,皮尔士关于符号的核心界定是:

<hr />

① 张留华. 数学、指号学与实用主义:皮尔士哲学的逻辑面向[D]. 上海:华东师范大学,2011.

② Thomas A. Goudge, *The Thought of C. S. Peirce*. Toronto:University of Toronto Press,1950.

③ 卢德平. 论符号的分类问题:皮尔斯研究札记[J]. 解放军外国语学院学报,2002 (04):25‐28.

④ 江天骥,潘磊. 皮尔士的符号学自然主义[J]. 世界哲学,2007(02):19‐23.

⑤ 陈亚军. 皮尔士对于心理主义的符号学批判及其实用主义效应[J]. 江苏社会科学,2008(02):9‐14.

符号就是对于解释项而言代表其对象的东西……而符号、对象和解释项构成一个完整的意义整体。①

潘磊所研究的一些问题，如皮尔士哲学与康德哲学的聚焦点、范畴推导和论证的目的、实用主义与符号学的结合方式等，为后续这方面的研究打下了良好的基础。实际上，新世纪皮尔士研究学术史也证明了这一点。国际符号学著名学者丁尔苏从"类象符号"出发，认为中国汉字可以分为"单体类象符号"和"合体类象符号"。②

论皮尔士符号学与中国传统文化。在方仁、林海顺看来：

把皮尔斯符号学观点运用于《周易》，则卦象、卦辞和卦意是实现《周易》符号过程的三要素，《周易》符号具有类像的规约符号性质。③

在文化符号学学者祝东看来，《庄子》言说所采用的主要方式是寓言、重言和卮言，同时《庄子》文学性方式的形成，亦为这样的言说表达。从皮尔士三分法意义上说：

《庄子》文本作为表达层面的"再现体"，"三言"的表达对其带来了奇特想象而产生了陌生化效果，不仅将读者的注意力吸引到文本本身，也使得文本获得了自身的分量和意义。④

吴彦霖认为在公孙龙那里，概念与所指称的事物之间具有"必然的联系"：

这个联系把概念与万物两者强而有力地结合，决定概念的实用性质与

---

① 潘磊. 皮尔士符号学研究[D]. 武汉：武汉大学，2007.
② 丁尔苏. 符号学与跨文化研究[M]. 上海：复旦大学出版社，2011：42.
③ 方仁，林海顺. 从皮尔斯的观点看《周易》的符号学性质[J]. 周易研究，2015(04)：36－46＋96.
④ 祝东.《庄子》的文学性：一个符号学分析[J]. 宜宾学院学报，2016，16(09)：1－8.

意义，此见解与皮尔士所提出的"实用主义"（Pragmatism）甚是相仿。①

王俊花提出，皮尔士的现象学和符号学对于中国古典美学的研究价值在于：

> 其一，恢复第一性的完满与生气，这正切合中国古典美学泛美的特质。……其二，恢复第二性的执着严酷，这正可以扭转孟子以降对"心"的过分痴迷，转而关注铁的事实。……其三，恢复第三性的生成与创造，这正可以唤醒沉睡，沟通古今，弥合中外。②

我们认为，用皮尔士的符号理论和现象学来诠释我国古典美学，是一项大胆的具有挑战性的研究，而且是值得钦佩的探索。

考察国人百年皮尔士研究的思想印记，可见翻译和探索这两条线始终是交织在一起的，有时前者甚至决定了后者。西方哲学东渐史上，Peirce 这一姓氏中译名流变不定、新译迭出。我们发现，就 C. S. Peirce 而言，Peirce 总是与"terse"这个英文单词押韵；皮尔士名字中放进过詹姆士长子的名字，以示对詹姆士的终身友谊；③Peirce 的读音，有方言与"普通话"之分，在前者中的发音同purse，可译为"朴斯"。我们本次考察还发现，实用主义是"庸俗思想""市侩精神""帝国主义哲学""有奶就是娘"诸说，均已呈现出清晰的源头。回首本次皮尔士学术史梳理和分析，我们惊奇地发现，我们自己不经意间为从胡适到刘放桐的皮尔士研究领域的辛勤劳作者绘制出了近三十幅极简的学术"肖像"。

回到皮尔士！皮尔士思想体系应在阐释其文本中复原建构。而于国内学界，当务之急，是翻译出版皮尔士著作集。幸运的是 2014 年中国当代著名哲学家、四川宜宾人江怡在《欧洲实用主义与美国哲学杂志》上揭橥，中译本《皮尔士基本著作》不久将见诸坊间，长达半个世纪学界通用的权威版本《皮尔士文集》（八卷本）中文版也已经在路上。若从长远计，迻译美国人自 1982 年开始陆续出

---

① 吴彦霖. 公孙龙《指物论》中的记号思惟[J]. 东方学报，2017(38)：37 – 51.
② 王俊花. 皮尔斯与中国古典美学[M]. 成都：四川大学出版社，2018：207.
③ Anonymous, "Charles S. S. Peirce," *The Nation*，1914，98（2547）：473.

版的《皮尔士著作：编年版》（*Writings of Charles S. Peirce: A Chronological Edition*），这项浩大的世纪工程亦应提上议事日程。

回到皮尔士！皮尔士开创的实践哲学，时至今日处于世俗时代而不可能避开世俗化，但其世俗而不失凛然楚楚之思辨，其功利而拥有深邃之思想，其貌似街头市井智慧却稳坐黑格尔内心中那座哲学庙堂。故而今日之"实践哲学"，绝不会遇到形而上学的黄昏，富丽堂皇而冥若枕漱倒不如说实践哲学本身就拥有浓郁炫硕的玄学之芳香。回到皮尔士！

访　谈

皮尔士眼中的实在与规范：德·瓦尔教授访谈

程 都

被访谈人简介：科内利斯·德·瓦尔（Cornelis de Waal），美国印第安纳大学-普渡大学印第安纳波利斯分校哲学教授，现任《皮尔士研究杂志》（*Transactions of the Charles S. Peirce Society*）首席主编。主要著作有《皮尔士》（*On Peirce*. Belmont：Wadsworth，2001. 已翻译为中文），《米德》（*On Mead*. Belmont：Wadsworth，2002），《实用主义》（*On Pragmatism*. Belmont：Wadsworth，2005），《皮尔士：导论》（*Peirce：A Guide for the Perplexed*. London：Bloomsbury，2013）

访谈人简介：程都，复旦大学哲学博士生，研究方向为实用主义哲学、形而上学、符号哲学。

程都：非常感谢您能接受我的采访。这次访谈将被收录在即将出版的关于皮尔士的中文研究论文集中。我们能先聊一下您自己的背景吗，比如学习经历、研究领域？据我所知，您首先学习经济学，然后转向研究哲学，特别是皮尔士的哲学。那么，这是如何发生的呢？

德·瓦尔：我上大学去学习经济学是因为我在高中时很擅长经济学，而且喜欢它。我对宏观经济学特别感兴趣,尤其是与资本主义自由市场体系的稳定性有关的问题,以及如何使这种体系更加公平。然而,多年来,对该学科主导的各种数学模型,我越来越失去兴趣,因为尽管这些模型很复杂,也有吸引人的美学,但在通常用于评估此类模型的两个指标上却相当惨淡。第一个指标是它们对其对象进行公正和简化的描述,第二个是它们使我们能够做出预测。例如,世界上大豆市场的数学模型应该向我们展示市场如何运作,或者,如果不能,至少使我们能够预测下一次市场低迷的情况。我当时研究的模型都没能做到。在寻找替代方案的过程中,我研究了社会学、政治学、人类学和哲学,最终找到了米德(George Herbert Mead)的工作,然后沿着这条路攻读了哲学学位。后来发现哲学比经济学更令人着迷,可以获得理智上的满足,最后我写了一篇关于米德的硕士论文。尽管米德很少提及皮尔士,但他确实介绍了实用主义,这最终将我引导向皮尔士。

程都:您的博士论文是对皮尔士和经验论者中"实在"概念的探究,导师是苏珊·哈克,对吗?您能简单介绍一下您对这个问题的研究吗?

德·瓦尔:我的博士论文起源于我在牛津大学暑期课程中的一个发现。该课程的重点是洛克和贝克莱,更具体地说,是洛克的《人类理解论》和贝克莱的《人类知识原理》。特别是在阅读贝克莱时,我注意到贝克莱和实用主义者之间存在非常强烈的相似之处。大约在这个时候,我开始构思关于皮尔士、贝克莱和实用主义的论文,而不是继续研究米德,几年后我完成了博士论文。因为我想用英语撰写论文,显然没有人会读荷兰语的皮尔士论文,所以我决定跟随一个英语国家的人学习,这很快就把我带到了苏珊·哈克那里;我真的很喜欢她的作品和写作风格。在研究贝克莱的时候,我开始意识到,若不了解洛克的情况,你无法真正理解贝克莱,因此我的博士论文最后是关于洛克、贝克莱和皮尔士。此外,由于当时实用主义这个主题似乎过于宽泛,于是我转而选择了唯名论-实在论之争,我想这要容易些。

程都:皮尔士似乎非常善于从哲学史中吸取洞见。您能谈谈皮尔士从英国经验主义者那里继承了或学到些什么吗？

德·瓦尔：皮尔士读了很多书，而且内容很广泛。这使得单独讨论某个特定人物或思想流派对他的影响变得相当困难。然而，如果只就皮尔士自己的所作所为的话，有两件事值得一提。首先，皮尔士不断将实用主义的发现归因于贝克莱，尽管并非没有提示说皮尔士本人是第一个在他那著名的实用主义公理中精确表达它的人。其次，皮尔士不断将现代科学的发现归因于洛克，其需要一种不同于亚里士多德和经院学者的旧三段论式的逻辑。洛克在他的《人类理解论》的最后一章中写道，逻辑应该以符号学来代替。虽然你可以把洛克《人类理解论》看成是发展那种符号学的尝试，但只有皮尔士才会对这种方法进行全面描述，而贝克莱再次成为重要的先驱。

程都：在您看来，皮尔士是一个经验主义者，还是一个先验主义者，像一些解释（例如阿佩尔）描绘的那样？

德·瓦尔：皮尔士仔细阅读了康德的《纯粹理性批判》（虽然他那时还是一名少年）非常明确地将康德定义为一个伟大思想家，尽管他很快就不同意康德思想的关键部分了。康德的"物自身"（*Ding an sich*）概念，皮尔士拒不接受，因为它没有满足实用主义准则，是没有意义的概念。因此，皮尔士不能真正被认为是康德意义上的先验主义者，因为康德的先验方法使得概念无法满足皮尔士设想实用主义测试。皮尔士也不能被归类为理性主义者，正如他对笛卡尔的强烈批评所表明的那样。然后，这就提出了一个问题，即他是不是一个经验主义者？我不认为他是。举几个例子：皮尔士觉得他们太过于唯名论了，他们坚持一种非常狭隘的经验概念，并且皮尔士拒绝接受他们那种培根式的科学方法。有时他会接近苏格兰的常识主义，并将其转化为批判常识主义。然而，皮尔士仍有一个强大的先验元素，使他无法成为真正的经验主义者。在皮尔士的观点中，我们确实超越了经验，但它不是以必要的预设形式出现的，我们必须与康德一道接受知识是可能的，但它更多地来自于试探性和可错的假设，而这源于溯因论证。我认为了解皮尔士的最好方法是首先将他看作一个逻辑学家，一位以论证批判代替康德的理性批判的逻辑学家。后者是皮尔士第一部即将完成的作品的标题，虽然从未出版过。在他更成熟的思想中,皮尔士把现象学作为哲学的基础,即使它是一个我们在触及时必然会扭曲它的基础。正是在这个基础上,我们通过逻辑来构建,或者更确切地说是停靠我们的世界,其中,逻辑不是被理解为"描述性"科学,而是被理解为"规范性"科学。后者是我们所有关于这个世界的知识都建基于其上的东西。长话短说,尽管皮尔士的思想肯定带有经验主义和先验主义的元素,但是他真的不属于其中之一。一部分,是与他作为一名职业科学家有关;另一部分原因是他深受经院学者的影响,而这是现代人如此一致地拒绝的。

程都:让我们回过头来谈谈皮尔士的实在概念。奎因和罗蒂,也许还有普特南,批评皮尔士的"真理作为最终意见,以及,实在即最终意见所指的东西"的观念。对他们来说,在探究活动的终点,意见的汇聚似乎过于理想和不确定。例如,罗蒂说:"我们怎么知道我们在探究的终点,而不仅仅是因为厌倦或缺乏想象力?"您同意皮尔士的最终意见的观念吗?为什么?或者您认为应该对皮尔士的"终极意见""探究终点"和"无限过程"做出更细致的解释?

德·瓦尔:关于这一观点存在相当多的混淆。真理只不过是那些探究者从长远来看注定都会同意的意见,并且除这种观点所说明的事实外,没有任何其他事实更接近实在。皮尔士本人有时也对此感到困惑,他也改变了曾经的看法。第一个问题涉及该意见的范围。这个最终意见是否被解释为一个全面的意见,涵盖所有关于生命、宇宙和一切的知识,或者我们应该更温和地说,如果要无限期地进行探究,我们可能会问到的任何问题最终是否都会导致一个终极意见,该意见被认为是该问题的真正答案?第二个问题涉及我刚刚使用的动词的形态,动词"将会"。我们是否应该说这个最终意见是我们"将"达到的意见,一种我们"将"达到的意见(即使我们可能事实上永远不会达到它),或者甚至我们假设通过做一些我们原来没有做的事,可以达到它?换句话说,我们是在谈论一个指示性的、虚拟的,或者甚至是一个反事实的条件句?皮尔士当然相信我们可以在第二个更温和的意义上达成最终意见,同时又认为在许多问题上,这样的意见可能永远不会实现,或者是因为我们对它们没有足够的兴趣来参与所需的探究,或者是因为人类没有足够的时间来解决它们。所有这一切的困难在于,从逻辑的角度来看,条件句是非常难以驾驭的,皮尔士需要花费大量的时间和精力来对它们进行令人满意的解释。关于条件句的不同观点也导致各种哲学家拒绝皮尔士的观点。例如,奎因对条件句有很大的敌意,无论它们以何种方式出现。这让皮尔士的观点很难被他接受。对奎因来说,一个哲学上负责任的真理和实在理论需要完全避免条件句。奎因和其他也反对汇聚的观念的人,认为理论和信念的汇聚没有任何意义——充其量只是一个错误的隐喻。这种批评的问题在于,皮尔士自己并没有承诺这种汇聚的观念,而只是认为我们的信念最终是聚合的,意味着它们最终是一致的。而如何达到这一点,皮尔士对此则完全开放,他明确拒绝了一种逐渐向真理前进的观念。罗蒂的观点很有意思,但他似乎忘记了对皮尔士来说,在认为我们找到真相的那一刻,我们才停止探究,而唯一可以让我们怀疑那些我们自认为是真实的东西的,只能是一些新的、顽抗的经验。(皮尔士拒绝笛卡尔式的怀疑方法,认为那仅仅是虚假的怀疑,而不是真正的怀疑。)我不认为皮尔士要求我们必须知道我们是否已经达到探究的终点,罗蒂似乎在这里假设这一点。拥有它们是真的信念与知道这些信念是真的有很大不同。皮尔士的真理理论作为终极意见的目的只是为了使之通过我前面提到的实用主义准则。当然所有这些,都还有很多工作要做。

程都: 皮尔士的实在论是另一个有争议的话题。一些学者认为,在皮尔士长期的哲学生涯中,他的形而上学立场经历了几次变化,从唯名论到观念论,再到实在论。您怎么看? 或者,一个或许更为根本的问题是,实在论对皮尔士意味着什么?

德·瓦尔: 对皮尔士来说,实在论就是认为有真正的普遍项。唯名论是这样一种观点,即认为只有个体是真实的,所有普遍项最终都只是想象力的虚构。因此,最纯粹形式的唯名论完全否定实在论。而现在声称有真正的普遍项的看法引出一个问题——什么样的普遍项是真实的? 正是在这里,才可以看到皮尔士从偏唯名论到更加实在论的某种变化。随着时间的推移,皮尔士将越来越多的普遍项视为实在的,而不仅仅是心灵的产物。其中一些会遇到我之前提到的条件句所面临的问题。不过恰恰相反,皮尔士的实在论并不反对观念论。皮尔士既是观念论者，又是实在论者，因为他所到达的实在论概念认为实在是终极意见的对象——除此之外，或者在其之上或之下都没有实在。这意味着没有任何关于实在的意见，就没有任何实在。换句话说，实在是思想的产物，同时又与我们如何思考该产物无关（这与虚构区别开来）。意见所指的对象是，如果探究持续的时间足够长的话，我们就会"注定达至意见的对象——实在"；我们别无选择，只能最终承认这一点。这就是使那个意见的对象成为实在的原因。与此同时，皮尔士为外部性留下了空间，他不是贝克莱式的观念论。

程都：皮尔士似乎相信，只有实在论才能有效地理解世界，只有实在论才能解释科学的发展。但现代科学的发展似乎是中世纪唯名论的胜利（甚至皮尔士也声称现代哲学家基本上是唯名论者）。您怎么看待这一点？或者我们应该简单地将哲学和科学的发展分开？

德·瓦尔：唯名论的学说确实胜利了，但根据皮尔士的说法，它仍然是错的，而且我认为他是对的。例如，皮尔士敏锐地观察到，虽然科学家经常宣称自己是唯名论者，但当你开始仔细研究他们在做什么，以及他们作为科学家所说的话时，他们其实是实在论者，而不是唯名论者。更学术地来说，实在论的本体论承诺比唯名论允许其承诺的要广泛得多。大多数科学家都认为自然规律是实在的，他们在探究中寻找它们，他们并不是把它们组合起来，物理学实验不仅仅是对某个过去事件的描述，而是告诉我们在未来会发生什么，等等。因此，即使科学家经常宣称自己是唯名论者（假设他们宣称任何类似的东西），他们事实上还是实在论者，即使是在不知不觉中。简而言之，你所指的唯名论的"胜利"主要是名义上的。

程都：在中国，皮尔士是作为实用主义的创始人而为人所知的，而不是实在论者。有些人可能想知道一个实用主义者怎么能成为实在论者呢？因为一般来说，实用主义强调任何事物的意义都应该被还原到经验和效果上，而实在论者则强调有一些独立于人类经验（或认知）的东西。您如何理解皮尔士哲学的这两个方面？

德·瓦尔：皮尔士的实用主义是围绕着后来被称为实用主义准则而建立的。就是他在1878年的一篇名为"如何让我们的观念清晰"的论文中对这句格言的描述："考虑一下，我们构想的概念的对象可能有什么可构想的实际后果的效果，那么我们对这些效果的构想，就是我们对这个对象的所有构想。"正如你所看到的，这显然是尝试制定一个标准，可以告诉我们所使用的那些概念是否具有意义，如果有，那其意义是什么。例如，皮尔士在论文中指出，术语"变体论"没有任何意义，因为它没有满足准则。皮尔士提供了许多其他的例子，主要与物理学有关，因为这篇论文最初出现在一份科学期刊上。主要的哲学例子是关于"实在"的。说某物是实在的，我们的意思是什么？皮尔士的实在论就来自于如何回答这个问题。也就是说，他的实在论源于他将实用主义的准则应用于实在的概念之上（在抽象的定义中，他则从邓·司各脱那里衍生而来）。因此，实用主义与实在论之间存在着紧密的联系。不可否认，皮尔士在他的早期发展了他的实在观念，而与之联系的实用主义也同样如此。

程都：与其他实用主义者——詹姆士和杜威——相比，皮尔士在中国受到的关注较少（尽管过去几年发生了一些变化）。我们知道皮尔士后来将实用主义改为实效主义，因为他对其他实用主义者对实用主义的理解并不满意。在您看来，皮尔士的实用主义与詹姆士和杜威之间的区别是什么？然而又在什么意义上他们都可以被称为实用主义者？

德·瓦尔：皮尔士并没有完全放弃"实用主义"一词，但他决定重新命名自己的实用主义为实效主义，以区别于已出现的其他版本的实用主义，主要是詹姆士和席勒的。至于詹姆士和杜威的实用主义，皮尔士认为他们都是唯名论，因为他们认为概念的意义取决于它所暗示的特定（感觉）经验——这种指责更恰当地适用于詹姆士，而不是杜威。第二个问题涉及詹姆士的"信念的意志"（will-to-believe）的论点，他倾向于将其等同于实用主义。这导致詹姆士宣称某些信念可以被认为是实在的，因为相信它们是实在的，对相信者而言有好的结果。这种观点对皮尔士来说是非常可憎的。至于什么使他们都成为实用主义者的问题，有各种答案。人们可以争辩说，他们之间有一个明确的家族相似性的谱系关联（我们也不应该忘记，并非所有皮尔士、詹姆士和杜威的学生都成了实用主义者）。对现代实用主义者来说，这种谱系关联将贯穿于他们所感受到的吸引和所研究的哲学家。或者，人们可能想有所限制，说要算作一个实用主义者，必须以某种形式或其他形式坚持实用主义准则，詹姆士和杜威都坚持了。或者我们可以说，任何接受准则精神的人，即使是在不知不觉中，也可以被称为实用主义者，这将再次拓宽它。

程都：在皮尔士的后期，他阐述了逻辑、伦理和美学的规范性。现在越来越多的人在讨论皮尔士的规范理论。我还记得您在 2012 年编辑并参与撰写了一本关于皮尔士规范思想的书。您认为皮尔士的规范性概念的核心是什么？

德·瓦尔：皮尔士花了相当长的时间才完全接受了逻辑是规范科学的看法。逻辑并没有描述我们的思考方式，而是如果我们想要回答我们的问题，我们应该如何思考。我认为，部分的阻碍是皮尔士认为哲学在伦理学和美学领域没有太多可说的。我并不完全确定皮尔士思想的演变到底是如何这一点上进行的，但是在世纪之交，他开始写关于现象学的东西，无疑是源自詹姆士的启发，这将他置于必须建立现象学（或他称之为 phaneroscopy）和逻辑学之间的桥梁的位置。他在美学和伦理学方面找到了这座桥梁。然而，皮尔士在这里谈论的伦理和美学必须与对两者一般的理解区别开来。它们是高度理论的科学，与今天我们称之为元伦理学和元美学的东西有更多共同之处。它们与现象学有着如下的关系：现象学研究现象而不涉及任何其他事物，而规范科学则研究它们与某些目的的关系。也就是说，它们试图揭示法则或原则，根据这些法则或原则，事物符合某些目的。美学研究目的在于它们的呈现；伦理学研究目的在于其关系到行为和意志的努力；最后，逻辑对目的的研究在于关涉到表象（或代表项）。每一个都建立在前者之上：伦理学需要美学中发现的目的；逻辑，这只是一种（自愿的）活动，则需要伦理学的发现。话虽如此，皮尔士的大部分规范性工作都是逻辑性的。

程都：考虑"规范性"的一种方法是"给出理由"，想想塞拉斯、布兰顿。然而，皮尔士似乎强调规范性的目的性方面。例如，他似乎说逻辑的目的是真理，伦理的目的是善，而美学的目的是美。您如何理解皮尔士那里规范与目的之间的关系？皮尔士的规范性能够为当代关于规范性的讨论做出什么贡献？

德·瓦尔：皮尔士是一个实用主义者。记住我刚引用的准则："考虑一下，我们构想的概念的对象可能有什么可构想的实际后果的效果……"这方面存在强烈的目的论倾向。实用主义是以目的为导向的。正如我之前提到的那样，规范科学试图揭示法律或原则，根据这些法律或原则，事物符合某些目的——正如你所说，美学以美为目的，伦理学以善为目的，逻辑学以真为目的。这样的方法要求你明确说明这些目的是什么，以及为什么我们应该符合它们。不过，我认为皮尔士会非常厌倦将规范性与"给出理由"等同起来。首先，他认为我们很难区分推理和合理化。他在一个段落中谈到一个小偷或窃贼。他试图说的一点是，做社会不赞成的事情的人更多地用推理来向别人（甚至是他们自己！）证明他们的行为，而那些做普遍接受的事情的人反而较少用推理。恋童癖者的情况可以清楚说明这一点。他们花了很多时间和精力去说明为什么他们所做的事情没有错。相比之下，帮助倒在街上的陌生人重新站起来的人根本不会考虑这是否正确的做法。总而言之，我认为皮尔士对我们称之为推理的这种能力非常怀疑，这使得在规范性方面成为一个不好的选择。皮尔士可以为当代关于规范性的讨论做出贡献的一个领域是涉及科学的问题。科学通常被认为是一种价值中立的描述性事业；而事实上，科学家们明确地希望你将所有的价值都从你正在进行的研究中剔除。皮尔士表明这种观点是站不住脚的，就是因为逻辑本身便是规范性的。

程都：我们知道皮尔士的讨论话题范围很广。在您的《皮尔士》一书中，您用了9章（实用主义、实在论、范畴论、连续性理论、宗教观、符号学、伦理学、科学哲学、逻辑学）来介绍他的哲学的每个主题。我一直很好奇，这些理论能够有机地融合在一起吗？当您写皮尔士的哲学时，您是否有一个框架来处理他理论的每一部分？

德·瓦尔：皮尔士是一个博学者。他撰写文章的主题各种各样，从关于宇宙起源的理论到防止锅炉结垢的新方法。皮尔士也用他的笔思考,因为他几乎保留了所有东西,留存的材料数量相当惊人。这意味着要做出艰难的选择,特别是当出版商仅允许使用非常有限的篇幅时。不过,有各种方法可以尝试整合皮尔士的巨量作品。你可以尝试遵循他多年的思想轨迹,但很快就会变得非常复杂,正如你从《皮尔士著作集:编年版》(*Writings of Charles S. Peirce*)的导论中(这是一个按时间顺序编排的版本)看到的那样。你可以专注于特定的主题,如实用主义、实在论或符号学,但这往往过于局限或失真。幸运的是,皮尔士在当时非常流行的一种做法——设计一种对科学的分类,一种可显示各种科学如何相互关联的图式——上花费了大量的时间和精力。这包括相当详细的对哲学的划分,皮尔士认为这是一种实证的科学。因此,如果你看看皮尔士所说的探索科学,会发现以下几个方面:首先,数学和实证科学之间存在分离。然后是分为哲学中的实证科学和专门的科学,后者又被分为物理学和心理学。之后是哲学分为现象学、规范科学和形而上学。通过步步深入这些划分,你可以为你提到的各种主题分配一个位置,也可以找出它们之间的相互关系。当然,皮尔士的划分也存在各种各样的问题,他自己非常清楚这一点,这导致了一些棘手的问题。然而,作为皮尔士思想的一般指南,它的效果非常好。当然,这种方法也有严重的缺点。其中之一是,它往往掩盖了探索的过程——皮尔士如何看待他所持有的观点,他的动机是什么,等等。

程都:好的。谢谢您细致又耐心的回答。关于皮尔士研究,还有很多需要向您请教的问题,但由于时间关系,我们这次得就此打住了。希望之后能有更多的机会向您请教。

德·瓦尔:不客气,当然,非常欢迎。

皮尔士和剑桥实用主义及其他问题：
米萨克教授访谈

周　靖

被访谈人简介： 谢丽尔·米萨克（Cheryl Misak），加拿大多伦多大学哲学教授，曾任多伦多大学副校长和教务长。主要研究领域包括美国实用主义哲学、分析哲学、道德和政治哲学，以及医学哲学，著有《剑桥实用主义：从皮尔士和詹姆士到兰姆赛和维特根斯坦》（*Cambridge Pragmatism: From Peirce and James to Ramsey and Wittgenstein*，Oxford University Press，2016）、《美国实用主义者们》（*The American Pragmatists*，Oxford University Press，2013）《真理、政治和道德：实用主义和审议》（*Truth, Politics, Morality: Pragmatism and Deliberation*，New York：Routledge，2000）、《证实主义：历史和前景》（*Verificationism: Its History and Prospects*，New York：Routledge，1995）、《真理和探究的终点：对真理的皮尔士阐释》（*Truth and the End of Inquiry: A Peircean Account of Truth*，Oxford：Oxford University Press，1991）等五部，兰姆赛传《弗兰克·兰姆赛：绝对过剩的精力》（*Frank Ramsey: A Sheer Excess of Powers*，Oxford：Oxford University Press，2019）

　　访谈人简介：周靖,哲学博士,上海社会科学院哲学研究所副研究员,研究方向为语言哲学、实用主义哲学、心灵哲学、符号哲学。

　　周靖：谢谢您接受我的访谈。这次访谈的中文本将会被收录于一本皮尔士研究论文集中,所以,我们可能会多谈一些皮尔士。访谈还有另外一个目的,即向中国读者大致介绍您的著作和思想,从而我的问题可能会显得有些"粗略",希望您不要介意。首先,您能向我们介绍一下您的学习和工作经历,研究领域,以及最为关注的哲学问题吗?

　　米萨克：我在加拿大埃博塔省(Alberta)南部的莱斯布里奇大学(University of Lethbridge)读本科时,已经开始对皮尔士哲学产生兴趣,尤为关注他的符号学理论和真理论。而后我来到纽约哥伦比亚大学攻读硕士学位,师从列维(Isaac Levi)学习皮尔士认识论。不幸的是,列维在 2018 年 11 月离世,这是皮尔士研究界的一大损失。之后我来到牛津大学学习,起初师从维金斯(David Wiggins),他是一位隐在的但对皮尔士哲学有着非常深刻理解的哲学家。哈克(Susan Haack)和胡克威(Chris Hookway)——她(他)们都是举世闻名的皮尔士专家——是我博士答辩委员会的成员。我的博士论文讨论的是皮尔士的"真"之理论,阐述并试图辩护他的立场。能与这些影响深远且思想深刻的皮尔士专家们共事,我一直觉得自己很幸运。当时我一直想在博士论文最后一章讨论皮尔士的真理论何以适用于道德判断或政治判断,但这是一个很难的问题,所以我不得不保留这一"野心"十足的课题,直到时机成熟时,我才写下《真理、政治和道德：实用主义与审议》(2000 年)一书。自那以后,我便开始对整个美国实用主义传统进行研究,成果便是《美国实用主义者们》(2013 年)一书。我也开始对皮尔士的后继者们(例如剑桥哲学家、数学家以及经济学家兰姆赛)产生兴趣。兰姆赛在读本科时开始阅读皮尔士作品,受到很大的影响。我的相关研究体现于《剑桥实用主义：从皮尔士和詹姆士到兰姆赛和维特根斯坦》(2016 年)以及即将出版的《弗兰克·兰姆赛：绝对过剩的精力》。

周靖：能够向这么多的皮尔士专家学习的确是一件非常幸运的事。从您的表述中，我们发现您最初是从皮尔士哲学研究开始的，而后过渡到对实用主义哲学以及其他更为一般意义上的问题的反思和诊断。请让我从一个稍微一般些的问题问起。据我所知，您和普莱斯（Huw Price）是剑桥实用主义的主要代表人物。普莱斯去年来访复旦大学时赠送我一份礼物：你和他一起主编的《实践转向：英国二十世纪漫长岁月中的实用主义》①一书。有别于从皮尔士、詹姆士到杜威、米德等人的"标准"实用主义叙事，您充满洞见的《剑桥实用主义：从皮尔士和詹姆士到兰姆赛和维特根斯坦》一书向我们叙述了一幅非常特别的实用主义理路，不仅将皮尔士、詹姆士作为实用主义家族的成员，还将兰姆赛、罗素和维特根斯坦等人纳入其中。在你看来，剑桥实用主义的独特之处是什么？它与美国实用主义有什么不同？

米萨克：美国实用主义是一个非常宽泛的传统，而（英国）剑桥的哲学家们，包括兰姆赛，与詹姆士之辈不同，他们不认为真理——用詹姆士的话说——是可塑的，我们可以相信我们想要相信的东西。兰姆赛所感兴趣的是皮尔士更为客观的（more objective）实用主义，这类实用主义认为真的信念是那种适用于我们的信念，"适用于我们"的原因乃在于它与事物所是的多样方式有关（it is connected with the way things are）。兰姆赛聚焦于皮尔士对信念所做的倾向的（dispositional）阐释，并对之做出了进一步的发展。信念部分体现为一种行为倾向，但我们可以对信念本身做出评估。这是兰姆赛从皮尔士哲学中吸收或解读出的思想。兰姆赛进而揭示到，我们何以对不完全的（partial）信念做出测量，并创立一种"主观期望效用理论"，但我想指出的是，他不大会喜欢后人从他的理论中进一步发展出的理论。

周靖：信念适用于"事物所是的多样方式"，这一点似乎很难理解，我感觉这隐在地体现了皮尔士对经院实在论（scholastic realism）的承诺，这是一种对外间世界的实存做出非常强的承诺的实在论版本，而詹姆士哲学中则无对这类实在

---

① Cheryl Misak & Huw Price，eds.，*The Practical Turn: Pragmatism in Britain in the Long Twentieth Century*. Oxford：Oxford University Press，2017.

论的任何承诺,从而"我们可以相信我们想要相信的东西"。或许因此,(其中当然需要做出更多的解释)德·瓦尔在他的《实用主义》①中认为皮尔士是一名实在论者,而詹姆士则是一名观念论者。您接受这种解读吗?

米萨克:我的确认为皮尔士是一名实在论者。但他非常小心,避免就此说得过多。他想指出的是,我们仅能在这样的范围内言说,即存在一个独立于我们的世界,并且这个世界对我们有着因果影响。用法恩(Arthur Fine)的话说,这体现了我们"自然的本体论态度"。用皮尔士本人的话说,实在是我们在探究终点处终将认知或相信的东西。我们认为这是一个不能废除的信念。在某种意义上,詹姆士的哲学则更难解读。有些时候,为了回应一些批评,詹姆士表现得完全像是一名主观主义者,但他也简单直接地表明他不是——真当然是对某种独立实在的符合。但与皮尔士不同,詹姆士没有解释这种立场何以与他的其他观点相融贯。

周靖:那么,在您对实用主义的解读中,皮尔士有什么独特的贡献?

米萨克:在我的解读中,皮尔士对"真理"的解释尤为重要。在他看来,"真理"是不可废除的,它能够经受住所有的证据和论证的考验;如果我们的探究活动能够无限进行的话,那么我们可以获得关于事实的真理。在关注各类探究形式时,例如科学、数学,以及伦理学的探究形式,实用主义者能够提供一种对真理的统一解释,这种解释不预先设置任何"物"本身,认为仅有在科学的探究活动中才能朝向真理。在我看来,这是源自皮尔士哲学的一个最有力的观点,也是皮尔士最具特色的贡献。

周靖:听上去皮尔士的真理观和实在论有着紧密的关联,如果两者在皮尔士那里紧密相关,那么皮尔士的真之理论似乎将与詹姆士在实践的效用中检验真理的真理论非常不同。您对此是怎么看的?

米萨克:如果我们仔细阅读詹姆士的相关段落的话,那么我们的确会发现

---

①   Cornelis de Waal, *On Pragmatism*. Belmont: Wadsworth, 2005.

詹姆士和皮尔士在这一问题上的思想有实质的不同，例如，詹姆士声称真理是"可塑的"或真理等同于满足的效果，而皮尔士显然不是这么认为的。但在其他一些相关段落中——在这些文本中，詹姆士通常是在回应别人对他的真理论的批评——他说道，真理当然符合事实。对詹姆士真理论感兴趣的人来说，我们必须能够解释这里的矛盾。在我看来，詹姆士未能清楚地阐述他所谓的"可塑性"是什么意思。但是，这里的矛盾更多地在于对詹姆士文本的解读，我们当然可以基于自己的解读立场做出进一步的相关阐释。

周靖：经过悠悠岁月的洗礼，您认为皮尔士哲学在当今的哲学争辩中仍然有其作用吗？您能举一个例子来具体说明吗？

米萨克：我认为皮尔士的思想仍然与当代的诸多争议密切相关。例如，一些致力于人工智能领域研究的逻辑学家们一直在无意间重新俘获皮尔士的图标逻辑思想；我，还有一些其他人，例如塔利斯（Robert Talisse）一直试图论证，皮尔士的真理论和探究理论仍然是伦理学和政治学中现有的最好解释。

周靖：谢谢您的回答，让我们来深入一些细节性的问题吧。在您的《剑桥实用主义》中，您向我们阐述了皮尔士对兰姆赛的可能影响，在您看来，这些影响体现在哪些方面？我们可以进而推测维特根斯坦也间接地受到皮尔士的影响吗，因为维特根斯坦在思想上直接受益于兰姆赛？

米萨克：皮尔士逝世于 1914 年，但直到 1923 年，他的第一本论文集才由美国的布雷斯出版社（Harcourt Brace）出版。大概在相同的时候，兰姆赛的导师奥格登（C. K. Ogden）编辑出版了《国际心理学丛书：哲学和科学方法》[①]一书。在此之前，奥格登已经为当时还在读本科的兰姆赛提供了一些皮尔士和韦尔比夫人之间的来往书信，皮尔士在这些通信中讨论了自己的一些思想。当《偶然、爱与逻辑》（*Chance Love and Logic*）出版时，兰姆赛立即从出版社拿到了这本书。我们发现，他在 1924 年 1 月 23 日的日记中这样写道："读了一些霍布斯的

---

① Charles Kay Ogden, ed.. *International library of psychology, philosophy and scientific method*. Kegan Paul, Trench, Trubner, 1922.

逻辑,还有皮尔士,皮尔士的书中有些表述真是惊人地好."在接下来的一周里,他读完了整本书,做了许多笔记。在他本科阶段的最后时期,他在思考自己用于申请奖学金的论文应该写什么,他当时想可能会以"或然性"为论题,"这部分是因为他对皮尔士的相关讨论怀有兴趣"。在 1 月 29 日的日记中,兰姆赛写到他"已经读完皮尔士"了,但到了 1 月 31 日,他仍然在做笔记。那些笔记以一段引文开头,兰姆赛认为这段文字体现了实用主义的重要洞见:"在讨论哲学问题时,我们不要矫揉造作地怀疑那些我们心中根本不怀疑的东西"。兰姆赛依据这里的表述,认为应该以这种"实际的精神"从事哲学研究。我们可以发现,实用主义的精神——它以人本身为起点,而非以某种独立于人的形而上学为依据——体现在兰姆赛将归纳原则视作仅是我们能够"使用"而不能加以证明的思想之中,也体现于他将知识定义为可靠的信念之中。也恰恰是有了这样的实用主义精神,兰姆赛才为皮尔士对信念所做的倾向性阐释以及真理论所吸引。

众所周知的是,由于兰姆赛实用主义式的批评,维特根斯坦背弃了《逻辑哲学论》中的观点。1929 年——这是维特根斯坦返回剑桥的一年,也是兰姆赛生命的最后一年——兰姆赛指出维特根斯坦的整个路径都是错的。"路德维希式"的研究哲学的方法是:

> 建构一种逻辑,然后完全"自然地"(*unselfconsciously*)进行我们的哲学分析,总是思考事实,而不思考我们关于事实的思考,决定我们言语的意义而不讨论意义的本性。

维特根斯坦在《逻辑哲学论》中论述到,命题是关于世界的图画,这与哪个"我"拥有这幅图画无关。正如维特根斯坦所承认的那样,这种立场将会导向唯我论。如何弥合自我和世界之间的鸿沟? 我们何以做出关于世界的判断? 兰姆赛认为,"主体不在世界之中"这一维特根斯坦的思想——用兰姆赛所总结的话说,路德维希的初始世界"不包含思想"——有着灾难性。我们对与人有关的事实进行思考,而非试图思考抽离于所有人类理解的事实,这是一项不可能的任务。

周靖：看来我们的确可以在实用主义的思想脉络中勾连皮尔士、兰姆赛和维特根斯坦的内在思想关联，这样一来，我们可以顺利成章地将经历"思想转向"的后期维特根斯坦纳入实用主义阵营了。

米萨克：的确是这样的。我认为后期维特根斯坦著作中的实用主义主题——意义即用法，实践的首要性——均直接源自兰姆赛。在 1929 年 1 月兰姆赛逝世后的一天晚上所写的篇幅较长的日记中，维特根斯坦认同兰姆赛将信念视为一种符合（meet）未来的预期并作为行动指引的解释。在接下来的十年里，他渐渐发展了语句的意义就是其用法或目的的思想。在笔记中，他称这种立场为"实用主义"，即兰姆赛一直在迫使他接受的思想。我也认为，通过兰姆赛，皮尔士也给维特根斯坦带来了很大的影响。

周靖：从皮尔士、兰姆赛到维特根斯坦，这是一条十分有趣的理路。顺便问一下，实用主义在今天的剑桥广为接受吗？

米萨克：我可能不太会说实用主义已经在剑桥广为接受了，这样说或许会更恰当些，即剑桥哲学都有些实用主义的痕迹。普莱斯和布莱克伯恩（Simon Blackburn）是两位明确接纳实用主义的剑桥哲学家。

周靖：提到普莱斯和布莱克伯恩这两位有分析哲学思想背景的哲学家，我想到了您的另外一本书《美国实用主义者们》，这本书旨在从分析哲学路径分析美国实用主义，最终以实用主义的思路"对真理和知识做一种自然主义式的解释"。在我看来，这本书使得实用主义与哲学主流（诸如分析哲学）的联系变得更为紧密了。

然而，对那些没有拜读过这本书的读者而言，将詹姆士和杜威纳入你的叙述似乎令人困惑，因为他们两人均不是"分析哲学家"，如何以分析哲学的进路来阐释他们的思想，是令人困惑的。

米萨克：嗯，当詹姆士在讨论心理学时，他无疑是一名自然主义者和实验主义者，我们可以在这里发现"分析的"詹姆士。而在第二次世界大战期间逻辑经验主义者们逃往美国时，杜威一开始与他们的研究"在同一条船上"。他为"美国科学百科全书"写了一本伦理学方面的书,杜威的工作在于试图阐述伦理学和政治学何以可能被嵌入我们关于世界的自然主义式的阐释中——在这一方面杜威做了非常棒的工作,但人们还未能充分发掘这些工作的价值。

周靖:不好意思,当你在谈论詹姆士和杜威时,您对"分析的"一词的使用让我感到有些困惑。我的理解——或一般的理解是——"分析的"指的是诸如卡尔纳普、奎因、戴维森、戴维·刘易斯这样的典型分析哲学家,他们共有使用"语言"的分析方法。这是一种对"分析的""强"理解,您似乎对"分析的"有着更为宽泛的理解?

米萨克:我的确对分析哲学做出了更为宽泛的界定。在我看来,那种将做出语言转向的哲学家视为唯一的分析哲学家们的观点,太过狭隘了。这种理解排除了我们一般称之为"分析的"哲学家,例如讨论物理学的那些实在论哲学家。但如果你想问詹姆士和杜威是不是狭隘观点下的分析哲学家,我的答案则和你一样,他们不是。

周靖:我刚才的困惑实际上是,如何将詹姆士和杜威纳入您所说的狭隘意义上的分析哲学语境来进行探究。看来这不是一个问题。让我们就您的《美国实用主义者们》一书多聊几句吧。众所周知,在语言和世界的关系上,新实用主义与古典实用主义的主要不同之处在于,前者更为关注语言的一面或分析的方法论,而古典实用主义者在对经验概念的改造中,则更为关注世界的一面。根据这种解读,新老实用主义之间存在沟壑。在您看来,有没有可能根据您在《美国新实用主义者》中的工作构建一种能够弥合这一沟壑的实用主义谱系?

米萨克:我认为这个沟壑的确是可以被弥合的,皮尔士的部分工作便在于此。他对符号和阐释有着非常复杂且深刻的阐述(从而他非常关注于语言的一面),与此同时,他也对探究和追寻真之道路上经验所起到的作用做出了阐释。我并不认为语言的一面和经验的一面是不相容的,在我看来,这是一个假的二元论。弥合新老实用主义要求我们回到皮尔士之中寻找可用的有益资源。

周靖：听到你的这一判断，我感到非常开心。我也认为，皮尔士的思想资源能够为我们提供一条融贯地解释新老实用主义思想的同和异，乃至构建一种深层的实用主义谱系的关键出路。您能对此多做一点解释吗？

在此方面，如果我们纠结于经验（聚焦于对心灵和世界关系的重构）和语言（聚焦于社会性的推论活动）之间的二分，那么我们实际上面对的是一项无望的事业，因为这项事业潜在地对近代二元论做出了承诺——当你带着病症前行时，病症容易影响你前行的道路。在某种程度上，我因而开始对皮尔士哲学，尤其是他的符号学思想感兴趣，通过他的阐述，我看到这里的二元区分是一个虚假的区分。通过皮尔士，我们也可以进一步发展实用主义本身。

米萨克：是啊，我认为皮尔士最为伟大的洞见之一在于，语言和经验是不可分的。我们所拥有的经验都已经渗透了概念。我曾在一篇文章中对此做过讨论，鉴于你也不同意语言和经验的二分，你或许有兴趣阅读这篇文章。之前有人邀请我就"实用主义：语言或经验"这类论题写一篇文章，而我最终讨论的是语言和经验的关系，文章的题目叫做"实用主义中的语言和经验"，我把文章的发表信息也给你吧。①

我在这篇文章里认为，实用主义对语言的过度关注源于罗蒂在 20 世纪 70 年代对实用主义的影响。他的著名判断是，我们在从事哲学探究时，应该放弃关于知觉经验的谈论。他的学生布兰顿继承了这一想法，并做出了相当极端（且有些过度）的发展，表示"我不会用'经验'这个词了"。我认为，所有古典实用主义者在对真理的理解中都将经验放在中心位置。但是，皮尔士也谈及语言、符号和表征。实用主义者显然既有关于经验的思索，也具有关于语言的思索。

周靖：谢谢，我会把这篇文章下载下来，仔细拜读，进一步了解一下您的思想。我注意到您不大讨论布兰顿（Robert Brandom）的思想，您在书中仅提及几次。在我看来，在您的书中讨论他的思想——无论是支持性的，还是反驳性

---

① Cheryl Misak，"Language and Experience for Pragmatism," *European Journal of Pragmatism and American Philosophy*，Symposia. Language or Experience：Charting Pragmatism's Course for the 21st Century，2014，6(2)：28 - 39.

的——是合宜的。您能分享一下您对布兰顿的评价吗?

米萨克：我的确非常喜欢布兰顿对美国实用主义和德国古典哲学(康德和黑格尔哲学)之间关系的阐释。皮尔士也做了这类工作,尽管布兰顿似乎没有发现。在我看来,对布兰顿产生深刻影响的塞拉斯也是一位卓越的实用主义者。布兰顿无疑是实用主义谱系中的一员,尽管我并不太认同他的观点。

周靖：您可能不太满意布兰顿过分强调推论主义一面的做法吧,如果是这样的话,我们俩的立场是一致的。我最近在阅读塞拉斯的《科学和形而上学》①,塞拉斯在这本书里发展出了他的科学实在论思想,我们也可以在这个文本里发现他与皮尔士的诸多共同立场。塞拉斯书的前言里直接表明,这本书是为了"弥补对皮尔士的亏欠",即要对真和实在做出一种皮尔士式的解释。然而,布兰顿直言不讳地表明,塞拉斯试图保留实在的做法是从他的父亲老塞拉斯那里继承的一个糟糕的想法。在布兰顿对皮尔士的阐释中,我们也的确发现他错失了皮尔士的诸多洞见,或者说,未能认识到"皮尔士本身"。您能对此做出更多一些的评论吗?

米萨克：我认为你说的完全正确。塞拉斯在自己的思维图景中保留实在,而布兰顿则在思想上慢慢背离了塞拉斯的这一洞见。有许多当代实用主义者像布兰顿一样,最为典型的是罗蒂,普莱斯也是这样的。但普莱斯稍稍有一些不同,因为普莱斯试图论述,失去了真之概念,我们便无法理解歧见,我们应该将"真"理解为一种合宜的摩擦,它为会话提供某种规范性的限制。在此方面,我的学生赫尼(Diana Heney)写了一篇非常好的文章,敦促实用主义者们在这问题上重新回到皮尔士和塞拉斯的相关讨论。我也会把这篇文章的信息给你的。②

周靖：好的,谢谢! 最后一个问题,您能向我们介绍一下您新近的工作吗?

---

①   Wilfrid Sellars, *Science and metaphysics: Variations on Kantian themes*. New York：Humanities Press，1968.

②   参见 Diana Heney，"Reality as Necessary Friction," *Journal of Philosophy*，2015，112 (9)：504 - 14。

米萨克：近五年来，我一直在写兰姆赛传，我愈发认识到，他的观点是实用主义思想中最具前景性的观点。这项工作有很多事情要做，包括了解诸如经济学方面的新领域——真是痛并快乐着。

周靖：太棒了！十分期待这本兰姆赛传记。再次感谢您接受我的访谈。

米萨克：不客气。

（发表于《哲学分析》2021 年第 2 期）